뜬다 아세안

감성현 여행하고 기록하다

난방비 무서워 떠난 동남아10국 방랑기록

뜬다 아세안

슬로래빗

프롤로그

여행은 언제나 돈의 문제가 아니고
용기의 문제다.

파울로 코엘료

─────────── 마흔이 될 무렵, 생각이 많아졌다. 40년을 살면서 내가 모아놓은 것은 별로 없었다. 100세 시대라 하는데, 광고 바닥에서는 빠르면 50세부터 은퇴가 시작된다고 한다. 아니, 내 경우에는 어쩌면 더 빠를지도 모른다. 그렇다면 내게 남은 시간은 고작 10년. 그 10년으로 남은 50년을 준비해야 한다. 평생직장이 아닌, 평생 직업이 필요한 이유다. 미친 듯이 돈을 벌어놓을까? 아니다. 돈을 좇는 삶보다는 지금이라도 하고 싶은 걸 하면서 살자.

작가이고 싶다. 지금도 작가지만, 진짜 작가가 되고 싶다. 돌이켜보면, 내 삶을 100% 글쓰기에만 몰두한 적이 없었다. 늘 먹고사는 게 문제라, 일과 병행을 하다 보니 만족스럽지 않았다.

고민 끝에 스스로에게 2년이라는 시간을 주기로 했다. 2년으로 정한 건, 그동안 모아둔 돈을 아무리 아껴도 2년 이상은 무리다 싶어서다. 2년 안에 어떻게든 결론을 내고 싶다. 그래, 100년을 산다면, 적어도 2년 정도는 하고 싶은 글쓰기에만 매달려도 되겠지. 그 2년의 결과가 엉망이라고 해도, 분명 허송세월은 아니다.

마음을 정하고 나서, 다니던 회사에 의사를 밝혔다. 처음에는 어이없어하더니, 다음엔 곤란해한다. 긴 침묵이 흘렀다. 조금 더 고민해보자다. 그렇게 하루가 일주일이 되고, 다시 한 달이 될 무렵, 내 의견을 존중해준다.

사실, 2년이라는 공백은 휴직이 아니라 퇴사다. 그런데도 하고 싶은 거 다 해보고 언제든지 돌아오란다. 말이라도 고맙다.

퇴사한 첫날. 곧장 조그만 작업실로 돌아와 글을 쓴다. 이미 또 다른 삶은 시작되고 있다.

하고 싶은 일을 하면서 산다는 게,
이상하게도 불안한 세상이다.

─────────── 한 번의 겨울을 넘겼다. 그 겨울, 살인적인 가스 요금이 두려워서 씻을 때만 보일러를 틀었다. 입김이 나는 작업실에서 두꺼운 패딩을 입고 버텼고, 금세 얼어붙는 손가락을 수시로 겨드랑이에 녹여가며 글을 썼다. 밤마다 오들오들 떨

면서 자느라 다음 날 아침이면 언제나 온몸이 뻐근했다. 하루하루가 전쟁 같았다.

글만 쓰면서 산다는 게 쉽지만은 않다. 무엇보다 벌이가 시원찮다. 인세는 어림잡아 10%. 만 원짜리 책이 한 권 팔리면 천 원이 생긴다. 동네 조그만 식당에서 제대로 된 김치찌개라도 먹으려면 적어도 여섯 권은 팔려야 한다. 지난 한 달 동안 팔린 책은 기껏해야 세 권이다.

그렇게 겨울을 넘기는 사이, 두 권의 책을 내고, 두 권의 책을 더 계약했다. 적어도 작가로서의 자존심은 세웠지만, 현실은 잔혹했다. 네 권의 책을 통해 내 손에 쥐어진 돈은 겨우 400만 원, 연봉이 400만 원인 셈이다. 그러니까 월급이 30만 원 정도.

대출 이자, 지역 보험료, 휴대폰 요금, 전기 요금, 가스 요금, 관리비까지. 숨만 쉬고 살아도 한 달에 30만 원으로는 어림없다. 예상은 했지만, 회사 다니면서 벌어놓은 돈을 야금야금 써야 했다. 분명 글을 쓰고 있고, 그것도 일이라면 일인데, 자꾸만 삶은 마이너스로 향한다. 이상한 상황이다.

그만할까?

분명 하고 싶은 일이고, 나름 잘한다고 인정도 받고 있는데, 머릿속에 떠오르는 생각은 '그만할까?'라니. 아이러니하다 못해 아프다. 게다가 달력을 보니, 곧 또다시 겨울이다. 혹독한 겨울이 돌아오고 있었다. 미친 가스 요금. 아, 벌써부터 머리가 지끈거린다.

숨 쉬는 게 두렵다.
정말 그만둬야 할까?

──────── "따뜻한 나라에 가서 글 써, 그럼."

함께 소주잔을 기울이던 B가 지나가는 말로 꺼냈다. 순간 내 머릿속은 멍하니 멈췄다. 가장 먼저 동남아가 떠올랐다. 우리나라에서의 한 달 생활비와 절약되는 난방비까지 포함하면, 적어도 여기보다는 풍족하게 살 수 있을 것 같다. 무엇보다 미친 가스 요금 걱정 없이 곧 돌아올 겨울을 넘길 수 있다는 사실이 마음에 들었다.

그래, 글은 전 세계 어디에서도 쓸 수 있다. 인터넷만 연결되면 필요한 정보, 기사,

영화, 책, 음악 뭐든 찾을 수 있다. 어디에 있든, 그곳이 내 작업실이다. 디지털노마드. 발상의 전환! 추가로 계약한 책 두 권은 여행을 하면서 써보자! 겨울 너머 따뜻한 나라로 가자! 새로운 곳, 새로운 분위기에서 새로운 마음가짐으로 글을 쓰자!

"진짜 갈 거야? 그럼, 그동안 작업실은 내가 사용해도 될까? 월세는 낼게."

추진력 강한 B답게 아주 쐐기를 박는다. 겨울 동안의 월세를 곧장 송금한다. 목돈이 통장에 들어온다. 하루 15시간씩, 주말도 없이 글만 쓰며 벌었던 돈과 맞먹는 액수다.

결국, 건물주가 정답인가?
씁쓸하다. 허탈하다.

짐을 싼다. 괜히 짐이 될 것 같은 양말과 속옷은 과감하게 패스. 반팔, 반바지, 슬리퍼, 그리고 세면도구와 수건 정도 챙기자 얼추 다 싼 듯하다.

이제는 가장 중요한 디바이스들이 남았다. 무거운 노트북 대신 가벼운 태블릿PC를 선택한다. 워드 프로그램 정도는 충분히 돌아간다. 블루투스 키보드 하나면 타이핑도 끝. 손바닥만 한 태블릿PC 하나 챙겼을 뿐인데, 충전기, 보호케이스, 키보드, 건전지, 교체 가능한 메모리카드, 메모리카드 케이스가 딸려온다. 어째 배보다 배꼽이 더 크다.

40ℓ 배낭 하나. 들어보니 20kg도 채 나가지 않는다. 크다면 크고, 작다면 작은 배낭 하나가 앞으로 살아갈 내 짐의 전부다. 찬찬히 작업실 안을 둘러봤다. 이 안을 채우고 있는 많은 물건들이 갑자기 사족처럼 여겨진다. 어쩌면, 필요 이상으로 욕심을 내며 살고 있었는지도 모른다. 미니멀라이프란 이렇게 시작하는 게 아닐까?

배낭을 메본다. 맞닿은 등에서 활기가 느껴진다. 신나서 어쩔 줄 모르는 아이를 업은 것 같다. 즐겁다. '일하러 가는 거야. 글 쓰러 가는 거라고.'라며 아무리 마음을 다잡아봐도 어쩔 수 없이 입가에 웃음이 흐른다.

맑든, 비가 오든, 언제나 즐거운 토요일 아침.
여행에서의 하루하루는 언제나 토요일이다.

CONTENTS

낯선 나라, 낯선 도시, 낯선 거리를 거닐고 있다.

위성에서 내려다보면 난 어떻게 보일까? 눈을 감고 잠시 생각해본다.

눈에로 보이지 않는 미세한 점 하나가 아주 조금씩 움직인다.

내가 아무리 거닐고 거닐어봤자 티도 안 난다.

세상은 터무니없이 넓다.

괜찮아, 떠나

방콕/태국

여행이란
일상에서 영원히 탈출하는 것이 아니다.
새로워지는 날 만나는 통로이며,
넓어진 시야와 마음,
그리고 가득 충전되어
일상으로 되돌아오는 것이다.

아네스 안

방콕행을 택한 특별한 이유는 없다. 상대적으로 저렴하게 나온 프로모션 티켓이 많아서다. 더 저렴하게 갈 수 있는 곳이 있다면, 그곳을 택했을 것이다.

"편도네요." 항공사 직원이 묻는다. "네, 그런데요?" 짧게 되묻는다. 언제 돌아올지도 모르는데 왕복을 끊기가 뭐하다. "편도는 도착한 후라도 입국이 거절될 수 있어요." 직원은 난감한 얼굴로 설명을 덧붙인다. 때가 되면 태국을 떠나겠다는 증거가 필요하다는 것이다. 더 머물러달라고 졸라도 그럴 일은 없을 거라고 말했지만, '그건 댁의 사정'이란다. 어쩔 수 없단다. 옥신각신. 점점 큰소리가 난다. 직원은 목소리를 줄이라고 하고, 나는 점점 더 목소리를 키운다. 좀처럼 티켓을 내주지 않던 직원은 티켓을 끊어줄 테니 대신 서약서를 써달란다. 입국이 거절되고 10만 밧Baht의 벌금을 물더라도 항공사에 아무런 항의도 하지 않겠다는 내용이다. 결국, 원하는 서약서를 작성해주고 나서야 '편도' 티켓을 발권받았다. 아, 첫 단추부터 불안 불안하다.

우여곡절 끝에 올라탄 심야 비행기 안. 깜깜해서 시공간을 가늠할 수 없는 창밖. 심하게 출렁이는 날개만이 아슬아슬하게 보인다. 내내 불안한 마음이 드는 건 그 때문만은 아니다. 정말로 입국이 거절되면 어쩌지? 벌금으로 10만 밧을 내라고 하면 어쩌지? 겨울 너머 도망친 첫날부터 돈만 쓰고 되돌아오면 어쩌지? 개망이면 어쩌지? 여행하면서 글을 쓴다고? 괜한 짓을 벌인 건 아닐까? 걱정은 꼬리에 꼬리를 문다. 그 사이, 수완나품Suvarnabhumi 공항에 도착했다.

불안한 마음을 애써 억누르며 출입국 심사대 앞에 선다. 여권을 살피던 직원은 날카로운 목소리로 어디에 묵냐고 묻는다. 정해놓은 숙소는 없다. 발품 팔아서 저렴한 게스트하우스에 묵을 예정이지만, 일단은 가장 유명한 호텔 이름을 대본다. 어차피 확인할 것도 아닌데 뭘. 직업란에 사업가라고 적고, 연봉도 1억이 넘는다고 뻥을 쳐놨다.

하지만 날 바라보는 직원의 눈빛이 예사롭지 않다. 내 행색이 너무 초라한가? 이러다가 거짓말인 게 들통 나면 어떻게 되지? 돌아갈 티켓을 보여달라면 어쩌지? 직원은 매서운 눈빛으로 나와 여권을 이리저리 살핀다. 그러다 마침내! '쾅' 하고 입국허가 도장을 찍는다. 아! 심장이 다 쫄깃해졌다. 직원 맘이 변하기 전에 서둘러 출입국심사대를 빠져나간다.

저가 항공인 탓에 아직 새벽이다. 이제 남은 것은 첫차가 다닐 때까지 공항에서 시간 때우기. 의자에는 이미 많은 여행자들이 널브러져 있고, 콘센트가 있는 기둥마다 스마트폰이 다다다닥 붙어서 쪽쪽 전기를 빨아대고 있다. 남녀 구분도, 인종 구분도, 나이 구분도 없이 뒤섞여있어서 난민처럼 보이기까지 한다. 여행이 길어지다 보면, 나 역시도 저런 모습이 되어가겠지.

그들 사이에서 책을 읽고, 일기를 썼다. 문장은 거칠지만 생생하다. 마음에 든다. 이렇게 하루하루 적어나가는 일기를 다듬어 책으로 내면 어떨까? 작가는 작가인 모

양이다. 첫날부터 출간을 기획하고 있으니. 제목은 '겨울 너머 도망친 마흔 살 아저씨의 가성비 짱인 배낭여행' 정도라면 좋겠다. 아니다. 일하러 왔다. 글 쓰러 왔다. 벌써부터 들떠서 배낭여행이라니. 갈팡질팡. 가슴이 널을 뛴다. 이 나이를 먹도록 제대로 된 배낭여행 한번 못 했다. 그동안 난 뭘 하며 살았던 걸까? 아니다. 그래도 다행이다.

지금이라도
하니까, 난.

─────── 나라마다, 도시마다 여행자 거리가 있다. 그중에서도 카오산로드Khaosan Road는 명실공히 여행자 거리의 대표격인 곳이다. 전 세계에서 몰려드는 여행자들과 그들을 맞이하는 현지인들이 뒤엉키며 한껏 이국적인 분위기를 만들어 낸다.

카오산로드에 도착하니 곳곳에서 마사지를 받고 가라며 손짓한다. 가격도 상당히 저렴하다. 안 받으면 오히려 손해 같아서 살짝 마음이 흔들렸지만, 숙소를 먼저 구하기로 한다. 땡볕 아래 한참을 돌아다닌다. 아침인데도 정수리가 뜨겁게 탄다. 한낮에는 어떨까? 생각만 해도 진이 빠진다.

"방 찾아요?" 한국어다. 뒤돌아보니 서글서글한 인상의 C가 날 부르고 있다. 말이 통하니 다행이다. "방, 있어요?" 한 걸음 다가서며 물어보자 "그럼요."라며 C가 환하게 웃는다. 그 웃음을 보고 있자니 무겁게 짓누르고 있던 배낭의 무게가 한없이 가볍게 느껴진다.

같은 한국인이라고 숙박비를 깎아준다. 고맙다. 방을 안내받고 간단하게 짐을 풀고 있는데 C가 다가와 "스쿠버다이빙 해볼래요?" 묻는다. C는 여러 가지 일을 병행하고 있다고 했다. 한국 식당의 요리사 겸 오너이고, 시간이 나면 식당과 같은 건물에 있는 숙소 업무를 본다. 그리고 스쿠버다이빙 에이전시 일까지, 정말 바쁘게 사는 사람 같다.

스쿠버다이빙이라. 갑자기 심장이 두근거린다. 생에 꼭 한 번은 하고 싶은 버킷리스트였다. 내 눈빛을 읽은 C가 자세히 설명해준다. 오픈워터(초급 자격증)를 기준으로

숙식비, 교육비, 교육을 받을 꼬따오Koh Tao까지의 교통비, 기타 여비까지 얼추 50만
원이면 충분하단다. 우리나라에서 가격을 알아본 적이 있어서, 그 정도면 싸다는 것
쯤은 잘 안다. 하지만 지금의 나에겐 결코 만만한 돈이 아니다. "생각 좀 해볼게요." 어
쩔 수 없이 긍정도 부정도 아닌 답을 하고 만다.

선뜻 결정을 내릴 수 없다.

하지만, 버킷리스트다.

————————— 낯선 일상 속으로 들어와 익숙한 일상이 되기까지 며칠이 지났다. 카오산로드를 찾은 사람 중에, 숙소에 틀어박혀 나오지 않는 사람이 있을까? 아무래도 오늘은 어디든 다녀와야겠다. 며칠 동안 글만 썼더니 하루쯤은 밖으로 돌아다니고 싶기도 했다.

버스를 탔다. 목적지는 대형 쇼핑몰이 밀집한 시암스퀘어Siam Square. 버스는 아주 느리게 달린다. 얼핏 봐도 무척 낡았다. 운전석 옆에 엔진이 불룩하게 올라와 있는, 몇 십 년 전엔 우리나라에서도 볼 수 있었던 오래된 그 버스다. 심지어 바닥은 나무다. 모르는 사람이 보면 친환경 버스라 할지도 모른다. 창틀은 있지만, 창문은 없다. 비가 오면 어쩌나? 아마도 창가에 앉은 사람들이 우산을 펴야 하지 않을까 싶다. 창문이 없다는 건 에어컨이 없다는 의미이기도 하다. 바람이 들어오기는 하지만, 시원하기는커녕 뜨겁다. 매연도 그대로 들어온다. 금세 콧속이 시꺼메진다.

버스가 태국의 민주주의 역사가 담겨있는 기념탑을 지나간다. 유혈 진압으로 군부와 학생들의 대립이 격화됐을 때, 왕이 학생 편에 서서 군부를 실각시킨 것을 기념하는 탑이다. 현지인들이 왜 그렇게 왕을 사랑하는지 조금은 느껴지는 듯하다.

한참을 달리는 동안, 승객들은 왼쪽에 앉아있다가 다시 오른쪽으로, 또다시 왼쪽으로 계속 옮겨 앉는다. 버스가 방향을 바꿀 때마다 살인적인 햇살을 견디지 못하고 이리저리 자리를 옮기는 것이다. 현지인들은 더위에 무감각할 줄 알았는데, 아니구나. 사람들은 다 똑같다.

버스 안 풍경에 익숙해질 무렵, 어디선가 구수한 밥 냄새가 난다. 다들 비닐봉지 하나씩을 들고 타던데, 아무래도 도시락이었나 보다. 문득, 이 풍경이 낯설지 않음을 깨닫는다. 머리카락을 미처 말리지 못한 긴 머리 아가씨, 창밖으로 시선을 고정한 채 버스의 흔들림에 몸을 맡긴 아저씨, 스마트폰을 뚫어지게 쳐다보고 있는 남학생과 반쯤 접은 시험지에서 눈을 떼지 않는 여학생, 밀린 잠을 자는 직장인까지. 우리네 모습과 무척 닮았다. 그렇다. 사람 사는 곳은 어디든 다 똑같다.

시암스퀘어에 도착했다. 내가 알던 방콕이 아닌 새로운 세상이 펼쳐진다. 세련된 옷가게와 카페, 레스토랑, 서점, 미용실이 즐비하고, 거리 곳곳에서 공연과 이벤트가 열리고 있다. 명품으로 치장한 젊은이들도 가득하다. 목 늘어난 티셔츠에 슬리퍼를 끄는 내 모습이 창피할 정도다. 태국이라고 인정하고 싶지 않다. 왠지 낯설다.

건물 안으로 들어오니 에어컨 바람이 빵빵하다. 춥기까지 하다. 그 때문인지 푸드코트에 교복 입은 학생들이 잔뜩 앉아있는데, 테이블 위에 음료수 한 잔이 고작이다. 아니, 그마저도 없는 테이블이 태반. 그 와중에 모두가 책과 노트를 꺼내놓고 공부를 하고 있다. 하긴, 이보다 시원한 곳이 또 있을까? 다행히 학생들을 내쫓는 직원은 없다. 자리가 없다고 투덜대는 어른도 없다. 학생들을 어떻게 대하는지 알 수 있는 대목이다.

눈이 반짝반짝 빛나는 학생들을 보고 있자니 나까지도 뭔가 열심히 해야겠다는 생각이 든다. 방해되지 않도록 한쪽 구석에 자리를 잡고 앉아서, 태블릿PC를 꺼내 글을 쓴다. 적당한 소음은 오히려 집중력을 키워준다. 글 쓰는 내내 행복하다.

─────────── 왕궁 주변은 왕궁보다 높은 건물을 세울 수 없기 때문에 경관이 시원하고 깔끔하다. 하지만 늘 붐비는 관광객들로 그 경관은 무너진다. 그래서 나는 관광객이 모이기 전인 이른 아침에 주로 이곳에 온다. 카오산로드에서 왕궁까지는 동네 산책하듯 슬슬 걸어서 가기 좋은 거리다.

왕궁 안에는 왕실 전용 사원이 있다. 사원으로 들어가면 가장 먼저 부처의 사리가 안치된 체디Chedi(불탑)가 힘있게 다가온다. 거대한 종 같다. 스리랑카 양식의 불탑이다. 온통 황금으로 도금되어서 눈이 부시다. 누가 저 금을 훔쳐가지는 않을까? 하는 생각은 속세에 찌든 나만 하는 것인지도 모른다.

그 옆으로 불교 성전을 보관하고 있는 태국 전통 양식의 불탑이 화려한 장식으로 시선을 끈다. 짜끄리Chakri 왕조 역대 왕들의 동상이 있는 크메르식 불탑까지, 제각기 모양이 다르다. 오랜 시간 주변의 나라들과 역사가 뒤엉켜있는 태국의 깊은 역사를 느껴본다.

안을 조금 더 돌아보면 왓프라깨오Wat Phra Kaeo가 있다. 태국에서 가장 신성시되는 에메랄드 불상이 있어서 일명 에메랄드 사원이라고도 불린다. 1년에 세 번, 계절이 변할 때마다 국왕이 직접 불상의 승복을 갈아입히는 예식을 치른단다. 과연 외국인인 나는, 계절의 변화를 느낄 수 있을까? 궁금하기도 하다. 새 부리 모양의 초파Chofa(추녀)로 장식된 지붕의 끝이 이채롭다. 이런 양식은 왕궁과 사원에서만 사용할 수 있다고 한다.

사원을 둘러보고 나오니, 땀이 비 오듯 한다. 서둘러 카오산로드로 돌아간다. 방으로 돌아가면 제일 먼저 에어컨을 틀고, 샤워한 뒤, 시원한 맥주를 마셔야겠다.

생각만으로도,

시원하다.

─────────── 주말에만 열린다는 짜뚜짝Catucak 시장을 찾았다. 복잡함보다는 더위가 참기 힘들지만, 시장 골목골목마다 볼거리가 다양해서 발길을 붙잡는다. 심지어 야생동물을 팔기도 한다. 야생동물 매매는 불법이 아닐까, 생각을 잠깐 해본다. 그렇다 해도 어디에 신고해야 할지도 모르고, 안다 한들 말이 안 통해서 제대로 설명이나 할 수 있을까? 이런저런 생각을 하면서 또 다른 골목으로 접어든다. 미술품들이 늘어서 있다. 얼핏 봐도 엉터리 실력은 아니다. 한 점 살까 했지만 참는다. 여행자에게는 짐만 될 뿐이다.

가이드북에서는 하루를 투자해도 다 볼 수 없다고 했는데, 하루 정도면 충분히 둘러볼 수 있는 규모다. 솔직히 하루를 투자해서 볼 만한 곳도 아니다. 조잡하고 값싼 상품들만 가득하다. 직접 제작한 예술품을 팔던 골목 말고는 볼 만한 게 없다. 볼거리는 풍성하나 볼 게 없는 아이러니한 상황이다.

여행이 이렇다. 별 볼 일 없다는 걸 뻔히 알면서도, 가이드북에 있으면 왠지 가봐야 할 것 같다. 안 가보면 손해 같고, 나중에 후회할 것 같은 마음에 숙제해치우듯 가이드북에 나와있는 곳들을 따라다닌다. 가이드북에 나오지 않는 것들이 훨씬 더 많은 세상인데 말이다. 내가 생각하는 여행이란, 자기가 원하는 대로 생각하고, 판단하고, 움직여야 한다. 하지만 나 역시도 결국 짜뚜짝 시장에 와있다.

여전히 난,
자유를 품어도 자유를 만끽할 줄 모른다.

─────────── 꽃시장에 가보기로 했다. 어떻게 가야 하는지 구글맵으로 이미 외워두었기에 방향만 잘 잡으면 헷갈리지 않을 자신이 있다. 구글맵은 지도 데이터만 미리 받아놓으면 인터넷이 연결되지 않아도 내 위치가 어디인지 알 수 있다. 해외 어디를 가더라도 길 찾기가 어렵지 않다. 최단 거리, 소요 시간, 심지어 현지인들도 잘 모르는 버스 노선까지 상세히 알려준다. 게다가 실시간으로 자기 위치를 확인할 수 있으니, 길 잃고 헤맬 확률은 현저히 낮다. 물론, 길을 잃음으로써 얻게 되는 다양한 경험은 기대할 수 없다. 그 부분은 아쉽지만, 일부러 길을 잃고 싶지는 않으니까.

카오산로드를 벗어나 짜오프라야Chao Phraya강을 오른쪽에 놓고 남쪽으로 걸어 내려간다. 길이 단조롭다. 셔터까지 내린 상점이 쭉 이어져 거리가 어두컴컴하다. 같은 시간 서울이라면 불빛이 번쩍이고 사람들로 북적거릴 텐데, 방콕의 밤은 어둠이 일찍 깔린다. 어쩌면 불이 꺼지지 않는 서울이 비정상일지도 모른다.

걷는 동안, 길바닥에서 자고 있는 노숙자 열세 명과 마주쳤고, 혹시 죽은 게 아닐까 싶게 축 늘어진 개 다섯 마리를 봤고, 웃고 떠드는 젊은 양아치 한 무리를 피해 걸었다. 그리고 더위에 옷을 벗어 던져 온몸의 문신이 드러난, 조폭 같은 남자들을 족히 사오십 명쯤 지나쳤다. 훨씬 나중에 알게 된 사실이지만, 태국의 문신은 멋으로 하는 문신인 '싹Sak'과 몸을 보호하고 행운을 가져다준다는 '얀Yant'으로 나뉜다. 예로부터 얀을 몸에 새기면 칼과 활이 몸을 뚫지 못한다 하여 전장에 나가기 전에 온몸에 문신을 했단다. 이러한 믿음은 현대까지 이어지고 있다.

마침내 꽃시장에 들어선다. 아아! 온통 환하게 불이 켜져 있고, 상점마다 꽃이 가득하다. 예쁘다. 힘겹게 산을 오른 뒤, 넓게 펼쳐진 꽃밭을 보는 기분이다. 골목마다 화사하고 향기로운 꽃길이 눈앞에 길게 펼쳐진다. 그 길을 따라 걷는 내내 꽃향기에 취한다.

태국에서 꽃은 우리나라와 달리 종교와 밀접하게 연결되어있다. 가장 신성한 꽃을 사서 신에게 바치려 할 테니, 꽃을 파는 상인이나 꽃을 사는 손님이나 표정에 진중함과 따뜻함이 묘하게 섞여 흐른다. 화사하게 웃고 있는 꽃 앞에서 발걸음을 멈춘다. 물기를 촉촉하게 머금은 꽃다발을 사고 싶다. 하지만 참는다. 결국엔 짐이 된다는 걸 안다. 줄 사람도 없다. 숙소에 놓고 기분 전환을 하는 것도 좋겠지만, 사실 꽃을 살 만한 여유는 없다. 꽃은 꽃시장에서만 즐기기로 한다.

N6 선착장으로 향했다. 카오산로드가 있는 N14 선착장까지는 수상버스를 이용할 생각이다. 숙소에서 꽃시장까지는 결코 호락호락한 거리가 아니라, 다시 걸어서 돌아갈 엄두가 나지 않는다. 선착장 입구에 도착하니 야시장이 열리고 있다. 뜻밖의 수확이다. 야시장에는 온갖 짝퉁이 널려있다. 작은 야시장이라 둘러보는 데 오랜 시간이 걸리진 않았다. 매표소로 다시 발걸음을 돌린다. 어라? 아쉽게도 운행이 끝났단다. 아, 야시장에서 시간을 보낸 탓인가? 결국, 그 긴 길을 또다시 터벅터벅 걸어서 돌아가야 한다. 어쩔 수 없지. 그래도 한 번 걸었던 길이라고, 무섭지는 않다.

─────────── 숙소를 옮기기로 했다. 딱히 불편한 건 없다. 익숙한 카오산로드를 벗어나 새로운 분위기를 계속해서 만끽하고 싶어서다. 선크림을 꼼꼼하게 바르고, 마실 물을 챙기고, 사진기를 집어 들고 숙소를 나선다. 무작정 걷는다. 돌아오는 길 따위는 걱정하지 않고 발길 닿는 대로 산책한다. 주소만 알면 어떻게든 다시 돌아올 수 있다.

요란스러운 카오산로드를 조금 벗어나자, 영어 간판과 외국인 대신 꼬불꼬불 알 수 없는 태국 글씨와 현지인들이 잔뜩 보인다. 온전한 태국에 온 기분이다. 목적 있는 산책이라 좋고, 방콕의 이면을 볼 수 있어 좋다. 담소를 나누는 어른들과 그 사이를 웃으면서 뛰어다니는 아이. 역시나 아이들은 시끄럽지만, 정겹고 귀엽게 느껴진다. 창문을 열어놓은 누군가의 집에서는 귀에 익은 노랫소리가 흘러나오고, 짐을 가득 실은 오토바이들이 사람들을 피해 요리조리 지나간다. 자꾸만 호기심이 생겨서 이 골목만 더, 저 골목만 더 가보려는 것은 어쩔 수 없다.

우편함 위에서 쉬고 있는 고양이와 마주쳤다. 고양이가 아니라 사람 같다. 그 아래를 유유히 지나가는 팔뚝만 한 쥐에 머리카락이 곤두선다. 고양이의 직무유기다. 조금 더 걸어가니 이번에는 개들이 모여있다. 무념무상의 표정으로 죽은 듯이 잠만 자고 있다. 전깃줄 위에 음표처럼 앉아있는 비둘기도 보인다. 우리나라에서 볼 수 없는 동물들도 아닌데, 한없이 신선하고 이색적인 모습들로 다가온다.

아이들이 뛰놀다가 자기들끼리 나긋나긋한 말투로 뭐라 뭐라 하고 있다. '공 내놔. 내가 찰 차례야.' '웃기지 마. 우리 공이야.' 이러며 치열하게 싸우는 것 같다. 말은 못 알아듣지만, 분위기가 그렇다. 그 옆에는 스님들이 그늘에 앉아서 책을 읽고 있다. 스님이라고 하기에는 앉아있는 자세가 매우 자유분방하다. 게다가 다들 젊고, 얼굴에는 장난기가 가득하다. 태국에는 '부앗낙Buach Nak'이라는 출가 의식이 있는데, 태국 남자들은 누구나 일생에 한 번 승적을 보유하는 관행이다. 아마도 그런 스님들 같다.

저녁이 되자 교복을 입은 학생들이 나타난다. 여기도 야간 학습이 있나 보다. 학교 근처 식당에 삼삼오오 모여 앉아 밥을 먹는 모습을 보니, 그 자리에 끼어들고 싶다. 모두가 목소리를 높여 무언가를 토론하고 있다. 대화는 치열하지만, 얼굴은 평화롭다. 그들의 그런 모습이 보기 좋다. 함께 밥을 먹으면서도 말 한마디 없이 스마트폰만 보는 것보다 백배, 천배, 아니 만 배 좋다.

골목골목 숨어있는 숙소도 들어가본다. 숙소마다 다른 분위기라 돌아보는 재미가 쏠쏠하다. 펜션처럼 심플하게 꾸며놓은 곳도 있고, 고풍스러움이 한껏 느껴지는 곳도 있고, 너무 허술해서 금방이라도 무너질 것 같은 곳도 있다. 마침 조용한 다락방 같은 곳을 발견했다. 글쓰기에 더할 나위 없겠다 싶었는데, 도미토리로만 운영한단다. 도미토리가 싫은 건 아니지만, 역시나 글을 쓰기 위해서는 피하고 싶다. 1인실로 사용하겠다고 하니 터무니없이 비싼 가격을 부른다.

별 소득 없이 카오산로드로 돌아왔다. 역시 카오산로드가 답인가. 시끄럽고 복잡한데, 이상하게도 마음이 편해진다. 많이 돌아다니지 않고도 다양한 숙소를 비교해가며 알아볼 수 있다. 에어컨과 인터넷은 필수이고, 하루에 만 원을 넘지 않아야 한다. 다행히 마음에 드는 숙소를 발견했다. 입구에 써놓은 안내 문구가 인상적이다. 4일 이상 투숙할 경우 50% 할인해준단다. 망설일 이유가 없다. 일단 4일 머물다가 아니다 싶으면 또 다른 곳으로 옮기면 된다.

왜 많은 작가들이,
글을 쓰겠다며 여행을 떠나는지 알 것 같다.

───────── 방콕에서의 일상이 점점 더 단조롭게 느껴진다. 아침 일찍 일어나 가볍게 주변을 산책한다. 돌아오면 곧장 샤워를 하고 간단히 배를 채운다. 에어컨 빵빵하게 나오는 숙소에서 저녁까지 글을 쓴다. 기분을 전환할 겸 근처 카페에서 글을 쓸 때도 있다. 해 질 무렵 다시 산책을 하고, 돌아오는 길에 팟타이와 맥주 한 병을 사 와서 저녁을 해결한다. 다운받은 영화 한 편을 보고, 일찌감치 잠자리에 든다.

이렇게 변화 없는 하루하루를 반복하는 건, 내가 그렇게 생활하는 걸 좋아하기 때문이다. 행복이 별건가. 나 좋은 대로 살 수 있다면, 그게 행복이지. 숙박비 빼고는 딱

히 큰돈이 들어가지 않는 삶이다. 이렇게 생활한다면 한 달에 30만 원 정도면 충분히 살 것 같다. B가 서울에 있는 내 작업실을 사용하겠다며 준 월세보다 훨씬 적은 액수다. 이대로라면 조금씩 저축까지 할 수 있겠네. 젠장.

누군가는 여행지에서 현지인처럼 살아보라고 하는데, 어느 나라든 사는 모습은 다 비슷비슷해서 생각보다 시시하다. 삶의 모습이 바뀌려면, 환경이 아닌 스스로가 바뀌어야 한다. 그렇지 않으면, 어디를 가든 비슷한 삶을 살 뿐이다. 방콕에 처음 오던 날에는 설렘이라도 있었는데, 지금은 전혀 아니다. 익숙하다. 익숙하다는 건, 곧 떠나야 할 때가 됐다는 뜻일까?

갈등이 일어난다. 서울에서 방콕으로 떠나왔듯, 방콕에 계속 머물 이유는 없다. 여행하면서 글을 쓸까? 나에게 방콕은 여행이 아니라 글 쓰는 환경을 바꾼 것뿐이다. 하지만 정작 고민은 다른 곳에 있다. 여행을 시작하는 순간부터 체류비보다 이동 경비가 더 많이 든다는 점이다. 더 강력한 명분이 있어야 한다. 그때, 갑작스럽게 스쿠버다

이빙이 떠올랐다. 꼭 한 번은 하고 싶던 스쿠버다이빙을 저렴하게 배울 수 있다. 특유의 설렘이 뒤엉키며 아드레날린이 마구 샘솟는다.

다음 날 아침 일찍, C를 찾았다. "아직 방콕에 계셨어요?" 계속 방콕에만 있었다는 게 신기한 모양이다. "스쿠버다이빙, 하려고요." 내 말에 C는 배시시 환하게 웃는다.

처음이다. 여행 중에 무언가를 배운다는 것은. 간혹, 여행지에서 요리 수업을 듣거나, 요가를 배우는 여행자를 보면 이해를 못 했다. 빠듯한 여행 일정 중에 시간이 남아도나 싶기도 했고, 우리나라에서도 배울 수 있는 걸 왜 여행까지 와서 배우려고 할까 싶기도 했다. 이제는 어렴풋이 알 것 같다. 여행은 그마저도 추억으로 만드니까.

익숙해진 일상에서 벗어난다.
또다시 낯선 일상으로 여행이다.

생애 한 번은
스쿠버다이빙

꼬따오/태국

인생이란 무엇을 하기엔 짧지만,
아무것도 안 하기에는 너무 길다

요시다 슈이치

─────────── 이른 새벽부터 배낭을 싼다. 아무리 단출한 짐이라도 매번 쌀 때마다 일이다. 배낭에 담긴 짐이 내가 가진 전부니까 달팽이가 된 것 같기도 하다. 여행 달팽이.

짐들을 하나하나 꼼꼼하게 챙겨서 배낭에 담는다. 버릴까 싶던 옷도 한 번만 더 입고 버리자는 생각에 챙긴다. 가끔 쓰레기를 짊어지고 가는 건 아닌가 싶은 생각도 든다. 미련한 미련일지도 모른다. 그래도 차마 버리지 못한다. 물건을 버리는 것은, 여전히 익숙지 않다. 처음에 가지고 왔던 비누는 손에 안 잡힐 정도로 작아졌고, 치약도 거의 다 썼다. 무겁게 챙겨왔던 대용량 물티슈도 바닥을 드러냈다. 시간이 참 빠르게 흐른다.

짐을 쌀 때마다 내가 가진 것들을 되돌아본다. 과하면 무겁고, 부족하면 불편하다. 그렇게 차츰차츰 나에게 딱 맞는 무게를 알아간다. 내 삶의 무게이기도 하다. 그동안 필요 이상으로 가지려 했는지도 모른다. 과욕이라는 것도 모른 채로. 그래, 버리자. 한 번만 더 입으려고 했던 옷을 과감히 버린다. 보던 책은 서둘러 읽고 숙소에 두기로 한다. 누군가에게는 좋은 선물이 되겠지. 이제 짐을 싸기보다는 짐을 덜어내고 있다. 점점 무게가 준다. 정말 최소한의 짐만 챙겨왔다고 생각했는데, 아직도 줄일 게 있다. 배낭의 무게는 한없이 가벼워진다. 그만큼 난, 진정한 여행자에 더 가까워지는 기분이 든다.

이런 게 바로,
미니멀라이프가 아닐까?

방콕에서 꼬따오까지 대략 12시간 정도 걸린다. 우리나라에서는 쉽게 경험할 수 없는 장거리 이동이다. 방콕에서 태국 북부 도시까지 기차로 12시간가량을 이동해본 여행자가 있었다. 어떻게 버텼냐는 물음에 "생각보다 길지 않아요."라며 웃던 얼굴이 기억난다. 여행이 아니라면 지칠 시간. 여행에서는 그 긴 시간마저도 즐거운 걸까?

카오산로드에서 출발한 버스는 밤새 달려서 어둑어둑한 선착장에 도착했다. 새벽 6시다. 사람들이 하나둘씩 버스에서 내리며 길게 기지개를 켠다. 장시간 앉아서 오느라 구겨진 몸뚱이를 곧게 펴준다. 선착장에서 꼬따오까지 들어갈 페리를 기다린다. 태국어로 '꼬'는 섬이다. 그러니까 '따오'라는 섬에 가는 중이다.

어느새 저 멀리 동이 터온다. 구름이 낮게 깔려서 수평선 위로 떠오르는 태양을 직접 보진 못했지만, 차츰 밝아지는 하늘 아래로 푸른 바다가 넓고 웅장한 모습을 드러낸다. 괜스레 가슴이 울컥한다. 고요한 파도 소리가 자장가처럼 들린다. 장거리 버스에서는 정작 말똥말똥하더니, 이제야 졸음이 쏟아진다. 사람들은 지치지도 않는지, 연신 사진을 찍고 있다. 저 멀리서 페리가 모습을 드러낸다.

페리에 오르니 피곤했던 기색은 온데간데없고, 다시 설렘이 인다. 배낭은 짐칸에 던져놓고, 곧바로 탁 트인 2층으로 올라간다. 시원한 바닷바람을 맞고 싶어서다. 그러나 현실은 녹록지 않다. 페리가 파도를 뚫고 엄청난 속도로 이동하는 터라 2층까지 바닷물이 들이친다. 그 바람에 모두가 물에 빠진 생쥐 꼴이다. 나 역시도 마찬가지다. 바닷물이 마르면서 온몸이 끈적거린다. 찝찝하다. 어서 맑은 물로 씻어내고 싶은 생각에 풍경이 제대로 눈에 들어오지 않는다.

설상가상으로 내 앞자리에 앉아있던 여자가 뱃멀미를 하는지 자꾸 헛구역질을 한다. 출발하기 전 선원들이 돌아다니며 검은 봉지를 나눠준 이유를 알겠다. 여자는 그 검은 봉지에 얼굴을 박고 욱욱 댄다. 내게 파편이라도 날아올까 두려운데도, 쉽사리 자리를 옮길 수 없다. 심하게 요동치는 페리 위에서 걷기란, 쉽지 않다. 월미도의 디스코팡팡이라도 타고 있는 느낌이다.

그렇게 페리는,
꼬따오에 나를 내팽개친다.

───────────── 마중 나온 강사 D는 웃는 모습이 천진난만하고 맑다. 어깨에 엄청나게 큰 문신을 하고 있지만, 이제 익숙해져서 선입견이 생기진 않는다. "스쿠터 탈 줄 알아요? 나중에 빌려줄 테니까 섬 한번 둘러봐요. 정말 예뻐요." D의 눈빛에서 그가 얼마나 꼬따오를 사랑하는지 느껴진다. "이 섬에 한번 들어오면 나가기 싫어져요." 말을 덧붙인다. 자신도 그렇게 이곳에 남게 됐단다.

D는 스쿠버다이빙 수업을 받는 동안 묵게 될 숙소로 나를 안내했다. 8인실 도미토리인데, 아무도 없다. 유유자적, 8인실을 혼자 독차지하는가 했더니, 맞은편 침대 머리맡에 손바닥만 한 게 널려있다. 뭐가 이렇게 작나 싶었는데, 여성의 비키니다. 대놓고 말리고 있으니 안 볼 수도 없다. 살짝 부끄러워진다. 저게 뭐라고.

그나저나 여자와 같은 방을 쓴다고?

처음으로 경험하는 믹스 도미토리다. 갑자기 생각이 많아진다. 호기심보다는 불편할 거란 생각이 먼저 든다. 게다가 지금이라면 한 방에 여자와 단둘이 있는 꼴이다. 친한 친구라면 또 모를까, 낯선 여자와 함께 지낼 생각을 하니 막막하다. 여자든 남자든, 얼른 한 명 더 왔으면 좋겠다.

드디어 비키니의 주인공이 돌아왔다. 네덜란드에서 온 금발의 백인이다. 이미 스쿠버다이빙 자격증을 이수했고, 지금은 그저 맘 편히 꼬따오에서의 삶을 즐기는 중이란다. 스쿠버다이빙에 대해 궁금한 것들을 물어본다. 외모만큼이나 시원시원하고 친절하게 답해준다.

우리는 금세 친해졌다. 불편할 것 같던 믹스 도미토리에 대한 선입견은 덕분에 깨졌다. 샤워하고 옷을 갈아입을 때와 화장실을 이용할 때 외에는 크게 불편함도 없다. 오히려 남자들만 있는 삭막함보다 좋다. 어쩌면 낯선 여행지에서의 로맨스가 펼쳐질지도 모른다. 나쁘지 않다. 하지만 기본적인 궁금증을 해소하고 조금 더 대화를 이어가려고 해봐도, 도통 이어지지 않는다. 내 짧은 영어가 문제다. 결국, 그녀는 자신의 침대로 돌아간다. 조용히 책을 읽는가 싶더니, 이내 곯아떨어진다.

코를 곤다. 아, 코를 곤다.

로맨스는 개뿔.
시끄러워서 잘 수가 없다.

─────────────── 본격적으로 스쿠버다이빙 수업이 시작됐다. 지루한 이론 수업은 5시간 만에 모두 해치웠다. 내내 눈꺼풀이 내려오고 몸이 배배 꼬였지만, 아이처럼 투정을 부릴 순 없다. 억지로 버텼다. 꼭 해야만 한다면 어떻게든 빨리 끝내고 싶어서다. 엄청난 양의 시청각 자료와 연습문제를 해치우고 나면, 필기시험을 본다. 그걸 통과해야 실습을 할 수 있고, 그래야 자격증도 딴다.

필기시험은 담당 강사가 그 자리에서 바로 채점하고 합격 여부를 알려주는데, 의외로 엄격하고 문제도 상당히 까다롭다. 영어를 직역해놓은 탓에 몇몇 문제들은 질문 자체가 헷갈린다. 총 50문항 중 열세 개 이상 틀리면 낙제다. 다행히 일곱 개밖에 틀리지 않았다. 재시험을 치르지 않아도 된다. 기분 좋다. 한 번에 끝내서.

하루를 쉰 후, 수영장에서 첫 실습이 이뤄졌다. 산소통을 메고 물속으로 들어왔다. 수압과 체내의 질소량을 계산하는 등, 이래저래 체크해야 하는 것들이 많다. 게다가 주의할 것투성이다. 무엇보다 숨을 참으면 안 된단다. 미세한 숨이라도 끊임없이 호흡해야만, 폐가 다치지 않는단다. 온몸이 뻣뻣하게 굳는 기분이다. 겁이 나니 호흡이 빨라진다. 이렇게 호흡하면 산소통의 공기가 빨리 닳는다고 배웠는데, 아무리 해도 진정되지 않는다. 숨은 오히려 더 가빠진다.

D의 수신호가 눈앞에 아른거린다. 한참 수신호를 보냈는데 이제야 눈에 들어온다. 차분하게 숨을 쉬라며, 손짓으로 호흡의 속도를 바로잡아준다. 손짓을 따라 조금씩 호흡을 늦추고 나서야 겨우 진정이 된다. 잠시 쉬러 물 밖으로 나오자, 온몸은 이미 녹초다. 곧 바다에 들어가 실습해야 하는데, 나, 괜찮을까?

수영장에서의 마지막 수업은 물 위에 10분간 떠있는 테스트다. 어떤 자세든 상관없다. 수영을 할 줄 알기 때문에 배영 자세로 편안하게 눕는다. 10분쯤은 가뿐하다. 문득 망망대해를 혼자 표류하는 생각이 머릿속을 스친다. 실제라면 어떨까? 어디로 가야 할지도 모르고, 얼마나 가야 할지도 모르는 상황에서, 점점 뭍으로부터 멀어지는 상황이라면? 상어가 나타나 내 몸뚱이를 물어뜯는다면? 수영장에서도 이런데, 바다로 나가면 어떨까?

> 물속에 있는데도
> *손에 흐르는 땀이 느껴진다.*

드디어 바다. 앞으로 이 바다에서 네 번의 다이빙을 하게 된다. 넘실대는 높은 파도를 넘고 넘어서 다이빙 포인트에 도착하자, 극한의 긴장으로 자꾸만 헛웃음이 나온다. 장비를 갖추고 파도에 출렁거리는 배 위에 서 있기란 쉽지 않다. 무엇보다도 산소통이 쇳덩어리라 무게가 상상 이상이다. 누군가가 뒤에서 계속해서 짓누르며 잡아당기는 기분이다.

버디끼리 서로의 장비가 제대로 갖춰졌는지 확인한다. 내 버디는 D가 직접 맡아준다. 하나둘씩 바다로 뛰어들기 시작하고, 드디어 내 차례. 배 끝에 서서, 한 손으로 물안경을 누르고 허공에 발을 내민다. 장비가 무거운 탓에 아주 오랫동안 바닷속으로 빨려 들어간다. 안정을 되찾자마자 천천히 수면 위로 헤엄쳐 올라와서 BCDBuoyancy Compensators Device(구명조끼처럼 입는 부력조절기)에 공기를 넣었다. 순식간에 부풀어 내 몸을 꽉 끌어안아준다.

수중에서는 불과 1m 차이라도 귀를 누르는 압력이 크게 달라지기 때문에 이퀄라이징(인체와 외부의 압력이 같도록 하는 것)이 중요하다. BCD의 공기를 조절하며 천천히 바닷속으로 미끄러지듯 내려가야 하는데, 이퀄라이징이 잘 안될 경우에는 수심 깊은 곳까지 이어진 줄을 잡고 살짝 올라오면 된다. 압력 차는 보통 수심 1~3m에서 가장 크게 느껴지는데, 별 고통을 느끼지 못하는 사람도 있고, 스쿠버다이빙을 포기할 정도로 고통스러워하는 사람도 있다고 한다.

내 경우에는 오른쪽 귀가 문제였다. 아무리 이퀄라이징을 해도 소용없다. 수심이 깊어질수록 깊어지는 고통은 말로 다 설명할 수 없다. 기다란 젓가락으로 고막을 쑤시는 기분이다. 레귤레이터(산소통의 압축된 공기를 마실 수 있도록 조절해주는 호흡기)와 연결된 마우스피스 사이로 날카로운 비명이 새어 흐른다. 다들, 바닷속으로 잘 내려가는데, 나 혼자만 줄을 잡고 올라갔다 내려갔다를 반복한다. 그런데도 좀처럼 해결되지 않는다.

첫 입수부터 정신이 혼미하다. 어떻게 내려갔는지 모르겠다. 겨우겨우 수심 12m 아래, 모랫바닥에 도착한다. 이퀄라이징이 제대로 된 건지 아닌지 모르겠지만, 일단 깊은 수심에서는 귀의 고통이 사라졌다. 그제야 청아한 바닷속 소리들이 들려온다. 바닷물결 소리, 공기 방울 소리, 물고기들이 재빨리 방향을 바꾸는 소리까지. 지금껏 단 한 번도 직접 들어본 적 없는 생생한 소리들이다. 생애 처음으로 깊은 바닷속, 모랫바닥에 손을 대본다. 첫발, 아니 첫 손이다. 주변의 풍경들이 눈에 들어온다. 웅장하다. 조그만 물고기들이 떼 지어 헤엄친다. 그 수가 어마어마해서 거대한 고래와 마주친 착각이 들 정도다. 우주 한복판을 두둥실 떠다니는 것 같기도 하다. 중성 부력을 잘 맞추고 천천히 헤엄쳐본다. 하늘을 나는 기분으로 바닷속을 난다.

그러나 즐거움도 잠시. 잠깐 방심하여 숨을 한 번 크게 들이마셨다가 갑자기 몸이 떠오르기 시작한다. 깜짝 놀란 나는 자세가 꼿꼿하게 서있는지도 모르고 무의식중에 발길질을 해댔고, 더욱 탄력을 받은 내 몸은 순식간에 수면 위로 치솟았다. 만약 더 깊은 수심에서 이런 일이 벌어졌다면, 감압병(갑자기 압력이 낮아지면서 생기는 질병)으로 이어질 뻔한 아찔한 사고다. 나중에 들은 이야기로는, 나 같은 사람들이 있어서 첫 다이빙은 깊은 수심으로 들어가지 않는단다.

나 때문에 나머지 버디들도 서둘러 수업을 마치고 수면 위로 천천히 올라온다. 그들의 모습을 수면에 뜬 채로 지켜보고 있자니 미안한 마음이 든다.

> *수경 너머 보이는 버디들의 눈빛엔 웃음이 가득하다.*
> *아, 창피하다.*

──────────── 뭍으로 돌아왔다. 오픈워터 자격증을 따기 위해서는 총 네 번의 다이빙을 해야 하는데, 이퀄라이징이 제대로 되지 않아서 걱정이다. 눈앞이 캄캄하다. 사람마다 차이가 있다고 하지만, 나에게는 너무 심한 고통이다. 강사가 내 양쪽 콧구멍 앞에 얇은 휴지 두 장을 가져다 댄다. 숨을 쉬어보란다. 어? 힘차게 펄럭거리는 왼쪽 휴지에 비해 오른쪽은 움직임이 미미하다. 콧구멍이 막힌 건 아닌데, 선천적으로 약한 것 같단다.

그렇다. 사실 나는 콧구멍이 짝짝이다. 외관상으로는 차이 없어 보이지만, 안으로 들어가면 오른쪽으로 코뼈가 휘어서 오른쪽 콧구멍이 왼쪽에 비해 좁다. 코감기에 걸리더라도 항상 오른쪽이 심하게 막힌다. 병원에선 수술을 권했는데, 사는 데 불편함은 없어서 고사해왔다. 그런데 스쿠버다이빙에서 발목이 잡힐 줄이야.

오른쪽 귀가 너덜너덜해지는 기분을 어떻게든 참고 깊은 수심으로 들어가면, 귀는 또 괜찮아진다. 거짓말처럼. 이퀄라이징의 고통을 견뎌내면 바다는 보상이라도 하듯 아름다운 속살을 보여준다.

그렇게 어느덧 마지막 다이빙까지 왔다. 이대로라면 별 탈 없이 자격증을 딸 수 있다. 하지만 바다가 순순히 허락하고 싶지 않은지, 갑자기 조류의 흐름이 심상치 않게 변했다. 강사들의 움직임이 다급해진다. 서로 무언가 의견을 나누는 듯하다. 무슨 이유에선지 D가 물 위로 올라가길래, 나도 따라 올라간다. 그런데 왜 따라왔냐고 묻는다. 다시 내려간다는 건, 또다시 이퀄라이징을 해야 한다는 의미다.

못 해! 내 오른쪽 귀는 견디지 못할 거야! 한계라고! 불길한 예감은 언제나 틀리지 않는다. 탈 날 줄 알았다. 그동안 겨우겨우 되던 이퀄라이징이, 이번에는 전혀 되지 않는다. 패닉이다. 악! 악! 거리는 비명 소리가 바닷속에 울려 퍼진다. 너무 아파 정신까지 놓아버릴 것 같다. 수경에 막혀 닦을 수도 없는 눈물이 흐른다.

결국, D는 나를 전담하기 시작했다. 내 BCD를 직접 컨트롤하며 천천히 내려갈 수 있도록 돕는다. 차츰 진정되고, 호흡도 차분해진다. 통증이 완전히 사라진 건 아니지만, 침착하게 18m 아래 바닷속으로 향한다. 이대로 실습을 끝내야 한다. 여기서 패스하지 못하면 지금까지의 모든 과정이 허사가 된다. 자격증은 물 건너 사라진다. 자격증을 위해 시작한 건 아니지만, 막상 따지 못한다고 생각하니 화가 치밀어 오른다. '괜찮아요?' D는 연신 수신호를 보내며 내 상태를 묻는다. 크게 고개를 끄덕인다. D가 내 상태를 확인하고는 마지막 시험을 치르게 한다.

다행히 모든 테스트에 통과했다. 수면 위로 올라오는 동안 D는 내 산소통을 확인한다. 공기가 거의 바닥인 것을 보고 자신의 마우스피스를 빼준다. 고맙다. 다시 한 번 버디의 중요함을 깨닫는다. 올라와 보니 내가 가장 마지막이다. 테스트를 끝낸 사람들은 배 위에서 휴식을 취하고 있다. 나도 녹초지만, D도 녹초가 되었다. 미안한 마음에 배까지 끌고 가주고 싶었지만, 몸은 이미 내 몸이 아니다. 온몸이 바들바들 떨린다. 배 위에 올라와 물안경을 벗자 코피가 펑 하고 터졌다. 바닷물에 젖은 얼굴 전체로 코피가 번진다. D는 종종 일어나는 일이라며 별 걱정하지 않아도 된단다.

뭍으로 돌아오는 길. 하염없이 펼쳐진 바다를 바라보고 있자니 가슴 속 무언가가 자꾸만 간질거리는 기분이다. 뿌듯함이라고 할까? 어딘가 허전한, 해치웠다는 시원섭섭한 기분도 든다. 나를 그렇게 괴롭히던 바다는, 언제 그랬냐는 듯 고요하다.

─────────── 아침부터 햇볕이 뜨겁다. 화창하다. D에게 스쿠터를 빌려 꼬따오를 한 바퀴 돌기로 했다. 숙소에서 나눠주는 공짜 지도를 챙겼지만, 지도가 필요 없을 만큼 작은 섬이다. 지도 없이 떠나는 탐험, 나쁘지 않다. 놓치게 되는 명소가 있을지도 모르지만, 어차피 모든 곳을 다 가볼 순 없다. 그 장소와 인연이 아니라 생각하고, 그 시간에 다른 장소를 만나면 된다. 그렇게 발견된 나만의 장소가 알려진 명소보다 더 나을 때도 있다.

하지만 그곳이 어디였는지 딱히 설명하기는 어렵다. 마구 돌아다니다 우연히 발견한 경우가 대부분이니까. 토끼를 따라간 앨리스처럼, 무엇을 보았는지는 말할 수 있어도, 그곳이 어디인지, 어떻게 가야 하는지 말하기는 어렵다. 하지만 단언컨대, 세상에는 여행자의 수보다 아름다운 곳이 더 많다. 자신만의 여행에서 얻게 되는 선물을 세상은 언제나 넉넉히 숨겨두고 있다.

스쿠터를 타고 섬의 구석구석을 돌아다닌 지 어느덧 몇 시간. 꼬따오에서 가장 높다는 망고 포인트의 이정표 앞에 도착했다. 가파른 경사를 올라오느라 스쿠터가 굉장히 고생했지만, 그래도 잘 버텨주었다.

망고 포인트가 보이는 코앞에서 한 꼬마가 길을 막고 봉이 김선달처럼 50밧을 받는다. 50밧이면 점심 한 끼 값이다. 제법이다. 그냥 돌아설까 하는데, 망고 포인트에서 바라보는 꼬따오의 모습이 궁금해졌다. 여기까지 오는 내내 거대한 나무로 가려져서 바다 한번 제대로 시원하게 보지 못했다. 결국, 호기심을 이기지 못하고 50밧을 줘버렸다. 그리고 곧 후회했다. 뷰포인트는 맞았지만, 생각만큼 끝내주지는 않았다. 괜히 돈만 버렸다.

———————— 수업 시간을 제외하면 꼬따오에서의 생활은 여유롭고 한적했다. 새벽같이 일어나 현지인에게 인기 있는 치킨을 사 먹으러 부두로 나가기도 하고, 킥복싱 학원을 기웃거려보기도 하고, 해변을 따라 지어진 리조트들을 하나씩 구경하기도 했다. 카페에 앉아 시원한 커피를 마시며 글도 썼다.

새롭게 만난 사람들과도 어울렸다. 대부분 나처럼 스쿠버다이빙 자격증을 따러 온 사람들이다. 낮에는 스쿠버다이빙을 배우는 데 집중하고, 밤에는 함께 어울려 놀기에 바빴다. 여행지에서의 만남은 신기하게도 쉽게 마음을 열게 된다. 잠깐 사이에 정이 깊게 들어서 허물없이 서로의 카톡을 연결하고, SNS에 추가한다. 헤어짐을 못내 아쉬워하며, 꼭 한번 다시 뭉치자고도 한다. 하지만 현실로 돌아가면 쉽지 않은 일이라는 것을 서로 잘 안다. 이 순간이 정말 마지막일지도 모른다는 생각에 더욱 아쉬워진다.

마지막 밤. 모두와 헤어짐을 준비한다. 짐을 싸면서 내게 필요 없는 물건을 꺼내본다. 몇 통이나 챙겨왔던 모기 기피제를 사람들에게 나눠준다. 액체라 무게가 좀 나가기도 하고, 생각보다 그렇게 모기에 시달리지도 않았다. 보답으로 받은 샴푸 덕분에 비어가던 샴푸 통이 금세 가득 찼다. 여럿에게서 조금씩 받느라 온갖 종류의 샴푸가 뒤섞였다. 향기가 독특하다.

남겨지는 사람들과 짧은 인사를 나누고
떠나는 사람이 된다.

더 격렬히 아무것도

꼬사무이/태국

여행을 할수록
마음이 고요해진다.

이사벨 엘버하르

─────── 사실 난, 대단한 집돌이다. 밖으로 나가지 않고도 석 달 정도는 거뜬히 집에서만 지낼 수 있다. 집 밖이 싫다기보다는, 집 안을 너무 좋아하는 탓이다. 무엇보다 문턱을 넘는 게 가장 힘들다. 한창 글을 쓸 때는 박스로 사다 놓았던 라면이 떨어지고야 겨우 밖으로 나왔다.

그런 내가, 왜 여행만 하면 빼곡하게 스케줄을 짜고, 가만히 있으면 손해라도 보는 것처럼 더 격렬하게 돌아다니고, 평소엔 하루 한 끼만 먹으면서 왜 계속해서 먹어대는 걸까? 솔직히 피곤한 것도 사실이다. 하지만 달리 방법이 없다. 휴가는 너무나 짧고, 그동안 하고 싶었던 건 너무나 많으니까. 그래, 여행을 여행답게 못 하고 있다면, 그건 터무니없이 짧은 일정 때문인지도 모른다. 주말에는 쉬어줘야 하는 것처럼, 여행에도 쉬는 날이 필요하다. 그런 쉼이 있어야 또 떠날 마음이 생기고, 그 떠남은 힘듦이 아니라 즐거움이 된다.

꼬사무이Koh Samui에서의 여행은 더 격렬히 아무것도 안 하기로 마음먹었다. 무언가 봐야 한다는 고정관념도 버렸다. 숙소에서 글을 쓰거나, 아무것도 하지 않고 쉬기만 했다. 가끔 저녁에 산책을 나가는 게 전부다. 산책할 때 사진기마저도 두고 나간다. 평소 집에서 하던 것처럼 행동해본다.

이 먼 나라까지 와서, 이렇게 시간을 보내는 게 맞을까? 하지만 여행이 별건가. 내가 좋으면 그게 여행이지. 쉬자. 그래 쉬자.

산책에서 돌아오는 길에 숙소 근처 편의점에 들렀다. 휴양지답게 한쪽에 엽서가 가지런히 진열돼있다. 대부분 꼬사무이의 관광 명소 사진이다. 찬찬히 살펴보니 꼬사무이에서 가볼 만한 곳을 알 것 같다.

엽서 한 장을 사서 안부를 적어본다. 일부러 뜨거운 태양이 찍힌 엽서를 골랐다. 우리나라에서 추운 겨울을 보내고 있을 B를 위한 작은 이벤트다. 외국에서 날아온 엽서. 몇 푼 안 되는 돈으로 할 수 있는 값진 선물이 아닐까? 받는다면 분명, 날 따라 여행을 오겠다고 할 테지. 갑자기 B가 보고 싶어진다.

돌아오는 길에,
우체국에 들러 엽서를 부친다.

"정말 어디 안 나가세요?" 숙소 주인이 묻는다. 일주일 만이다. 너무 오래 쉬기만 했나? 그제서야 꼬사무이를 한 바퀴 돌아보기로 한다. 숙소 근처 대여점에서 스쿠터를 하루 빌린다. 다음 날 새벽 시간에 한적한 드라이브까지 즐겨볼 요량으로, 일부러 점심때에 맞춰 빌린다. 24시간 기준이라 하루를 빌려도 이틀 사용하는 셈이다. 새벽 산책, 새벽 드라이브. 지금까지 여행을 하면서 새벽에 하는 모든 건 성공적이었다. 모두가 잠든 시간, 세상은 나만을 위해 열어놓은 놀이동산 같다. 치안도 밤보다 훨씬 안전하다. 나쁜 사람들도 새벽에는 잠을 잘 테니.

스쿠터를 타기 전 만반의 준비를 한다. 오후 햇살은 잔인할 정도로 강렬하다. 아무리 덥더라도 무조건 긴소매를 입어야 한다. 양팔이 노릇노릇하게 구워지게 놔둘 순 없다. 거기에 목을 가리는 버프와 선글라스. 마지막으로 헬멧을 쓰면 준비 끝. 그런데 아, 너무 덥다. 가만히 있어도 땀이 흐르는데, 칭칭 싸매니 죽을 맛이다. 서둘러 시동을 건다. 시원하게 달리기라도 해야지, 이러다가 탈진해서 쓰러질지도 모른다.

한참을 달리다 보니, 스쿠터를 빌린 여행자가 심심찮게 보인다. 다들 가벼운 복장이다. 특히 서양 남자들은 선탠과 드라이브를 동시에 하는 듯, 웃통을 다 벗고 탄다. 같은 남자가 봐도 멋있다. 나처럼 꽁꽁 싸매고 타는 사람은 여자들뿐이다. 눈이 마주치는 여자들은 십중팔구 까르르 웃는다. 내가 별스럽게 보이나 보다. 하지만 아랑곳하지 않고 달린다. 내 피부는 내가 지킨다.

꼬사무이에는 유명한 뷰포인트가 몇 있다. 그중에서 랏꼬Ladkoh 전망대는 젊은이들의 연애 장소로 자주 이용되는 곳이다. 내가 도착했을 때, 그 명성에 맞게 이미 많은 스쿠터들이 세워져 있었다. 전망대에서 바라보는 바다는 또 다른 모습이다. 더 넓고 광활하게 다가온다. 왠지 배를 타고 멀리 나가야 할 것 같은 기분이 든다. 많은 탐험가들이 바다로 나가던 이유를 조금이나마 알 것 같다.

한참 더 달리자 표지판이 하나 눈에 띈다. 'BOOK 30m' 헌책방을 알려주는 표지판인데, 그곳은 내가 꼭 가보려고 마음먹었던 '힌타&힌야이Hinta&Hinyai'로 들어가는 입구이기도 하다. 힌타와 힌야이는 할아버지, 할머니라는 뜻으로, 남성과 여성의 성기 모양 바위로 유명한 곳이다. 힌타 바위는 4m가량 높게 치솟아있고, 힌야이 바위는 여성의 그곳을 닮았다. 힌야이 바위를 실제로 보니 그 크기가 실로 엄청나다. 균열 부분으로 끝없이 파도가 들이치는 모습이 무척 야하다.

아는 만큼 보인다고,
그만 얼굴이 빨개지고 말았다.

─────────── 석양을 보기 위해 꼬사무이의 서쪽으로 이동한다. 스쿠터를 세워놓고 주위를 서성거리다 보니 조그만 선착장이 나온다. 막 도착한 페리에서 여행자들이 내린다. 얼굴엔 피곤함 반, 설렘 반이 뒤엉켜있다. 남자든 여자든 거의 모두가 자기보다 훨씬 큰 배낭을 메고 있다. 무슨 짐이 저렇게 많을까? 언젠가 꼭 그 속을 들여다보고 싶다.

여행자들이 송태우Song thaew(화물차의 짐칸을 좌석으로 개조한 교통수단) 기사들과 한바탕 실랑이를 펼치고 있다. 가격을 올리려는 자와 내리려는 자 사이의 신경전이다. 적당하면 유쾌한 추억이 되기도 하겠지만, 도가 지나치면 결국 안 좋은 기억이 되고 만다. 다행히 능숙한 기사는 적절한 가격에서 흥정을 마친다. 여행자들의 표정을 보니 서로 만족스럽게 합의된 모양이다.

일몰을 바라본다. 해가 사라진다. 누군가 날 지켜보고 있다면 사연도 많고 고민도 많아 보이겠지만, 실상은 아무런 생각도 없다. 머릿속이 텅 비어있다. 세상에서 가장 찬란한 일몰 앞에서 다른 생각을 할 겨를이 없다. 일몰을 감상한다는 건, 매력적인 여자에게 시선을 빼앗기는 것과 같은지도 모른다. 한참을 넋 놓고 바라보게 되고, 이제 그만 가야지 하다가도 다시 돌아보게 된다. 오늘 본 일몰과 같은 걸 다시는 볼 수 없겠지. 자연은 사람이 만든 건축물과는 달리, 단 한 번도 같은 모습을 내보이지 않으니까. 그래서 더욱 가슴에 담으려 애써본다.

피셔맨스 빌리지Fisherman's Village로 향했다. 야시장으로 유명한 곳이다. 해변을 따라 길게 놓인 길에 노점상이 선다. 결코 입을 것 같지 않은 옷들과 싸구려 장신구들이 넘쳐난다. 볼거리는 다양하지만, 딱히 살 건 없다. 그래도 평소에 볼 수 없는 풍경이라 즐겁다.

출출해질 즈음, 사람들이 한 팟타이 노점상 앞에서 줄을 서서 기다리고 있다. 사람들이 바글바글하다는 건 보나 마나 맛집이란 소리다. 기다렸다가 한 그릇 사서 먹었다. 역시나 맛있다. 서서 먹었는데도 맛있다. 기다릴까 말까 고민하던 여자들이 내게 맛이 어떠냐고 묻는다. 중국인들이다. 중국어로 물었다. 내가 중국인으로 보이는 걸까? 대충 눈치로 알아듣고 엄지를 치켜들었다. 여자들은 기다리기로 했는지, 줄을 선다. 그리고는 자기들끼리의 수다에 집중한다.

노점에서 만드는 칵테일도 눈에 띈다. 미성년자로 보이는 길거리 바텐더는 모히또를 마셔보라며 날 불러 세운다. 그래, 모히또 가서 몰디브 한잔해야지. 사진기를 들이대니 온갖 폼을 잡으며 칵테일을 섞는다. 어디서 본 건 있는 모양이지만, 엉성하다. 드디어 내놓은 모히또 한 잔. 흥겹게 춤까지 추며 만들길래 대단한 실력자인 줄 알았는데, 이건 모히또 칵테일이 아니라 모히또 생즙이다. 위스키도 뭘 썼는지 에탄올 맛이 그대로 올라온다. 폭탄주 수준이다. 슬그머니 바닥에 버렸다.

다음 날 새벽에도 스쿠터 여행은 이어졌다. 여행자의 대부분은 밤새도록 놀고 새벽에는 잠들어있는 경우가 많지만, 나는 일찍 자고 새벽에 주로 돌아다닌다.

꼬사무이 중앙에 우뚝 솟아있는 산으로 방향을 잡았다. 한적한 시골 느낌의 풍경이 펼쳐진다. 해변과는 다른 분위기다. 이른 새벽인데도 밥 냄새가 난다. 정겹다. 분주히 아침을 준비하고 있는 집을 살짝 들여다본다. 그러다 조그만 아이와 눈이 마주치고는 순간 둘 다 멈칫한다. 아이가 울기 전에 서둘러 그곳을 벗어난다. 교복 차림에, 자기보다 커다란 가방을 메고 버스를 기다리는 학생들도 보인다. 머리는 감지 않은 모양이다. 아니면 물만 찍어 발랐던지. 부스스한 모습은 아기를 업고 있는 아줌마들도 마찬가지다. 남편들은 분명 아직도 자고 있겠지.

조금 더 깊이 들어가니, 엄청 큰 코코넛 나무들이 빽빽하게 들어서 있다. '코코넛 섬'이라고 불릴 만큼 코코넛이 유명한 꼬사무이답다. 산 정상을 향해 더 깊이 들어가 본다. 차도, 스쿠터도, 사람도 거의 없다. 밤새 빗물을 머금은 나무들은 촉촉하고 시원한 공기를 내뿜는다. 마침 자전거를 타고 지나가는 한 무리의 외국인 여행자들과 마주친다. 나처럼 새벽을 좋아하는 여행자가 또 있음에 반갑다. 여유로운 그 길을 아주 천천히 달려본다. 천천히. 가능하면 더 천천히.

아름다운 순간들이 금세 닳아버릴까,
최대한 아껴본다. 아껴서 본다.

살인의 추억

핫야이/태국

마음을 넓히지 않고
여행만 많이 해봐야 수다만 늘어난다.

엘리자베스 드루

──────── 태국 여행의 시작은 대부분 방콕에서 시작한다. 태국의 허리 정도에 자리 잡은 방콕을 기준으로 위로 올라갈지, 아래로 내려갈지 정하게 된다. 방콕 아래에 있는 꼬따오와 꼬사무이로 방향을 잡은 나는 이제 말레이시아로 넘어갈 수 있다. 그리고 말레이시아로 건너가는 여행자는 대개 핫야이Hat Yai를 거친다. 나 역시 마찬가지다.

핫야이가 송클라Songkhla주의 가장 큰 도시라는 사실은 핫야이에 도착해서야 알았다. 도시와는 거리가 먼 풍경이 계속되어서 핫야이도 조그만 시골이리라 생각했는데, 제법 큰 도시가 나타나 당황스럽다. 무엇보다 숙소를 미리 정하지 않아서 곤란하다. 이렇게 넓어서야 숙소가 어디에 붙어있는지나 알 수 있을까. 겨우 물어물어 핫야이에서 소위 '여행자 거리'로 불리는 곳에 들어섰다. 버스터미널에서 꽤 멀리 있고, 딱히 표지판이 있지도 않아서 도착하고도 한참을 더 헤맸다.

어느덧 노을이 진다. 걷는 걸 좋아하지만, 커다란 배낭을 메고 오랫동안 걷는 건 피곤하다. 오후 한나절 걸었을 뿐인데, 이미 얼굴은 새까맣게 타고 온몸이 땀으로 흥건히 젖었다.

어렵게 숙소를 찾았다. 핫야이에 도착하고 4시간 만에 발견한 숙소다. 첫인상은 그럭저럭 괜찮다. 하지만 보여준 방은 영 내키지 않는다. 아주 작은 방에 2층 침대를 빼곡하게 들여놓았다. 에어컨도 없어 쾌적함이라고는 찾아볼 수 없는 데다가, 무엇보다 천장에 매달아 놓은 실링팬Ceiling Fan(천장 선풍기)이 위험해 보인다. 침대 2층을 사용하는 사람은 까딱하다

목 날아갈 판이다. 200밧이라는 가격은 결코 싸지 않다.

조금 더 돌아보고 오겠다는 말을 남기고 다시 배낭을 메고 거리로 나선다. 그런데 주인('그시키'로 부르기로 한다.)이 쪼르르 달려와 내게 협박조로 비아냥거린다. 지금은 200밧이지만, 다시 온다면 250밧을 내야 한단다. 그렇게 고무줄 가격이라면, 200밧도 정가인지 알 길이 없다. 어쩌면 100밧짜리인지도 모른다. 그냥 농담으로 듣고 웃어넘겼다. 장난 치냐고 따져 물을 기력도 없다. 무료로 배포하는 지도 한 장을 매몰차게 주지 않았을 때, 그때 눈치챘어야 한다. 그시키의 성격을.

1시간 정도를 더 돌아다녔다. 하지만 아무 정보도 없고, 지도도 없는 상황에서 발품만으로 숙소를 구하기란 쉽지 않다. 무엇보다 핫야이에는 카오산로드처럼 잘 갖춰진 여행자 거리는 없다. 구석구석 숨겨진 숙소를 간혹 발견하긴 했지만, 가격이 생각보다 비싸다. 결국, 처음 갔던 그시키의 숙소로 돌아간다.

"푸하하하!" 돌아온 나를 보자마자 그시키는 비꼬듯 웃는다. '거봐라! 꼴 좋다!'는 조롱의 눈빛이다. 말이 통하지 않아도 표정만으로도 알 수 있다. 그시키는 웃음을 멈추려 하지도, 숨기려 하지도 않는다. 그리고는 내게 당당히 250밧을 요구한다. 정가가 있는데, 바가지를 씌우지 말라고 항의해본다. 그시키는 다시 한 번 킥킥대며 웃는다. "Time is Money."라며 어설픈 제스처까지 취한다. "이것 봐, 가난한 여행자. 시간은 돈이야. 알아? 그러니까 250밧을 내. 이건 시간에 대한 대가야. 실랑이로 시간을 끌면, 이번에는 300밧이 될 거야. 그렇다고 너무 억울해하지는 마. 이건 비즈니스니까." 그시키는 금방이라도 300밧이 될 것처럼, "틱톡, 틱톡." 초침 소리까지 추임새로 낸다.

헛웃음이 난다. 가만히 당하고만 있을 내가 아니다. 반격이다. 그시키의 잘못을 하나하나 짚어주기로 한다. 묵사발로 만들어주겠어.

"시간이 돈이라는 점은 공감해. 하지만 생산적 활동을 하는 사람의 시간이 돈인 거야. 멍하니 엉덩이 붙이고 앉아서 손님이 오기만을 기다리는 너에게 해당되는 말은 아니지. 다른 숙소를 찾아 돌아다닌 시간은, 내가 내 시간을 소비한 거지, 네 시간을 쓴 게 아니야. 그런데 내가 왜 너에게 50밧을 더 줘야 하지? 그렇다고 네가 나만을 기다리던 것도 아니잖아. 그리고 그 비즈니스라는 거, 더 정확히 말하자면 네 경우엔 서비스라고 하는 거야. 서비스에서 가장 중요한 게 뭔지 알아? 바로 고객. 네 이죽거림은 충분히 내 기분을 상하게 했어. 다시 말해서 넌 서비스맨으로도 최악이야. 그런 네가 누구에게 무엇을 충고한다는 거지? 무엇보다, 넌 내게 방을 기부하는 게 아니야. 그 방 같지도 않은 방을. 내가 너에게서 사려는 거야. 그 방이 200밧의 가치가 있냐를 따져야지. 200밧의 가치도 없는 방을 200밧이나 달라고 하는 게 말이나 돼? 솔직히 저 방은 50밧의 값어치도 없어 보여. 그런데 250밧을 달라고? 조금 있으면 300밧이 된다고? 대체 그 말도 안 되는 계산법은 누구에게 배운 거야? 마지막으로, 넌 오늘 유일한 손님인 날 놓친 거야. 내가 돌아다니면서 봤는데, 오늘 이곳에 온 여행자는 나 혼자더라. 고작 50밧 가지고 장난질하다가 200밧을 날린 거야. 아니, 핫야이가 마음에 들면 5일 정도 머물 생각이었으니, 1천 밧을 날린 거라고!"

내가 이렇게 영어를 잘했던가? 엉성한 단어로 만든 문장이라 제대로 내 생각을 전달했는지 모르겠지만, 그시키의 표정이 점점 심각하게 굳어가는 걸 보니, 제대로 한 방 먹인 게 분명하다. 고소하다.

그날은 결국, 350밧이나 주고 다른 숙소에서 묵었다. 인정하고 싶지 않지만, 그시키의 숙소보다 싼 곳은 없었다. 아무리 돈이 아까워도 절대 그시키의 숙소에서 머물고 싶지 않았다. 승자는 없다. 그냥 다툼만 있었을 뿐이다.

하지만 후회는 없다.
돈보다는 자존심이다.

———————— 하루 만에 핫야이를 떠나기로 결정했다. 그시키 때문에 기분이 상할 대로 상해서 더 머물고 싶지 않았다. 막상 마음을 굳히니, 하루밖에 남지 않은 핫야이의 밤이 아쉽게 다가온다. 저녁이라도 먹을 겸, 어두컴컴한 거리로 나선다. 핫야이 대학으로 방향을 잡았다. 대학의 싱그럽고 젊은 기운 때문에, 여행지에서 대학을 즐겨 찾는 편이다. 이윽고 도착한 핫야이 대학은 24시간 잠들지 않는 우리나라 대학과 달리 어두웠다. 캠퍼스에서 사람을 찾아볼 수 없다. 대신 개들이 돌아다닌다. 목줄도 하지 않은 개들이 멀찌감치서 날 노려보며 자신들의 영역을 지키려 짖어댄다. 경고다. 서둘러 그 자리에서 벗어난다. 개 짖는 소리가 등 뒤에 바짝 따라오다가 얼마 후 사라진다. 등줄기가 서늘하다. 머릿속으로 그렸던 대학의 젊음은 느껴보지도 못한

채, 학교 앞 식당가로 향했다. 하지만 딱 보기에도 비싸 보이는 음식점들뿐이다. 이런, 여기까지 와서 돈 걱정을 먼저 해야 하다니. 갑자기 피로가 밀려온다. 서둘러 숙소로 발걸음을 돌린다. 핫야이는 아무래도 나와 맞지 않는가 보다.

아침 일찍 일어나 창문을 연다. 창밖으로 보이는 풍경은 어젯밤과는 전혀 다른 모습이다. 어젯밤은 범죄 소굴에 있는 기분이었다면, 오늘 아침은 시장 한복판에 있는 기분이다. 어디든 밤과 아침은 서로 다른 얼굴을 하고 있다. 아는 사람 하나 없는 곳에서 무사히 하룻밤을 보낸 스스로가 자랑스럽다.

이제 잠시, 태국과는 안녕 하고 육로를 통해 말레이시아로 넘어간다. 육로로 국경을 넘는다? 삼면이 바다에, 북쪽이 휴전선으로 막혀있는 우리나라에서는 해볼 수 없는 경험이다. 마냥 신기하다. 국경을 넘기 전에 가지고 있는 태국 돈을 모두 소진하기로 했다. 말레이시아 돈으로 바꾸기에는 푼돈이고, 기념으로 간직하기에는 큰돈이다. 아침을 사 먹고, 남은 돈으로 간식과 물을 산다. 그렇게 태국 돈을 남김없이 써버렸다.

막상 떠나려니, 또 아쉽다. 너무 감정적으로 결정한 걸까? 가볼 만한 곳도 친절한 사람들도 많을지 모르는데, 좋은 기억 하나 남기지 못하고 떠나는 게 못내 마음에 걸린다. 미니버스 티켓을 환불할까 잠시 고민했지만, 그냥 떠나기로 한다. 아직 돌아볼 나라가 무궁무진하다.

로비로 내려와 얌전히 미니버스를 기다린다. 시간 맞춰 온 미니버스는 나를 태우고 핫야이 시내를 구석구석 돌며 또 다른 여행자들을 태운다. 덕분에 생각지도 못했던 구경을 한다.

어쩌면 매몰차게 떠나는 나를 위한,
핫야이의 배려심 깊은 선물인지도 모른다.

여행 중에도
여행을 하고 싶다

페낭/말레이시아

좋은 여행자는 고정된 계획이 없고,
도착도 목적이 아니다.

노자

—————— 드디어 국경이다. 미니버스에서 내려 말레이시아 쪽으로 한 걸음, 한 걸음 걸어가며 서서히 태국을 벗어난다. 그다음 짐 검사를 마치고 입국 도장을 받는다. 90일간 무비자로 체류할 수 있다. 먼저 국경을 넘어가 있는 미니버스에 다시 오르면, 군인들이 형식적으로 내부와 외부를 살펴본다. 돈이라도 찔러주면 그냥 통과할 수 있을 것처럼 허술하다.

내가 알고 있는 국경은 금방이라도 총질을 할 것 같은 긴장감이 감도는 곳인데, 태국과 말레이시아의 국경은 평온하고 여유롭다. 과장되게 말하자면, 술집에서 주민등록증을 검사하는 수준 같달까. 함께 국경을 넘은 여행자들도 '우리가 국경을 넘은 게 맞아?' 하는 눈치다.

모든 상황이 끝나자 미니버스는 다시 신나게 달린다. 그러고 보니 태국 번호판을 달고 말레이시아를 달리는 중이다.

말레이시아는 태국과 달리 알파벳을 주로 사용한다. 글자를 읽을 수 있어서 다행이다. 정확한 의미는 모르지만, 소리 내 읽어보면 대충 무슨 의미인지 유추는 된다.

읽을 수 있다.
문명인으로 돌아간 기분이다.

—————— 말레이시아의 첫 도시는 페낭 Penang이다. 육지와 연결된 섬인데, 페낭으로 들어가

는 페낭대교가 어마어마하게 길다. 그 모습이 장관이다. 우리나라 기업이 건설했다고 하니, 왠지 자부심도 느껴진다.

페낭대교를 건넌 미니버스는 중심가인 조지타운George Town에 나를 내려놓는다. 예약해둔 숙소는 적당히 불편하고 적당히 어수선한 분위기다. 완전 엉망은 아니지만, 그래도 하루 이상 머물 숙소는 아니다. 배낭을 던져놓고 밖으로 나선다. 조지타운을 거닐면서 슬슬 다른 숙소들을 기웃거려본다. 여행자의 성지답게 아기자기하고 예쁜 숙소가 많다.

마음에 드는 숙소를 들어가 보니 가격대도 저렴하다. 도미토리 침대마다 커튼을 달아서 철저히 개인 공간을 나눠놨다. 아늑한 것이 1인실로 여겨도 손색이 없을 듯하다. 여행자가 무엇을 원하는지 잘 알고 있다. 다른 숙소도 방문해본다. 침대에 커튼이 없는 게 좀 아쉽지만, 젊은 주인이 너무 귀엽고 예쁘다. 나도 모르게 찰칵 사진을 찍고 말았다. 주인이 여행을 좋아하는지, 벽마다 자신의 여행 사진을 잔뜩 걸어놓았다. 작은 전시회 같다. 여행을 하는 중인데도, 여행이 가고 싶어진다.

핫야이에 비하면 숙소도 많고, 숙소마다 모두 개성이 있다. 행복한 고민에 빠진다. 마침내 선택한 곳은 고급 호텔 저리 가라 할 정도로 깨끗하고 아늑한 곳이다. 여행하는 내내 머물렀던 수많은 숙소 중에서도 단연 최고라 말할 수 있다. 1층 로비를 카페처럼 꾸며놓았는데, 아기자기한 소품들로 세련미를 더했다. 글이 팍팍 써질 것 같은 분위기다. 아침이면 원두커피도 공짜로 마실 수도 있고, 토스트도 먹을 수 있단다. 가격도 적당하다. 오랫동안 머물고 싶은 숙소다. 고민 없이, 3일 치 숙박비를 미리 냈다. 기숙사 같은 숙소로 돌아가는데도, 발걸음이 가볍다. 내리는 비마저도 촉촉하니 반갑다. 기분이 좋다. 하룻밤만 버티면 분위기 좋은 숙소에서 지낸다.

돌아가는 길에 골목 골목을 둘러본다. 골목 초입마다 골목을 설명하는 글과 이미지를 예쁘게 만들어놨다. 덕분에 낯선 거리가 친숙하게 느껴진다. 곳곳에서 발견되는 벽화들은 발걸음을 붙잡는다. 거대한 야외 미술관 속을 걸어 다니는 기분이다. 볼거리가 많으니, 자꾸만 걸음이 느려진다.

열 걸음 걷고 멈춰 서고,
또 열 걸음 걷고 사진에 담는다.

───────────────── 말레이시아로 넘어오니 툭하면 비가 내린다. 빗줄기는 아열대답게 굵고 무겁다. 맞으면 아플 것 같다. 숙소 로비에 앉아 비가 내리는 걸 한없이 지켜본다. 현지인들은 비가 오는데도 느긋하게 걸어 다닌다. 뛰어다니는 건 여행자들뿐이다. 한 무리의 남자들이 후다닥 숙소로 들어온다. 머리부터 발끝까지 흠뻑 젖어있다. 이런 날은 밖에 안 나간 게 다행이다.

예쁘게 꽃단장한 여자들이 로비로 내려온다. 시간은 저녁 7시. 그래 슬슬 움직일 시간이지. 모두들 살랑거리는 원피스를 입고 예쁜 샌들을 신었다. 하지만 차마 밖으로 나가지 못하고 쪼르르 앉아 매정한 하늘만 바라본다. 억척스러운 빗줄기가 잦아들기만을 기다리지만, 아무래도 오늘은 날이 아닌 것 같다.

시선을 다시 입구 쪽으로 돌렸다. 한 여자가 간이 의자에 앉아 맥주를 마시며 통화하고 있다. "집밥이 너무 먹고 싶어. 돌아갈래." 통화 소리가 들린다. 한국어다. 나도 모르게 엉덩이를 떼고 발걸음을 옮긴다. "저기." 말을 걸어본다. "네?" 이미 한국말로 대답했는데 바보같이 "한국분?"이라고 다시 묻는다. 그렇게 우리는 통성명을 하고, E는 흔쾌히 옆자리를 내주었다.

E가 맥주를 한 잔 따라 준다. 태국보다 세 배나 비싼, 그 귀한 맥주를 한 컵 따라 주고, 또 한 컵 따라 주고, 계속해서 따라 준다. 우리나라 사람답게 술 인심이 좋다. 종내는 "맥주, 더 사 올까요?"라며 눈을 반짝인다. 사실, 말레이시아에 오면서 결심한 바가 있었다. 밥값도 아끼는 마당에, 술은 마시지 않기로 한 것이다. 괜한 곳에 지출하지 않겠다는 결의는, 첫날부터 무너졌다. "얻어 마셨으니, 이번엔 제가 살게요." 하며 일어나자, "아니에요, 제가 사려고 한걸요." 하며 같이 일어난다.

생각지도 못한 술자리가 벌어졌다. 오랜만에 만나는 우리나라 사람도 반가웠지만, 주룩주룩 내리는 비도 한몫했다. "한 병만 더 마실까요?" "한 병만 더 사 올까요?" 값비싼 술이 술술 들어가고, 계속 아쉬워서 사오고 또 사오고 했다. 결국, 우리 앞에는 빈 맥주병이 수북이 쌓이고, 며칠 숙박비가 순식간에 사라진다. 에라, 모르겠다. 지금 이 순간, 좋은 사람과 마시는 한 모금 맥주보다 더 값진 게 있을까? 돈으로도 살 수 없는 순간이다.

여행을 한다는 건, 돈이 많아서도 시간이 남아돌아서도 아니라는 말에, 우리는 누가 먼저랄 것도 없이 크게 공감했다. 여행 앞에서 망설이는 친구들을 보면, 진심으로 안타깝다는 말을 끝으로 마지막 잔을 비웠다. 시계를 보니, 새벽 3시. 대단한 수다였다. 처음 만난 사람끼리 이렇게까지 담소를 나눌 수 있다니. 여행자라는 공통분모 하나만으로 무려 6시간 동안 긴 대화를 나눈 셈이다. 혼자 떠나온 여행이 외롭지만은 않은 이유는, 이렇듯 마음 맞는 여행자를 만나 친구가 되기 때문인지도 모른다.

다음 날 아침, 다시 E를 만났다. 조지타운에서 가장 예쁘고 좋은 숙소를 선택했다는 나의 말에 E도 함께 숙소를 옮겼다. 새로운 숙소는 E의 마음에도 들었다. 당연하지. 종일 발품을 팔아서 찾아낸 숙소니까. 같은 믹스 도미토리, 침대도 위아래로 붙여서 쓰기로 했다. 나는 위층을 쓰기로 하고, 커다란 수건을 길게 내려서 E의 자리를 아늑하게 가려주었다.

E는 치마를 입으면 천상 여자였다가, 바지를 입으면 남자처럼 보이는 묘한 매력을 가졌다. 여행 취향이 비슷해서, 한적한 뒷골목의 소박한 풍경을 더 좋아했다. 비슷한 또래라 그런지 대화도 잘 통했다. 서로에 대한 기대도, 오해도 없고, 어설픈 과장도 없다. 마음에도 없는 배려로 감정을 꼬이게 하거나, 관계를 어색하게 만들지도 않는다. 무엇보다 E의 매력은 계획을 잘 세우고, 자료조사에도 엄청난 실력을 가지고 있다는 점이다. 특히 사용하는 검색어는 상상을 초월한다. 내가 찾을 때는 나오지 않더니, E가 찾으면 뚝딱 나온다. 대단하다. 난 E가 가려는 곳을 그저 졸졸졸 따라다니면 된다. 점점 마음에 든다.

나만의 맞춤 가이드가 생긴 기분이다.
조만간 한턱내야겠다.

─────────── 늘 그렇듯, 페낭에서의 하루도 새벽 산책으로 시작한다. 어제 본 거리도 늘 새롭고 반갑다. 구석구석 꼼꼼하게 돌아본다. 론리플래닛에도 소개되지 않은 골목이 있고, 구글어스에도 나오지 않는 소소한 장소들이 세상에는 아직 무궁무진하다. 그 모든 걸 다 눈에 담겠다는 건 욕심이다. 보지 못한 곳은 상상에 맡긴다. 다른 여행자에게서 전해 들어도 좋다. 여지를 남겨두는 것. 어쩌면 그것이 여행의 미학인지도 모르겠다.

산책에서 돌아와도 여전히 이른 아침이다. 그 시간에 일어난 여행자는 거의 못 봤다. 여행자는 그래야 한다는 법이라도 있는 듯 늦잠을 즐긴다. 반면에 난, 1층 카페에 앉아 간단히 조식을 먹고, 글을 쓴다. 밤이 아닌 아침에 글을 쓰는 건 나의 오래된 글쓰기 습관이다. 자료를 찾다 보면, 슬슬 인터넷 속도가 느려진다. 접속자가 그만큼 늘어나고 있다는 의미이자, 잠들어있던 여행자들이 하나둘씩 깨어나고 있다는 증거다. 붐비기 전에 화장실과 샤워실을 이용한다. 오후에는 그늘에 앉아 책을 읽는다. 습관처럼 틀어놓는 TV만 없어도 하루는 정말 길다.

해 질 무렵, E가 페낭에서 유명한 아웃렛을 간다기에 따라나선다. 걸어서 40분 정도 되는 거리다. 괜찮다. 그 정도는 이미 일도 아니다. 천천히 걸으며 조지타운과는 다른 골목골목을 구경한다. 그러다 어느 순간에 예상치 못한 근사한 풍경과 마주하게 된다. 느리게 여행하지 않으면 볼 수 없는 풍경들이다.

어느새 도착한 아웃렛. 가격이 쌀 거라고 생각했는데, 아니다. 만만치 않다. 선뜻 지갑이 열리지 않는다. 아웃렛 건물 한편에 있는 마트를 발견했다. 숙소 근처 가게에서 15링깃이나 하는 맥주가 무려 11링깃이다. 대박! 1,200원 정도가 저렴한 셈이다. 게다가 컵라면부터 생활용품까지 없는 게 없고, 가격도 착하다. 결국, 아웃렛까지 와서 마트만 이용했다.

맥주를 사 들고 숙소로 돌아왔다. 차갑지 않은 맥주라도 맛은 좋다. 1층 카페에 앉아, 오가는 사람들을 바라본다. 맥주 한 모금은 덤이다. 물론, 맥주 한 병이 한 병으로 끝날 리는 없다. 하나둘, 숙소로 돌아오는 여행자들과 수다를 나누다 보면, 술병은 점점 늘어난다.

하루의 마무리는 샤워다. 더운 날씨에도 샤워는 될 수 있으면 따뜻한 물로 한다. 온수가 나오지 않는 숙소에선 씻는 게 괴롭다. 샤워를 마치고 침대에 걸터앉아 가만히 방 안 풍경을 바라본다. 정리라고는 전혀 모르는지, 아무렇게나 펼쳐놓은 배낭들. 사방팔방 뱀 허물처럼 벗어놓은 옷가지들. 속옷은 수건이라도 덮어 가리는 게 예의거늘, 여행자에게는 그마저도 자유롭다. 그래, 속옷도 옷일 뿐이다. 부끄러워할 이유는 없다.

이제부터가 시작이라는 듯 한껏 멋을 낸 사람들이 방을 나가고 나면, 조용히 하루를 마무리하려는 사람들이 침대로 돌아온다. 그러고는 약속이나 한 것처럼 스마트폰을 들여다보며 SNS에 일과를 올리거나, 메신저로 안부를 전한다. 불과 몇 년 전만 해도 누군가 여행을 떠난다고 하면, 한동안 볼 수 없다는 의미였다. 이제는 달라졌다. 지구 반대편에 있어도 옆에 있는 것 같다. 네트워크로 연결돼있다는 것만으로 우리는 심리적 안정을 느낀다.

하나둘 불이 꺼지며 다들 꿈나라로 빠져든 지 몇 시간. 놀러 나갔던 사람들이 돌아온다. 얼큰하게 취해서는 큰 소리로 이야기한다. 그래도 예의는 있는지, 서로에게 "쉿" 하며 조용히 하려고 애쓴다. 하지만 그런 노력에도 불구하고 이리저리 쿵쿵거리고, 웃음을 참지 못한다. 취하면 별거 아닌 일에도 웃기는 법이니까. 그러다가 씻지도 않고 그대로 곯아떨어진다. 곱게 자려나 했는데, 이번엔 전화벨이 울린다. 몇 번이나 울려대던 전화벨은 얼마 후 잠잠해진다. 이제 정말 끝났나 했더니, 폭탄 문자라도 날아오는지 계속 띠링띠링 한다. 돌아온 사람들은 그나마 다행이다. 다음 날까지 돌아오지 않는 사람들도 있다. 어디서 잠들었는지, 알 수 없다.

이 모든 게 정겹게 느껴지는 건, 아무래도 여행 중이기 때문이겠지. 매일 반복되는 진상 같은 일상이래도, 늘 새롭고 신선하게 느껴진다.

힘겹게 살아내는 게 아니라,
기쁘게 살아지는 것 같다.

―――――――― 조지타운에서 말라카Malacca 해협 건너편에 보이는 버터워스 Butterworth까지 운행하는 바지선을 타보기로 했다. 선착장까지는 걸어가기에 충분하다. 우산을 펼쳐 강렬한 태양을 가리고 터벅터벅 걸었다. 거대한 유람선이 정박해 있는 선착장Swettenham Pier Cruise Terminal이 먼저 보인다. 유람선은 엄청나게 크다. 그 웅장함에 가슴이 두근거린다. 유람선을 타고 망망대해로 나가는 상상을 해본다. 순간 불어오는 후끈한 바람마저 시원하게 느껴진다. 인위적인 바람과는 비교조차 할 수 없다.

기분 좋은 상상을 뒤로하고, 조금 더 걸어 내려간다. 왠지 엉성하고 낡아 보이는 바지선 선착장Pangkalan Raja TunUda Ferry Terminal으로 발걸음을 옮긴다. 마침, 바지선이 뱃고동을 울리며 출발을 알린다. 바지선은 다리의 한 구간을 뚝 잘라놓은 모양이다. 자동차와 오토바이가 먼저 승선하고, 그 뒤로 사람들이 천천히 오른다. 해협의 중간쯤 오자 시야가 탁 트인다. 새파란 하늘 아래 놓여있는 페낭대교도 시원스레 좌우로 펼쳐져 있다.

바지선은 생각했던 것보다 일찍 버터워스에 도착했다. 선착장 옆 버스터미널로 향한다. 버스를 타고 버터워스를 한 바퀴 둘러볼 생각이다. 여행 중에 대중교통을 이용하면, 기분이 묘해진다. 여행자에서 생활인으로 돌아가는 기분이랄까? 현지인의 삶, 그 속으로 깊숙이 들어가 융화되는 기분이다.

현지인에게 몇 번 버스를 타야 좋으냐고 물었더니 701번 버스를 타란다. 왕복 2시간 정도 걸린다는 말만 듣고, 어디로 가는지도 모른 채 버스에 오른다. 시원한 버스에 앉아서 주변을 돌아보기에는 적당한 시간이다.

창밖으로 보이는 버터워스의 풍경은 다소 밋밋하다. 땅이 넓어서인지, 건물들이 띄엄띄엄 있어서 어딘가 물러 보인다. 서울을 좌우로 열 배쯤 쭉 늘려놓은 느낌이다. 버스는 다행히 늦지 않게 선착장으로 되돌아왔다. 다시 바지선에 오른다.

페낭에 도착하자마자 이번엔 말레이시아 과학 대학교University of Science, Malaysia 행 버스에 올라탔다. 내려서 보니 가장 먼저 눈에 띈 건 히잡을 쓴 여학생들이다. 복도를 뛰어다니고 친구들과 어울려 장난치고, 큰소리로 웃고 떠든다. 커다란 헤드폰을 히잡 위로 눌러쓰고 음악에 심취한 모습도 보인다. 히잡을 썼다는 이유만으로, 고지식하고 얌전할 거라고 지레 품었던 내 편견이 부끄러워진다.

학교 식당에서 점심을 해결하고, 거대한 운동장을 가로질러 가는 도중 갑자기 후드득 비가 떨어진다. 식당으로 다시 돌아가 피할까 했지만, 이미 늦었다. 스콜이다. 커다란 나무 아래로 간신히 몸을 피한다. 하지만 소용없다. 거센 바람은 빗줄기의 방향을 세로에서 가로로 바꿔놓는다. 옷은 어느새 홀딱 젖어 몸에 달라붙는다. 쉽사리 그칠 기세가 아니다. 어디 건물 안으로 들어가는 게 좋겠다. 학교 입구에 있는 카페를 향해 달린다.

빗소리를 들으며 따뜻한 커피를 마신다.
다시 대학생이 된 것 같다.

─────────── 여행 중에는 몸의 미세한 변화까지도 느끼게 된다. 그만큼 건강에 민감해진다는 말이다. 여행 중에 아프면, 정말 여러모로 번거롭고 골칫거리니까. 며칠 전부터 목이 칼칼하다. 에어컨 빵빵한 버스, 에어컨 빵빵한 쇼핑몰, 에어컨 빵빵한 숙소. 더위를 피해 에어컨 빵빵한 곳만 돌아다녔더니, 감기가 온 모양이다. 잘 먹고 잘 자는 수밖에 없다. 저녁마다 마시던 맥주도 당분간 멀리해야겠다. 하루 푹 쉬자는 생각에 다시 침대에 눕는다. 외출을 준비하던 E는 한참을 걱정하더니, 결국엔 혼자 나간다. 여행자라면 당연한 행동이지만, 살짝 서운하기도 하다.

이불이 흠뻑 젖을 정도로 땀을 흘리며 잤다. E는 저녁이 되어서야 돌아왔다. 저녁도 안 먹고 있을 날 위해 사 왔다며 햄버거 하나를 내민다. 서운한 마음을 먹었던 내가 부끄러워진다. 토끼고기 햄버거란다. 토끼고기도 먹어본 적 없는데, 게다가 토끼고기 햄버거라니. 양고기 햄버거도 있단다. 여행자에게 새로운 음식은 호기심이자 도전이다. 갑자기 식욕이 돈다. 두근거리는 마음으로 한입 베어 물었다. 솔직히 소스 맛에 가려서 지금까지 먹던 햄버거와 별 차이를 느낄 수 없었다. 그럼에도 맛있게 먹었다.

햄버거를 다 먹자, E가 배낭에서 무언가를 꺼내 내민다. 우리나라에서 가져온 감기약이다. "여행하면서 아프면 억울하잖아."라는 말을 덧붙인다. 아, 눈물 난다. 고맙다.

그날 새벽. 며칠 전 새로 들어온 녀석의 코 고는 소리에 잠을 깼다. 다른 사람들도 깨어나 짜증스런 얼굴로 녀석을 바라보고 있다. 흠흠거리고, 기침 소리도 내보고, 쿵쿵 발도 굴러본다. 하지만 녀석은 꿈쩍도 하지 않는다. 그래, 잠귀가 밝았다면, 자기 코 고는 소리에 먼저 일어났겠지. 살짝 깨워서 주의라도 주면 좋겠지만, 인종도, 성별도 다른 누군가를 함부로 건드릴 수 없다. 코 고는 소리는 점점 커진다. 그렇지 않아도 아픈데, 아, 미칠 것 같다.

문득, 요 며칠 감기 때문에 밤마다 기침을 했던 내 모습이 떠오른다. 아, 역시 시끄러웠겠지? 도미토리에서는 기침도 실례가 될 수 있다. 모두들 내색은 안 해도 낯선 외국인이 정체 모를 바이러스를 퍼뜨리지나 않을까, 신경 쓰고 있었을지 모른다. 갑자기 미안해진다. 내일까지 회복되지 않으면, 아무래도 1인실로 옮겨야겠다.

다음 날 아침. 건너편 침대를 쓰는 백인 여자가 내게 과일 하나를 건넨다. 비타민이 많다며, 가볍게 던진다. 밤새 기침을 삼키는 내 모습이 안쓰러워 보였나 보다. 마음 씀씀이가 고마우면서도 미안하다. 한참 대화를 나누다 보니, 뒤늦게 그녀가 속옷 차림이라는 걸 깨달았다. 너무 태연하고 자연스럽다. 문화의 차이일까? 아니면 개인의 차이일까? 아무튼, 1인실로 옮기겠다는 생각은 잠시 접어둔다.

여러모로 믹스 도미토리가 좋다.
여행이 즐겁다.

——————————— E가 먼저 떠난다. 인도네시아 발리로 간단다. 함께 가자고 했지만, 아직 감기가 완전히 낫지 않아 불안하다. 무리하지 않고 며칠 더 쉬고 싶다. 여행자는 스케줄을 소화하는 연예인이 아니다.

예전에 여행 도중 발가락을 다친 친구가 있었다. 하루만이라도 돌아다니지 않았다면 나았을 텐데, 진구는 그 아픈 발을 이끌고, 원래 여행 계획대로 돌아다니다가 결국, 발톱이 빠지고 말았다. "정해진 일정. 정해진 예산. 정해진 여행 경로. 어쩔 수 없잖아."라는 친구의 말에 수긍하면서도 안타까운 건 어쩔 수 없다. 빈틈없는 계획보다, 여유와 즉흥이 주는 여행의 별미를 다시 한 번 상기해본다.

E와는 '영원히 안녕'이라는 생각은 들지 않는다. 우리나라로 돌아가서 충분히 다시 만날 수 있다. 그럼에도 불구하고, E가 떠나자 마음 한구석이 허전하다. 다시 혼자가 된 기분이다. 쓸쓸하다. 안다. 일순간의 감정이다. 여행을 하다 보면 많은 아쉬움과 마주한다. 차츰 미리 대비하는 방법도 알게 되고, 감정이 동요되지 않게 단련할 줄도 알게 된다. 미련이나 후회가 남지 않도록 적극적인 성격으로 변하기도 한다. 헤어짐이 슬프지 않을 수 있음을 알고, 헤어진 후에 다시 아무렇지 않게 여행하는 스스로를 돌아보며, 감정이란 얼마나 가벼운 존재인지 깨닫는다.

그래도 오늘은 아무것도 하지 않아야겠다.
하루 정도는 E를 그리워해야겠다.

하루 만에 도망치다

이포/말레이시아

낮선 땅이란 없다.
그 여행자가 낮설 뿐이다.

로버트 루이스 스티븐슨

─────────── 이포Ipoh에서 가장 먼저 도착한 곳은 아만자야Amanjaya 터미널이다. 여행자가 몰리는 구시가지까지 데려다주는 줄 알았는데, 아니다. 난감하다. 어떡하지? 걸어갈까? 잠시 고민했지만 금방 포기한다. 구글맵을 돌려보니 도저히 걸어갈 수 없을 정도의 거리다. 게다가 이포는 말레이시아에서 세 번째로 큰 도시다. 이 큰 도시를 걸어서 이동한다는 건 고생길로 들어선다는 의미다.

도착하는 버스마다 "Old Town!"을 외쳐본다. 모두들 손을 내저으며 안 간다고만 한다. 하도 거절을 당하니, 나중에는 제대로 알아듣고 안 간다고 하는 건가? 의심이 생긴다. 이대로 노숙이라도 하게 될까 봐 점점 불안감이 밀려오는데, 버스 한 대가 내 앞에 선다. 운전사는 어서 타라고 손짓한다. 커다란 배낭을 멘 외국인이 갈 곳이야 뻔하다며, 날 태운다. "분명히 구시가지 가는 거지? 확실히 구시가지지?" 몇 번을 물어도 "오케이, 오케이"라고만 한다. 안 간다고 할 때도 불안했는데, 간다고 하는데도 이상하게 불안해진다. 정말 제대로 가는 거 맞지?

다행히 버스는 올바른 곳에 날 내려놓았다. 인터넷에서 찾아봤던 건물과 벽화를 보니 잘 찾아왔다 싶다. 가장 먼저 숙소를 정해야 하는데, 페낭에 비하면 숙소가 터무니없이 적다. 어째, 핫야이에서의 어두운 기억이 스멀스멀 올라온다. 이포는 여행지로 따지면 불모지에 가까운 모습이다. 한참 만에 발견한 숙소는 간판만 걸어놨지, 내년에 완공한단다. 1층에 있는 국수집에서 허기만 채우고 발길을 돌린다.

어렵게 구한 숙소에는 창문이 없다. 문을 닫으면 아무것도 보이지 않는 암실이다. 넓기라도 하면 좀 괜찮을 텐데, 침대 네 개만으로 꽉 찬, 좁디좁은 도미토리다. 아무리 가난한 배낭여행자라지만, 이런 돼지우리 같은 데서 자야 하나? 하지만 어쩔 수 없다. 정말 어렵게 구한 숙소다.

아무래도 내일 당장 떠나야겠다는 생각만 든다. 아니다 싶으면 바로 옮기는 게, 배낭여행의 철학인지도 모른다. 그나저나 어떻게 이포에서 벗어날 수 있지? 우리나라 사람들이 잘 찾아오지 않는 곳이라 아무리 검색해도 제대로 된 정보를 찾을 수 없다. 한번 발을 잘못 들이면 도망치지 못하는 파리지옥에 들어온 것 같은 기분이다. 구시가지 초입에 있던 인포메이션은, 비수기라서 그런지 굳게 닫혀있었다. 갑자기 머리가 아파온다.

아, 몰라. 어떻게든 되겠지. 자포자기하고, 산책이나 즐기기로 한다. 이포의 거리는 페낭의 조지타운과 비슷하다. 특히 벽화가 그렇다. 제2의 페낭을 꿈꾸는 걸까? 마을 사람들이 합심하여 벽화를 그려나가는 모습이 보기 좋다.

구석구석을 돌아다니다 보니, 저 멀리 거대한 궁 같은 건물이 보인다. 붉게 물든 석양을 뒤로하고 그 모습을 예쁘게 뽐낸다. 한참 동안 넋 놓고 바라본다. 무슨 건물인가 지도를 보니, 어라? 다름 아닌 기차역이다. 버스만 생각하느라 기차는 생각지도 못했다. 서둘러 기차역을 찾아 들어가본다. 겉보기와 다르게, 안은 많은 사람들로 복작거린다. 매표구 위로 말레이시아의 유명한 도시 이름이 쭉 나열되어있다. 이포에서 벗어날 수 있다는 희망에 어느 틈에 미소가 흐른다. 버스보다 가격은 조금 비싸지만, 상관없다.

어디로 갈까? 쿠알라룸푸르Kuala Lumpur가 눈에 띈다. 여행의 허브 역할을 하는 도시다. 쿠알라룸푸르에서 비행기를 타고 갈 수 있는 여행지가 많다. 인도네시아, 싱가포르, 베트남. 게다가 다른 도시에서 출발하는 것보다 훨씬 비행기 티켓이 저렴하다. 쿠알라룸푸르. 발음하기도 힘든 도시로 향하는 기차 티켓을 산다.

숙소로 돌아오니, 낯선 남자가 와있다. 남자는 이포에 볼거리가 없다면서 실망을 쏟아낸다. 그나마 9시부터 야시장이 열린다며 그거라도 꼭 봐야겠단다. 좋은 정보를 얻었다. 나 역시, 작은 추억이라도 남길 생각에 함께 야시장으로 향한다. 그런데 웬걸. 동대문 시장에서 흔히 살 수 있는 옷과 가방 위주이고, 그나마도 질은 낮고 가격은 비쌌다. 한마디로 살 만한 게 없다. 벼룩시장을 상상하고 왔는데, 너무도 초라하고 볼품없는 모습에 실망만 남았다.

다시 숙소로 돌아왔다. 이번에는 할아버지 등장. 신문에 칼럼을 연재하는 작가이며, 자전거로 중국에서부터 왔단다. 놀라움도 잠시. 제대로 씻지 않았는지 몸에서 퀴퀴한 냄새가 난다. 대단한 악취다. 살아생전 맡아본 적 없는 냄새에 도저히 숨을 쉴 수가 없다. 숨통이 막힌다. 게다가 숙소는 창문이 없어 환기조차 되지 않는다. 아, 도망치고 싶다.

역겨운 냄새를 참으며 잠자리에 들어간다.
하지만 끝내 잠들지 못한다.

—————————— 늦은 오후, 기차역은 한적하던 어젯밤과는 달리 사람들로 뒤엉켜있다. 사람들은 자신보다 훨씬 큰 짐을 싣고 내리느라 정신이 없다. 출발과 도착을 알리는 방송이 쉴 틈 없이 흘러나오고, 들뜬 아이들은 비명에 가까운 소리를 지르며 뛰어다닌다.

기차 안으로 들어오니 객석은 차분하면서도 조용하다. 앞 좌석 등받이에서 작은 간이 선반을 내릴 수 있는 구조라, 공부하는 모습도 흔히 볼 수 있다. 냉방은 또 얼마나 센지, 설국열차인 줄. 이대로 모두 얼려 죽일 작정인가? 우리나라에서도 걸리지 않던 감기를 여기 와서는 몇 번이나 걸렸다.

스마트폰에 담아온 가요를 듣는다. 공간을 이동하여 우리나라의 기차를 탄 것 같다. 창밖으로 스치는 풍경마저 우리나라처럼 보인다. 태블릿PC를 꺼내 글을 쓴다. 공부하던 학생이 내 모습을 슬쩍슬쩍 훔쳐본다. 살짝 우쭐해지는 기분이다. 그래, 나 작가야. 여행하면서 글을 쓰고 있지.

하지만 돈은 안 돼. 아, 갑자기 우울해진다.

조금 더 치열하게,
글을 쓰며 여행해야겠다.

패키지도 여행이다

욕야카르타/인도네시아

관광객은
그들이 어디에 갔는지를 모르지만,
여행자는
그들이 어디로 가는지를 모른다.

폴 서룩스

──────────────── 휴가를 낸 B와 늦은 밤 쿠알라 룸푸르 공항에서 만났다. 목적지는 말레이시아가 아닌 인도네시아의 욕야카르타Yogyakarta. 우리나라에서 욕야카르타로 직항하는 것보다 쿠알라룸푸르로 경유하는 편이 훨씬 저렴하기 때문이다.

이른 아침에 출발하는 비행기를 타기 전에 잠깐 눈만 붙일 생각으로 공항을 빠져나와 차이나타운으로 향했다. 차이나타운 근처에 공항버스 정류장도 있고, 무엇보다도 저렴한 숙소가 모여있다. 하지만 너무 늦은 시간에 도착한 탓에 숙소마다 빈방이 없단다. 새벽 1시까지 발품을 팔아서 겨우 숙소 하나를 찾았다. 이래도 될까 싶을 정도로 가격도 저렴해서 방 상태도 확인하지 않고 덜컥 돈부터 지불했다.

그게 실수라면 실수였다. 방은 정말 최악이었다. 덜덜거리는 선풍기 한 대만 덩그러니 있어 너무나 더웠고, 침대는 흙인지 담뱃재인지가 한 움큼 떨어져 있고, 이불에서는 홀아비 냄새가 풀풀 났다. 사물함 자물쇠도 헐거워서 불안하다. 잠이나 제대로 잘 수 있을까? 차라리 노숙을 하는 게 시원하고 마음 편할 것 같다. 그나마 씻을 수 있다는 사실을 위안 삼으려 했는데, 샤워장도 엉망이긴 마찬가지다. 나무판으로 칸막이를 나눠놓은 게 전부이고, 나무판은 온갖 사람들이 쏟아낸 폐수를 머금은 채 쾨쾨한 곰팡내를 풍기고 있다.

휴가의 첫날을 이렇게 보내야 하는 B가 어처구니없는지, 계속 웃기만 한다. 사진을 찍어서 곧바로 SNS에 올리니 순식간에 댓글이 달린다. 걱정보다는 킥킥대는 웃음이 대부분이다. B는 나를 안쓰럽게 바라본다. 지금까지 이런 숙소에서 묵었냐며 나의 지난 여행들을 안타까워한다. 당연히 아니다. 이렇게 최악의 숙소는 나 역시도 처음이다. 어찌 됐든 짜증보다는 웃음으로 넘어가 주는 B가 고맙다.

잠을 자기 위해 바람막이를 꺼내 입는다.
그런데도 온몸이 가렵다. 벌레라도 기어 다니는 것처럼.

─────────── 이른 새벽 쿠알라룸푸르 공항에 도착했다. 게이트가 열리기까지는 10분 남짓 남았다. 공항에 1시간 전에 도착하던 예전의 내 모습과는 많이 달라진 모습이다. 이제 비행기도 버스처럼 느껴진다. 게이트가 열린다. 배낭을 메고 줄을 선다. 탑승구 안으로 들어가려는데, 탑승권을 확인한 승무원이 돌아가란다. 이게 무슨 소리? 뒤통수를 강타하는 따가운 눈초리들에 밀려 일단 줄에서 벗어난다. 게이트를 잘못 왔나? 이게 무슨 상황일까? 잠시 진정하고 지켜보니, 좌석 번호대로 탑승하고 있다. 저가 비행기라 좁은 복도 안에서 밀리는 걸 막기 위함이다. 그제야 상황이 파악된다. 아, 창피하다. 줄을 서있던 사람들 눈에는 내가 새치기하려는 사람처럼 보였을 테지. 모르면 죄다.

좌석 번호에 따라 탑승했는데도 비행기 안은 매우 혼잡하다. 선반 때문이다. 선반에 짐을 밀어 넣는 동안 다른 승객들의 이동이 막힌다. 무거운 짐을 끙끙대며 올리는 노약자를 도와주는 건, 친절해서라기보다는 답답함이 더 큰 이유다. 선반에 들어가지 않을 만큼 부피가 큰 짐이라 시간을 잡아먹는 경우도 있다. 무게 말고 부피도 정해져 있다는 걸 모르나? 짐을 올리기 전에 이것저것 꺼내느라 시간을 끄는 승객도 있다. 게이트에서 기다리는 동안 미리미리 꺼내놓으면 안 되나? 이번엔 내가 눈총을 준다.

자리에 앉는다. B는 복도 쪽, 가운데는 나다. 가운데 자리는 좋지 않다. 창밖 풍경도 볼 수 없고, 화장실을 쉽게 오갈 수 있는 것도 아니다. 창가에는 덩치 큰 중년의 남자가 먼저 와서 앉아있다. 예전부터 좌석 운이 없었다. 예쁜 여자와 함께 앉는 건, 정말이지 드라마에서나 일어나는 일일 뿐이다. 남자 셋이 나란히 앉으니, 팔걸이에 올린 팔이 자꾸 부딪친다. B는 일찌감치 내게 양보했다. 반면, 창가의 남자와는 미묘한

기 싸움이 계속된다. 은근히 피곤하다. 앞으로는 아무런 혜택도 없는 불쌍한 가운데 사람에게 팔걸이쯤은 양보하겠다고 다짐해본다.

이륙하고 한참 뒤, 갑자기 '턱' 하고 앞 좌석이 젖혀졌다. 그렇지 않아도 좁은데, 답답하다. 양해라도 미리 구했다면 기분 나쁘지 않았을 텐데, 너무나 뻔뻔하게 뒷사람 따위는 고려하지 않고 의자를 젖혔다. 싸울까 싶지만, 그냥 참는다.

이른 새벽부터 서둘렀더니, 갑자기 졸음이 밀려온다. 좁은 의자에 몸을 구겨 넣고 잠을 청해본다. 얼마나 잤을까? 창가의 남자가 툭 친다. 무슨 일인가 하고 눈을 떴더니 기지개를 켜고 있다. 짜증이 밀려온다. 나 역시 몸이 찌뿌둥한 걸 꾹 참고 있는데, 누군 팔이 없어서 기지개를 안 켜고 있는 줄 아나. 불쾌한 마음으로 째려보는데 눈이 마주치자마자 미안하다며 정중히 사과한다. 갑자기 내가 다 당황스럽다. 아, 그럴 수도 있지. 그런 일로 사과까지. 그래. 창가에 앉았다고 엄청난 혜택을 받은 것도 아닌데, 서로 조금씩 양보해야지. 어차피 우리 모두 이코노미니까.

갑자기 묘한 동질감이 생긴다.
괜찮아. 그럴 수도 있다.

─────── 욕야카르타 공항은 비행기에서 내린 뒤 활주로를 걸어서 출입국 관리소까지 들어가는, 무척이나 조그만 공항이다. 공항 건물은 우리나라 고속버스터미널보다 아담하다. 다른 여행자들도 그런 공항이 신기한지, 연신 사진으로 남긴다.

출입국 심사대를 통과하기 위해 줄을 섰다. 내 차례이다. 무사히 통과할 줄 알았는데, 왜 비자가 없냐고 직원이 묻는다. "나 한국 사람이야. 인도네시아는 무비자로 입국이 가능하다고 들었어."라니까, 아니란다. 어서 가서 비자를 받아 오란다. 출입국 심사대 옆, 조그만 창구에서 비자를 발급하고 있다. 잘못 알았나 싶어서, 서둘러 검색을 해본다. 인도네시아는 자카르타, 발리, 메단, 수라바야, 바탐으로 들어갈 때만 무비자란다. 뭐 이런 경우가 다 있지? 쉽사리 이해되질 않는다. 우리나라로 치면 서울로 입국할 때는 무비자인데, 부산으로 입국하면 비자를 만들어야 한다는 거다. 하지만 우길 수도, 따질 수도 없다. 이 나라 법이 그렇다면 그런 거니까. 결국, 공항에서 35달러를 내고 방문 비자를 발급받았다. 예상에도 없던 지출이다. 이럴 거면 왜 아등바등 아껴왔는지 모르겠다. 지난밤, 싼 숙소를 고집했던 게 허무해진다.

공항을 빠져나와서, 여행자 거리인 말리오보로Malioboro로 이동하기 위해 버스 정류장으로 향했다. 처음 본 욕야카르타의 버스 정류장은 무척이나 독특하다. 컨테이너를 개조한 듯한 구조로, 지면으로부터 1m가량 올라온 곳에 지하철 플랫폼처럼 탑승대가 있다. 선풍기가 돌아가고 있지만, 전혀 시원하지는 않다. 승객들은 얌전히 버스가 오기를 기다리고, 직원으로 보이는 남자가 도착하는 버스의 번호를 외쳐주는데, 나름대로 질서 있게 보인다.

말리오보로행 버스가 도착했다. 특이하게도 버스의 출입문이 높다. 그제야 버스 정류장 구조를 이해하게 된다. 또 다른 궁금증이 생겨난다. 정류장에 맞춰 버스를 만든 걸까? 아니면 버스에 맞춰 정류장을 만든 걸까? 버스의 출입문은 왜 그렇게 높이 만들어놓은 걸까? 알 수가 없다. 그나저나 버스비는 얼마였지? 헷갈린다. 다른 나라로 올 때마다 생기는 현상이다. 새로운 돈에 익숙해지기까지는 시간이 걸린다.

버스 안은 생각보다 비좁다. 현지인은 낯선 이방인을 은근히 관찰한다. 남자들은 태연하게 굴고, 여자들은 눈이 마주치면 서둘러 시선을 돌린다. 어려 보이는 학생들은 조금씩 자리를 양보하며 앉으라고 호의를 베푼다.

덜컹거리는 버스는 한참을 더 달려서, 말리오보로에 도착한다. 큰 도로에서 다시 작은 거리인 소스로위자얀Sosrowijayan으로 들어서면, 태국의 카오산로드와 비슷한 분위기가 연출된다. 진정한 여행자 거리다. 다시 갱Gang이라 불리는 미로같이 좁고 구불구불한 골목으로 들어가면 숙소들이 모여있다. 하나같이 홈스테이 간판을 내걸고 있다. 외관상 가장 깨끗한 집을 찾아서 문을 두들긴다. 홈스테이라 해서 내심 '인도네시아 가정에서의 하룻밤'을 기대했지만, 생각했던 것과는 사뭇 다르다. 상업적인 냄새가 짙다. 아쉽다. 배낭을 내려놓고 침대에 앉는다. 몇 시간 전까지만 해도 다른 나라에 있었던 게 믿기지 않는다.

밖으로 나가 간단하게 저녁 겸 한잔하기로 했다. 하지만 술집이 눈에 띄지 않는다. 어디에서든 술판이 펼쳐지는 여느 여행자 거리와는 다르다. 마트나 편의점에서조차 술을 팔지 않는다. 인구 중 약 80%가 이슬람교도라 술 판매를 금지하고 있단다. 그렇

다고 아예 술을 살 수 없는 건 아니다. 어렵사리 술집을 하나 찾았다. 역시나, 술값이 비싸다.

하루가 마무리된다. 맥주 한 모금에 피로가 풀린다. 시원한 목 넘김이 좋다. B와 함께라서 더욱 좋다. 이 즐거운 순간을 공유할 수 있는 친구가 있어서 좋다. 오랜만에 실컷 수다를 떨었다. 앞으로 펼쳐질 본격적인 여행에 대한 설렘도 나눴다.

우리는 단 한 번도 목소리를 높이거나, 싸운 적이 없다. 서로가 서로를 존중했고, 무엇보다 서로의 차이를 있는 그대로 이해했다. 다름이 틀림이 아님을 우린 처음부터 알았다. '왜 그렇게 해? 왜 그렇게 생각해?'라고 묻기보다는 '그렇게도 할 수 있네! 그렇게도 생각할 수도 있겠네!'라며 다름을 받아들였다. 우리가 오래 함께하는 이유를 이 한 가지로만 설명할 순 없지만, 분명, 가장 큰 이유이긴 하다.

밤이 깊어간다.
부딪치는 술잔이 좋다.

———————————— 욕야카르타에는 유명한 사원 두 개가 있다. 불교 사원인 보로부두르Borobudur와 힌두교 사원인 프람바난Prambanan. 한 지역에 서로 다른 종교가 공존하고 있다는 건, 서로의 종교를 존중한다는 의미다. 이렇게 다름을 인정하는 모습은, 아세안 10국이 협력하여 거대한 시장을 만들어낸 원동력일 것이다. 서로 다른 문화와 역사를 가진 국가들이 한 방향을 바라본다는 게, 결코 쉬운 일이 아니니까. 욕야카르타의 두 사원에서 그 힘의 근원을 엿볼 수 있다.

욕야카르타에서 동쪽으로 17km 남짓. 인도네시아에서 제일 큰 힌두 사원인 프람바난으로 먼저 향한다. 프람바난 사원은 원래 240개의 석탑이 있었는데, 지진, 화산 폭발로 천 년 가까이 폐허인 채로 있다가 20세기가 되어서야 복원이 시작되었다. 복원 당시 사리와 금이 나와서 왕족의 무덤으로 생각했지만, 오랜 조사 끝에 마타람Mataram 왕조가 9세기 중반에 세운 힌두 사원으로 판명되었다. 현재는 일부만 복원된 상태이다.

도착하자마자 가장 먼저 매표소로 간다. 프람바난과 보로부두르를 한 장의 표로

볼 수 있는 콤보 입장권을 산다. 따로 사는 것보다 훨씬 저렴하다. 입구를 통과하자 곧 거대한 유적지와 마주한다는 설렘으로 심장이 나댄다. 발걸음이 더욱 빨라진다.

프람바난은 힌두교의 3대 신인 시바, 브라마, 비슈누를 모시고 있다. 중앙에 있는 47m 높이의 사원은 시바 사원으로, 벽면 부조가 힌두교의 대서사시 라마야나Rama-yana의 한 장면을 나타낸다. 힌두의 영웅 라마가 악마에게 납치된 아내 시타를 구해오는 장면인데, 여행을 떠나오기 전에 라마야나를 읽어서인지, 눈앞의 부조가 영화라도 보는 것처럼 더욱더 생생하게 다가온다.

복원된 사원 주위로 무너진 잔해가 많다. 그 모습을 지켜보고 있자니, 거대한 용이 날개를 잃고 웅크리고 있는 모습 같아 먹먹해진다. 언젠가 사원 전체가 복원된다면, 다시 와서 우렁차게 포효하는 프람바난의 모습을 보고 싶다.

갑자기 비가 쏟아진다. 스콜이다. 사원 귀퉁이, 나무 아래로 몸을 피한다. 사원을 가득 채우고 있던 관광객들도 서둘러 몸을 피한다. 삽시간에 텅 비어버린 사원. 나무 아래에서 한적한 그 모습을 묵묵히 바라본다. 쓸쓸해 보인다. 지금까지 얼마나 많은 사람들을 반기고, 또 보냈을까? 내가 지금 서있는 이곳도 그 옛날 누군가가 비를 피해 서있던 곳이겠지. 나와 같은 곳을 바라보고 있었는지도 모른다. 묘한 감정이 든다. 천년 이상을 변하지 않는, 그대로의 모습이다.

낡을지언정 변하지 않는다.

프람바난에서 약 50km 떨어진 보로부두르로 향한다. 8~9세기경, 프람바난보다 앞서거나 비슷한 시기에 세워진 불교 사원이다. 숭배의 대상이자 가족으로 여기는 므라피Merapi 화산 근처 구릉 위에 있는데, 므라피 화산의 분출로 묻혀있다가 1814년에 영국 총통인 스탠퍼드 래플스에 의해서 발견되었다. 이후 150년이 넘는 시간을 거쳐 1983년에야 복원이 완료되었다.

광대한 규모와 웅장한 자태를 뽐내는 보로부두르는 당시 인도네시아에서 불교가 얼마나 발전했는지를 보여준다. 사원은 계단식으로 된 10층짜리 건축물로 아래층은 인간 세계를, 중간층은 인간 세계와 천국의 중간으로 구원의 세계를, 위층은 천국을 상징한다고 한다. 맨 위층 중앙의 돔은 72개의 불상으로 둘러싸여 있는데, 각각의 불상이 스투파Stupa라는 종 모양의 탑 안에 들어가 있다. 위층으로 올라가니 평온하고 신성한 세계가 펼쳐진다. 모든 굴레를 벗어나 자유를 느껴본다.

6km나 되는 외벽에는 출가부터 해탈에 이르는 부처의 일대기를 조각하여 불교의 모국인 인도인들도 놀라워할 정도란다. 100만 개의 돌로 1만 명 이상의 등장인물들을 새겨넣었는데, 하얀 코끼리가 어머니 뱃속으로 들어오는 석가모니의 태몽을 볼 수 있는 유일한 사원이기도 하다. 마치 거대한 불경을 보는 것 같다.

오락가락하던 날씨는 어느새 맑게 갰다. 다행이다. 하지만 소풍 온 학생들로 발 디딜 틈이 없다. 비 맞은 학생들에게서 구리구리한 냄새가 난다. 아, 숨쉬기가 괴롭다. 게다가 어찌나 떠들어대는지, 정신이 하나도 없다. 여기가 사원이라는 건 아는지 모르는지, 낄낄 깔깔 웃어대고, 장난치느라 바쁘다. 한창 이성에 신경 쓸 때라 그런지, 남학생들은 여학생들 앞에서 한껏 목소리가 높아진다. 나까지도 시끄러워서 돌아볼 정도니, 여학생들의 이목을 끌기에는 충분해 보인다.

성스러워야 할 시공간이,
갑자기 테마파크로 전락한다.

─────────── 말리오보로는 여행자 거리답게 많은 여행사들이 경쟁하듯 늘어서 있다. 여행사의 패키지 상품 중에서 가장 인기 있는 것은 브로모Bromo 화산행이다. 인도네시아에 온 가장 큰 이유도 바로 브로모 화산을 오르기 위해서다. 여행사를 통하지 않고 기차로 가도 된다. 야간 기차를 타고 가면 여행사에 수수료를 안 내도 되고, 숙박비도 아낄 수 있다. 씻지 못하는 찝찝함만 이겨낸다면 여러모로 나쁘지 않다.

내 기준에 따르면, 여행은 두 가지로 나뉜다. 하나부터 열까지 모두 직접 알아보고 준비하는 자유 여행과 가능한 많은 부분을 가이드에게 맡겨버리는 패키지다. 패키지가 어떻게 여행이냐, 그저 관광일 뿐이라고 말하는 사람도 있다. 물론 나 역시, 패키지는 장점보다 단점이 더 많다고 생각한다. 무엇보다 가이드가 정해준 일정대로 움직여야 하기 때문에, 기억에 남는 게 많지 않다. 차에 타라면 타고, 내리라면 내리고, 먹으라면 먹고, 쉬라면 쉬는, 뇌를 멈추게 하는 여행이라고 할까? 그럼에도 패키지도 여행이라고 생각하는 이유는 간단하다.

가끔은 편해지고 싶으니까.

"어떻게 할까?" B에게 의견을 물었다. "그냥, 조금 비싸더라도 편하게 가자." B의 대답이다. 주저 없이 B의 의견에 따르기로 한다. 어렵게 시간을 맞춰준 B의 휴가를 고생스럽게 만들고 싶지 않다.

브로모 화산이 있는 프로볼링고Probolinggo를 시작으로, 이젠Ijen 화산이 있는 본도워소Bondowoso로 이동한 후 마지막으로 수라바야Surabaya로 가기로 한다. 대부분 수라바야보다는 발리Bali로 가는데, B와 나는 이미 발리에 간 적이 있다. 다시 가도 좋겠지만, 녹록지 않은 일정에 마음을 접었다. 많은 곳을 이동하는 만큼, 비용은 자꾸만 부풀어 오른다. 순식간에 목돈이 나가서 갑자기 거지가 된 느낌이다. 하지만 괜찮다. 패키지로 여행하는 동안에는 돈 걱정, 숙소 걱정, 교통편 걱정 없이, 타라면 타고, 쉬라면 쉬고, 보라면 보면 된다. 편안하다.

패키지도 당당한 여행이다.
가끔은 편안한 사치를 즐기고 싶다.

악마의 속삭임
프로볼링고/인도네시아

여행은 인간을 겸손하게 만든다.
세상에서 인간이 차지하는 영역이
얼마나 작은 것인지를 깨닫게 해준다.

프리벨

프로볼링고로 향하는 미니버스에 오른다. 새로운 여행자들을 만나면 으레 서로의 나라를 먼저 물어본다. 떳떳하게 대답할 내 나라가 있다는 사실이 새삼 자랑스럽다. 그런데 "Korea"라고 말하면 "South? North?"라는 질문이 뒤따른다. 남한이라고 대답하는 순간, 뭔가 시시하다는 눈빛을 받는다. 호기심이 사라진 눈빛이다. 나도 아직 북한 사람은 만나 본 적 없다고.

막연하게 생각해본다. 여행을 계속하다 보면, 이렇게 만났던 여행자들의 나라에도 가게 되지 않을까? 그러면 적어도 하루 정도는 만나서 놀아주지 않을까? 그땐, 여행자의 모습이 아닌 말끔한 직장인 차림일지도 모른다. 오직 현지인만이 알고 있는 비밀의 장소를 안내해줄지도 모르고, 어쩌면 그들의 집에서 며칠 신세 질 수 있을지도 모르겠다.

물론, 모든 여행자와 친해지고 싶은 건 아니다. 캘리포니아에서 왔다는 여자는 목청이 엄청났다. 가장 큰 볼륨에 맞춰진 채로 볼륨 조정 나사가 빠져버린 것 같다. 자신이 얼마나 시끄러운지 모르는 모양이다. 귀가 잘 안 들리나? 생각지도 못한 소음에 시달리다 보니 머리가 지끈거린다. 마음 같아서는 멱살 잡고 세차게 흔들어주고 싶다. 게다가 예의라고는 눈곱만치도 없다. 휴게소에 도착했을 때, 그녀가 내리기 쉽도록 의자를 접어줬는데도 고맙다는 소리 한번 하지 않는다. '동양인 따위에게 고맙다고 할 줄 알았어?'라는 듯 도도하다.

욕야카르타에서 프로볼링고까지는 고속도로가 없는지, 좁은 국도를 계속 달린다. 중간중간 작은 도시를 경유할 때면, 사방에서 나타난 오토바이들에 막혀 좀처럼 속도를 낼 수 없다. 낡은 트럭들도 교통체증의 원인이다. 느려도 그렇게 느릴 수 없다. 그나마 좀 뚫린다 싶은 게 시속 60km. 거리상으로는 그다지 멀지 않은데, 11시간 이상이 걸리는 이유를 알겠다. 차라리 비행기를 알아볼걸, 여행도 빈익빈 부익부다.

프로볼링고에 도착한 시간은 저녁. 깊은 밤이 아닌데도 가로등이 없어서 무척이나 깜깜하다. 새벽 일찍 브로모 화산으로 출발하려면 자야 하는데 잠이 오지 않는다. 숙소 주위를 둘러볼 겸 밖으로 나가보지만, 너무 어두워서 멀리까지 나갈 수 없다. 결국, 근처를 서성거리다 문을 연 식당을 발견했다. 늦은 저녁으로 나시고랭Nasi Goreng(동남아식 볶음밥)을 먹는다. 입맛에 잘 맞는다. 맥주도 한 병 주문한다. 역시나 비싸다.

맥주 한 모금을 넘긴다.
비로소 하루를 마무리한다.

──────────── 새벽 4시. 밤새 내린 비로 거리는 촉촉하고 공기는 상쾌하다. 아무것도 보이지 않는 칠흑을 뚫고, 지프들이 요란한 엔진 소리를 내며 여행자들을 태우러 바쁘게 오간다. 다가닥다가닥 말발굽 소리를 내며 말들도 지나간다. 여기가 산골이구나 싶다.

습관처럼 날씨 어플을 켠다. 일출을 보러 가는 날이면 챙기는 습관이다. 화면에 번개가 나타난다. 뇌우란다. 예보와 달리 하늘은 점점 개고 있지만, 워낙 변화무쌍한 날씨다. 이렇게 좋다가도 한바탕 폭우가 쏟아질지도 모른다. 일출을 무사히 볼 수 있을까 걱정이 앞선다. 모든 건 하늘에 맡기자. 어쩔 수 없다.

여행을 좌지우지하는 건, 결국 자연이다.

지프 안은 상당히 좁았다. 짐짝처럼 타고 있으려니 답답하다. 네 명이 겨우 앉을 수 있는 공간인데 운전사는 "한 명 더!"를 외친다. 더 이상 자리를 만들 수 없다고 항변해 보지만, 막무가내다. 조금씩 좁히면 충분히 공간이 생긴다면서, B와 나를 가리키며 자리 하나에 같이 앉아보란다. 뭐야? 감정을 고스란히 드러낸 "What!"이란 외침에, 운전사는 바로 꼬리를 내렸다. 자리가 나오기를 기다리던 다른 여행자는 알아서 다른 지프로 옮겨간다. 분위기가 싸하다. 좀처럼 분이 풀리지 않는다. 한마디 더 하려다가 결국 참기로 한다. 망쳐지는 건 내 여행이다.

지프는 불빛 하나 없는 산속의 어둠을 뚫고 꼬부랑길을 미끄러지듯 달린다. 솜씨가 예사롭지 않다. 얼마나 이 길을 오갔던 걸까? 눈 감고도 운전할 것 같다. 지프는 브로모 화산을 전망하는 뷰포인트 초입에 도착한다. 지프와 말이 서로 뒤엉켜 북적거린다. 지프에서 내리자 마부들이 달라붙는다. 뷰포인트까지 가는 길이 험하니 말을 타란다. 여행자보다도 말이 많아서 마부들 사이의 경쟁이 치열하다. 브로모 화산에 가는 거라면 모를까, 고작 뷰포인트에 말을 타는 건 좀 아깝다.

뷰포인트를 향해 발걸음을 옮긴다. 지프가 들어갈 수 없는 좁고 가파른 길이다. 마부들은 포기할 줄 모른다. 계속 함께 걸으며 말을 타란다. "앞으로 1km나 더 가야 해."

"언덕을 봐, 어떻게 올라가려고?" "비싼 게 아니야." 온갖 달콤한 말들로 유혹한다. 뱀의 속삭임 같다. 힘들어하는 노인과 아이에게는 더 집요하게 달라붙는다. 그들에겐 치열한 삶이겠지만, 천천히 경치를 둘러보고 싶은 내게는 쫓아내고 싶은 날파리나 다름없다.

점점 숨이 차오른다. 내 안색을 본 마부들은 얼씨구나 하며 또다시 달려들어 뱀의 혀를 날름거린다. 그냥 말을 탈까? 잠시 흔들린다. 아니다. 오롯이 내 힘으로만 이 험난한 길을 넘고 싶다. 자신과의 싸움이다. 오랜만에 제대로 운동한다는 생각으로 힘차게 다리를 뻗어본다. 뷰포인트가 가까워지는지, 마부들이 하나둘씩 떨어져 나가다 마지막 마부까지 포기하고 돌아선다. 비로소 고요가 느껴진다. 헉헉대는 내 숨소리마저도 방해될 것 같다. 잠시 멈춰 서서 숨을 고른다. 한적하다, 좋다.

뷰포인트에서 바라보는 하늘이 점점 푸르스름하게 변하다가 이내 붉게 물든다. 구름 뒤편으로 태양이 떠오른다. 그렇게 하루가 밝아온다. 누구에게나 동등하게 주어지는 하루. 그 하루를 어떻게 살아야 할까? 생각이 깊어진다. 일출이나 일몰을 바라보면 왜 이렇게 감성적으로 변하는 건지 모르겠다. 하지만 기분 좋은 변화다. 그 여운을 차분하게 가슴에 새긴다. 오랫동안 간직하기로 한다.

밝아지는 하늘 아래, 브로모 화산이 모습을 드러낸다. 숨이 막힌다. 눈을 백 번쯤 비볐을까? 말로 다 표현할 수 없을 정도로 아름답다. 생애 처음으로 화산을 바라본다. 땅밑으로부터 솟아오르는 연기는 흩어지지도 않은 채 하늘로 두둥실 떠오른다. 사람들은 정신없이 셔터를 누른다. 수십 개의 플래시가 번쩍거린다.

완전히 태양이 떠오르자, 브로모 화산은 산허리에 두르고 있던 구름 치마를 재빨리 벗어버린다. 환한 하늘 아래, 그대로 드러난 브로모 화산의 나체가 내 시선을 빼앗는다. 첫눈에 반한 것처럼, 우두커니 바라보고 바라본다.

브로모 화산에게 귀가 있다면,
사랑한다고 고백했을지도 모르겠다.

숨 막히도록 아찔하게

본도워소/인도네시아

여행 중에 우리는 발전하고 바뀌고
다른 사람이 된다.

레몽 드파르동

본도워소까지 가는 길. 오후 3시 정도 됐을까? 운전사가 갑자기 길가에 차를 세우고 내린다. 낯선 건물 뒤로 황급히 사라지는 모습에 화장실이 급한가 했는데, 아니다. 운전사가 향한 곳은 다름 아닌 조그만 기도실이다. 기도를 마친 운전사는 다시 돌아와 차를 몬다. 이들의 신앙심이 대단하다.

차는 이제 굽이굽이 산속으로 들어간다. 안개도 잔뜩 껴서 가시거리가 짧다. 낮인데도 어둡다. 한 치 앞도 보이지 않는 산길인데 운전사는 제법 빠른 속도로 헤쳐나간다. 창문을 내리고 숲 속의 바람을 만끽해본다. 특유의 숲 냄새가 가슴을 채운다.

운전사가 한 곳을 가리킨다. 손가락 끝에 커다란 산이 보인다. 목적지인 이젠 화산이란다. 구름에 가려져서 정상을 볼 순 없지만, 우뚝 솟은 모습이 근사하다. 점점 화산과 가까워진다. 짙은 유황 냄새가 난다. 멀찌감치 떨어져서 관망할 수 밖에 없던 브로모 화산과 달리, 이젠 화산은 안까지 걸어서 들어갈 수 있다. 용암이 끓고 있는 화산은 아니지만, 가까이 갈 수 있다는 사실만으로 충분히 흥분된다.

숙소는 조그만 마을에 유일하게 있는 리조트다. 이곳에서 잠시 머물다가 새벽 1시에 이젠 화산으로 출발해야 한다. 빡빡한 일정이다. 짧은 휴가에 맞추기 위해서는 다른 방법이 없다. 덜 자고, 덜 쉬고 체력이 바닥날 때까지 더 많은 곳을 가는 수밖에. "쉬는 건 회사로 돌아가서. 그게 우리나라의 휴가법이잖아." B가 흘린 농담에 슬그머니 웃어본다.

간단하게 허기를 달래고, 숙소 주위를 둘러보기

로 했다. 깊은 산골 마을이라 그런지, 숙소에서 조금만 벗어났을 뿐인데 인터넷이 잡히지 않는다. B의 스마트폰은 순식간에 무용지물이 된다. 휴가 와서도 업무를 처리해야 한다며 문자와 메일을 확인하던 B의 얼굴이 굳는다. 불안해하는 표정이 역력하다. 다시 숙소로 돌아갈까 망설이기까지 한다. "여행하는 동안은, 잠시 꺼두셔도 좋습니다." 농담을 던지며 달래보지만, B의 표정은 쉽사리 밝아지지 않는다. 해결해야 하는 업무가 머릿속을 계속 맴도는 모양이다. 이래서는 풍경이 눈에 들어올 리 없다. B의 전화 한 통이 얼마의 가치가 있는지 잘 알고 있기에 "다시, 숙소로 돌아갈까?" 물어본다. 이대로 돌아가도 상관없다. 잠시 고민하던 B는 "그래, 잠시 꺼둬도 나쁘지 않겠어."라며 주위의 풍경으로 눈을 돌린다.

몇몇 잘 꾸며진 집을 빼면 그저 소박하기만 한 마을이다. 동네를 뛰어다니는 아이들의 미소는 순박하고 해맑다. 사진기를 보자마자 한 장 찍어보란다. 사진을 찍어준들 전해줄 방법도 없는데, 단지 찍히는 게 즐거운 모양이다. 사진기를 들이대자 기다렸다는 듯이 폼을 잡는다. 지나가던 동네 고양이까지 번쩍 들어 올리더니, 한껏 분위기를 연출한다. 한두 번 찍혀본 솜씨가 아니다. 아이들의 얼굴에서 프로의 냄새가 난다. 또 한 번 속은 것 같은 기분이다.

이 마을, 여행자를 위한 테마파크는 아닐까?
잠시, 엉뚱한 상상을 해본다.

알람을 맞춰놓은 것도 아닌데 새벽 1시에 자연스럽게 눈이 떠졌다. 동물적인 감각이다. 문밖에서 사람들이 웅성거리는 소리가 들린다. 이젠 화산으로 가는 여행자로 가득하다. 중간중간 우리나라 여행자도 보인다. 어제는 보이지도 않더니, 이 많은 이들이 다 어디에 있었는지 의아할 지경이다.

서둘러 옷을 입고, 물과 초콜릿만 챙겨서 나온다. 작은 가방 하나가 전부인 나와 달리, 다른 사람들은 모두 커다란 배낭을 메고 있다. 장비만 보면 히말라야라도 오르는 줄 알겠다. 그런데 불현듯 저들의 배낭이 등산이 아닌 이동을 위한 짐이라는 생각이 스친다. 운전사에게 물어보니, 역시나 이곳으로 다시 돌아오지 않는단다. 이젠 화산

에 갔다가 곧바로 다른 장소로 이동을 한단다. 내 경우에는 수라바야다. 서둘러 방으로 돌아와 배낭을 꾸린다. 갑자기 시간이 촉박해졌다. 당황해하는 나를 오히려 운전사가 안심시킨다. 괜찮다고, 천천히 하란다. 그 짧은 한마디에 잃었던 여유를 되찾는다. 짐을 싸는 동안 운전사는 작은 상자를 하나 내민다. 조식이다. 열어보니 토스트 하나와 삶은 달걀 하나가 전부다. 마음 같아선 하나 더 달라고 하고 싶지만, 더 줄 것 같지 않다.

밖으로 나오니, 이미 많은 사람들이 출발하고 내가 타고 갈 차의 사람들만 기다림에 지친 표정으로 앉아있다. 그동안 젖은 머리로 부랴부랴 뛰어나오는 이들을 보며, 왜 미리 준비를 안 하는 건지 이해되지 않는다고 투덜거렸는데, 이제 당사자들의 심정을 알 것 같다. 차에 올라타면서 살짝 눈인사를 건네본다. 모두들, 흔쾌히 받아준다. 그래서 더 미안하다.

차는 불빛 하나 없는 길을 달리고 또 달린다. 달도 별도 없다. 산길을 따라 끝도 없이 들어가다 으스스하니 귀신이라도 나올 것 같다. 귀신보다 무서운 건 사람이다. 강도 떼를 만나게 되는 건 아닌가, 걱정스럽다. 하지만 걱정도 잠시, 이내 졸음이 밀려온다. 너무 일찍 일어났더니, 졸리다.

얼마나 졸았을까? 어느새 이젠 화산 입구에 도착했다. 운전사는 일행을 안내해줄 가이드를 소개한다. 바통 터치다. 이제부터는 걸어서 이동한다. 여전히 불빛 하나 없는 어두컴컴한 산속으로 들어가야 한다. 다행히 사람들이 많아서 길을 잃을 것 같지는 않다. "1km는 완만하고, 다음 1km는 가파르고, 마지막 1km는 다시 완만해요." 가이드의 설명이다. 어쨌든 3km나 걸어야 한다는 말이다. 얼마 걷지도 않았는데 숨이 찬다. 살을 빼든가 해야지, 몸이 무겁다. 점점 뒤처지는 나 때문에 일행의 걸음이 묶인다. 미안한 마음에 제대로 쉬지 못하고 열심히 따라간다. 아, 죽을 맛이다.

중간쯤 왔을 때, 갑자기 마스크를 대여하란다. 상술이겠거니 했는데, 가이드도 하나 챙기는 걸 보니 필수품 같다. 바로 대여한다. 그 길로 한참 더 올라가자 유황 냄새가 코를 찌른다. 흔히들 삶은 달걀 냄새라고 하는데, 전혀 아니다. 칼칼해서 바로 기침이 나올 정도로 독한 가스일 뿐이다. 숨이 턱 막힌다. 마스크를 빌리길 잘했다. 없었으면 왔던 길을 되돌아가야 했을지도 모른다.

마지막 1km까지 다 올랐지만, 사방이 깜깜해서 여기가 어딘지 알 길이 없다. 가이드는 이제 아래로 내려가야 한단다. 화산 속으로 들어가잔다. 가이드를 앞세우고 엉성하고 미끄러운 돌계단을 조심스럽게 밟아가며 내려간다. 한 치 앞도 잘 보이지 않아서, 이러다가 미끄러져서 구르는 건 아닐까 걱정이 앞선다.

갑자기 바람의 방향이 바뀌었다. 진한 유황 가스가 바람을 타고 몰려온다. 숨이 차서 잠시 벗고 있던 마스크를 재빨리 써보지만, 한발 늦었다. 이미 한 움큼 마셔버린 유황 가스에 가슴이 타들어 가듯 조여온다. 쉴 새 없이 콧물이 쏟아진다. 화생방이 따로 없다.

어렵게 도착. 시뻘건 용암은 기대도 안 했지만, 생각과는 너무도 다른 모습에 당황스럽기까지 하다. 쉴 새 없이 뿜어져 나오는 유황 가스의 근원지는 뜻밖에도 아주 작은 드럼통이었다. 생긴 게 꼭 군고구마 통 같다. 드럼통에 뚫어둔 구멍으로 유황 가스가 피어오르듯 나오고 있는데, 때 묻지 않은 자연과는 상반된 인위적인 모습에 배신감마저 든다. 지금껏 생고생하면서 왔는데, 기껏 보는 게 군고구마 통이라니!

허무한 마음을 겨우 추스르고 왔던 길로 되돌아 올라간다. 이번엔 화산 정상에서 일출을 보기 위해서다. 그나저나 언제 다시 올라가지? 아, 생각만으로도 벌써 지친다. 노인들은 다시 올라갈 엄두가 나지 않는지, 근처 바위에 털썩 넋을 놓고 앉아있다. 얼핏 봐도 눈이 퀭하다. 이러다 병이라도 나는 것 아닌가, 걱정스러울 정도다.

나에게 늙음은 공포다. 의지와 상관없이 변형돼가는 나의 모습을 받아들일 자신이 없다. 정신만이라도 젊게 유지해야지. 낡아지는 건 상관없는데 늙어지는 건 싫다. 누군가는 철들면 끝이란다. 철드는 순간 늙은 거라고.

가능한 오랫동안 철부지로 살아내고 싶다.

여행에도 때가 있다. 20대에 할 수 있는 여행과 60대에 할 수 있는 여행은 엄연히 다르다. 여행을 언제 해야 제일 적당하냐고 누군가 묻는다면, 나의 대답은 정해져 있다. 갈 수 있을 때 가야 한다.

돌계단을 모두 올라올 즈음, 하늘이 제법 밝아졌다. 내려다 보니 이젠 화산 속까지 이어진 돌계단들이 까마득하게 보인다. 저 길을 내려갔다 올라왔다는 사실이 믿기지 않을 정도다. 차라리 깜깜하길 다행이다. 미리 봤더라면, 지레 질려서 내려가지 않았을지 모른다. 그랬다면 군고구마 통의 진실은 몰랐겠지.

정상에는 불에 탄 나무들이 사방에 깔려 있다. 여기가 화산이라는 걸 새삼 다시 깨닫는다. 가장 높은 곳까지 올라가 자리를 잡고 앉는다. 운전사가 챙겨준 상자를 꺼내 달걀과 샌드위치로 간단히 배를 채우며 일출을 기다린다. 하늘은 이미 밝아졌는데, 잔뜩 낀 구름 때문에 태양이 보이지 않는다. 가이드는 조금만 더 기다려보자고 한다. 끝내 구름이 걷히지 않으면 방법이 없단다. 자연이 허락하지 않으면 아무것도 볼 수 없다. 그 순간, 서서히 바람이 분다. 구름이 걷힌다.

드디어 눈앞에 이젠 화산의 진짜 모습이 펼쳐진다. 두 눈이 한없이 커진다. 생각했던 것 이상으로 거대한 모습이다. 비경 앞에서 벅차오르는 가슴은 쉽사리 진정되지 않는다. 분화구에 고여있는 물은 호수처럼 넓고 푸르다. 그 한편에 피어오르는 유황가스가 보인다. 아, 군고구마 통. 연신 감탄사를 내뱉는 날 보며, 가이드는 흐뭇한 미소를 짓는다. 보람을 느끼는 모양이다. "매번 보는 풍경이지만, 언제 봐도 감격스러워요." 힘든 등산을 마다치 않는 이유란다. 오히려 그 힘듦이 기다려지고 즐겁단다. 그 마음이 이해된다. 그에게 이젠 화산은 분명 연인이다.

하산하는 길에 현지인 무리와 마주친다. 남루한 옷차림이다. 양손에는 유황을 담을 바구니가 들려있다. 저 안 가득, 유황을 채우면 그 무게는 얼마나 될까? 그냥 걸어도 힘든 이 길을 무거운 유황까지 짊어지고 오르내린다. 그들이 짊어진 고달픈 삶의 무게가 고스란히 느껴진다. 일이라기보다는 차라리 벌처럼 보인다. 그들의 남은 삶이 그들의 발목을 붙잡고 있다는 가슴 먹먹한 생각이 든다. 하지만 내색하지 않는다. 그들에게는 자신과 가족을 지키기 위한 성스러운 일일 테니까. 호기심으로 와서는 안 될 곳인 것 같아 미안해진다.

깜깜한 밤에는 보지 못했던 주위의 경관들이 하나둘씩 모습을 드러낸다. 고개를 돌릴 때마다 아름다운 경관이 눈앞에 펼쳐진다. 아무래도 현실이 아닌 것 같다. 사진기를 꺼내 담아본다. 여행 사진은 인위적으로 찍을 수 없다. 시간이, 공간이, 날씨가, 상황이 허락해야만 한다. 사진 한 장을 위해 얼마나 오랫동안 기약 없이 기다려야 하는지 안다. 그렇게 마음에 드는 사진 한 장을 건지면 아드레날린이 마구 솟구친다. 더할 나위 없이 기쁘고 즐겁다. 어쩌면 계속해서 거닐고 거니는 이유인지도 모른다.

우연히 사진에 담은,
시간과 공간을 만끽하기 위해서.

음란하고 잔망스런 손길

수라바야/인도네시아

여행과 장소의 변화는
우리 마음에 활력을 선사한다

세네카

————————— 수라바야에 도착했을 땐, 너무도 지쳤다. 긴 이동도 한몫했지만, 짧은 일정에 강행군한 것도 이유다. 숙소에 짐을 풀자마자 땀이 흠뻑 배어든 옷을 벗어 던지고 샤워부터 했다. 젖은 머리를 말리며 침대에 걸터앉으니 쌓였던 피로가 밀려온다. 아, 이대로 일단 자고 싶다. 돌아다닐 엄두도 나지 않는다. B도 역시 쉬고 싶어한다.

수라바야는 비행기를 타기 위해 방문한 도시나 다름없다. 이곳에서 출발하는 비행기가 일정도 맞고 비용도 가장 저렴해서다. 여행자가 잘 찾지 않는 곳은 그만한 이유가 있다. 수라바야는 여행지로서는 매력이 없는 듯하다. 아쉬운 마음에 가볼 만한 곳을 검색해본다. 동물원이 있고, 멀티플렉스가 있다. 우리나라에서도 잘 안 가는 곳을 여행까지 와서 왜 가야 하나. 역시, 잠이나 늘어지게 자고, 새벽에 숙소 주위를 산책하는 게 가장 현실적인 계획이다.

피곤한 몸을 침대에 누인다. 스르르 잠이 밀려온다. 얼마나 잠들었을까? 창밖은 이미 어둠이 내려앉았다. 이대로 좀 더 잘까 하다가, 마침 방에서 받는 마사지 쿠폰이 눈에 띈다. 2시간짜리를 신청하면 30분이 공짜란다. 이대로 마사지라도 받으면 좋겠다. 전화기를 들어 마사지를 주문한다.

문을 두드리는 소리에 나가보니, 나보다 훨씬 나이가 많아 보이는 여자 둘이 서있다. 한 손에는 오일이 들어있는 플라스틱 바구니를 들고, "마사지?" 하며 웃는다. 고개를 끄떡이자, 안으로 들어온다. 침대에 누우란다. 눕자마자 커다란 수건으로 내 몸을 덮어주더니 조물조물 마사지를 시작한다. 뭉친 근육을 찾아서 기막히게 풀어내는, 그런 마사지가 아니었다. 손아귀에 힘이 없다. 내가 주물러도 그보다는 시원하겠다. "세게 해주세요." 부탁해보지만, 그때뿐이다. B 역시 만족스럽지 않은 표정이다. 제대로 돈을 날린 기분이다. 에라 모르겠다. 포기하고 잠이나 자자.

얼마나 잤을까? 사타구니 쪽이 간질간질하다. 몽롱하던 의식이 점점 돌아온다. 여자의 손이 사타구니 주위로 아슬아슬하게 움직인다. 마사지를 하다 보면 그럴 수도 있다 싶다가도, 분명 의도된 손놀림이라는 걸 깨닫는다. 잠시 머릿속이 멍하다. 내가 무슨 마사지를 주문한 거지? 아무리 되짚어봐도 음란한 마사지는 아니다. 숙소 역시 건전한 곳이다. 의아하다.

잠시, 상황을 파악하는 동안, 여자의 손놀림은 점점 대담해진다. 내가 잠에서 깬 걸 알고는 더 노골적으로 손을 움직인다. '그만해!'라고 소리칠까 했지만, 애인이 있는 것도 아니고, 이 정도의 음란함은 괜찮지 않을까 하며 놔둔다. 나의 무대응이 긍정이고 차가했는지, 여자는 내 귓가에 속삭인다. 다음 단계로 건너가잖다. 피식 웃음이 났다. 뭐야, 착각이 아니었네. "싫어."라고 명확하게 대답하자, 여자의 얼굴에 당황한 기색이 역력하다. '이러면 다들 넘어왔는데.' 하는 눈치다. 자존심이 상한 여자의 손길은 더욱 집요해진다. 최후의 일격으로 내 사타구니를 덜컥 움켜쥔다. '이래도?' 여자가 회심의 미소를 짓는다. '응. 그래도.' 무표정으로 여자를 쳐다본다. 머쓱해진 여자는 그제야 단념한 듯 마사지에 집중한다. 여자의 손길은 점점 사무적으로 변하고, 마사지에만 집중한다.

정해진 2시간이 끝났다. 여자는 팁을 챙겨 들고 돌아간다.

이슬람이 강한 인도네시아도
별반 다르지 않구나 싶다.

───────── 밤새 비가 내렸다. 이른 아침. 촉촉하게 젖은 창밖 풍경이 싱그럽다. 어제 봐뒀던 옥상으로 올라가본다. 탁 트인 시야가 시원하다. 사방을 둘러본다. 서울과는 닮은 듯 다르다. 무엇보다 시야를 가로막는 산이 보이지 않는다. 둥그렇게

휘어있는 지평선이 보일 정도다. 처음 보는 낯선 풍경을 얼빠진 듯 바라본다. 지금 이 순간만큼은 이 도시가, 내가 사랑하는 서울만큼이나 아름답게 보인다.

옥상에서 내려와 큰 도로를 따라 크게 한 바퀴 돌아본다. 어젯밤 꽉 막혔던 도로와는 달리 한산하다. 아직 출근 시간 전이라 그런가 보다. 도로 중간에 오토바이들이 모여있다. 사고라도 난 건가 싶었는데, 승합차에서 간단한 식사를 팔고 있다. 사람들은 작은 간이 의자에 앉아서 묵묵히 식사를 한다. 다들 삶에 찌들어있는 듯, 무표정이다. 활기차고 씩씩하게 하루를 시작하는 건 드라마에서나 보는 장면이다. 직장인에게 평일 아침이란 그저, 피곤할 뿐이다.

음식 맛이 궁금해서 한 끼 주문하려고 했지만 망설여진다. 너무 많은 현지인이 몰려있어서 섣불리 다가가기가 어렵다. 게다가 다들 표정이 어둡다. 망설이는 사이, 내 발걸음은 그곳을 지나쳐버린다.

좁은 골목에 접어들자 요란한 엔진 소리를 내는 오토바이들이 끊임없이 흘러나온다. 그 오토바이들이 큰 도로로 쏟아져 나가며 거대한 군단을 만드는 셈이다. 자동차들도 쉽사리 어찌하지 못하는 무적의 오토바이 떼다.

골목길에선 다채로운 생활이 톱니바퀴처럼 서로 맞물려 흘러간다. 바쁘게 등교하는 학생들. 아침 식사를 내놓고 손님을 기다리는 노점상들. 아침을 사러 나온 꼬마들. 그리고 오토바이들까지. 한없이 복잡한 골목길이지만, 그 안에 나름의 질서가 있다. 정신없고 어수선하면서도 물 흐르듯 유유히 흘러간다.

안쪽으로 더 깊이 들어가자 오토바이가 종적을 감춘다. 오토바이가 다니지 못하는 길인 듯싶다. 덕분에 고요가 찾아온다. 그래, 동네란 이런 분위기여야지. 이제야 아침이 아침다워 보인다.

외국인을 본 적 없는지, 아이들은 희한한 듯 날 쳐다본다. 어른들도 힐끗대며 날 살핀다. 경계심은 아니다. '뭘 하러 여기까지 온 거지?' 정도의 호기심 같다. 나 역시도 그들을 힐끗대며 살핀다. 날것 그대로의 삶이 엿보인다. 얇은 잠옷 하나 걸친 사람들이 많다. 잠깐 우유라도 사러 나온 모양이다. 집집마다 기르는 애완동물도 보인다. 고양이, 강아지, 새, 그리고 염소? 이런, 염소도 애완동물일까? 아니면 먹으려고 기르는 가축일까? 생각하는 동안, 염소 무리의 리더가 날 노려본다. 경계하는 눈빛이다. 이내 내게 돌진해온다. '그래서 뭐? 어쩌라고?' 도망치지 않고 응대하자, 달려들던 염소가

바로 앞까지 와서는 딱 멈춘다. 머쓱해진 염소는 곧 발걸음을 돌려 무리로 돌아간다. 그냥 도망쳐줄 걸 그랬나? 멀리 사라져 가는 염소의 뒷모습이 왠지 측은하다. 이 시대의 무능력한 가장처럼 보인다.

겁을 줘도 겁나지 않는
내 나이, 어른이다.

──────────── 택시를 타고 공항으로 이동한다. 시내에서 그리 멀지 않은 거리다. 가는 길에 B에게 물었다. 다음에 또 나와 여행을 하겠냐고. B는 일말의 망설임도 없이 '응'이란다. 잠도 제대로 못 자고, 짧은 일정에 강행군만 하고, 전화가 안 되는 곳도 많아서 불편하기도 했을 텐데, "감성 여행사, 마음에 들어."라며 빙그레 웃는다.

지금껏 알게 모르게 B와는 많은 여행을 해왔다. 그때마다 우리는 조금의 의견 충돌도 없이 여행을 즐겼다. 여행하는 스타일도 비슷하고, 보고 싶은 것, 먹고 싶은 것, 하고 싶은 것도 비슷하지만, 무엇보다 우리는 서로가 서로에게 양보를 한다. 그것은 배려이기도 하고, 여유이기도 하다.

공항 가는 길이 가볍다.
언젠가 다시 B와의 여행을 꿈꾼다.

싱글을 위한 배려

쿠알라룸푸르/말레이시아

여행은
정신을 다시 젊어지게 하는 샘이다.

안데르센

───────────── 쿠알라룸푸르의 빼곡히 들어
선 고층 빌딩들을 올려다보자, 머릿속이 울렁거린다.
갓 시골에서 상경한 모습을 하고서 미리 검색해둔
숙소들을 일일이 돌아다닌다. 배낭은 무겁고, 날씨는
후덥지근하고, 발걸음은 힘들어서 아무 곳이나 선택
하고 싶지만, 어쩌나! 숙소를 다 돌아봐도 딱히 마음
이 가지 않는다. 이런 경우는 없었는데, 정말 난감하
다. 그사이 날이 저물어간다.

마침, 맥도널드에 적혀있는 'Free Wi-Fi' 문구가
눈에 띈다. 그래, 일단 인터넷에 접속해서 조금 더 검
색을 해보자. 간단히 주문을 하고 와이파이 패스워
드를 알려달라고 했는데, 맥도널드 회원으로 가입해
야만 무료로 이용할 수 있단다. 뭐? 개인 정보를 팔라
는 건데, 무료는 무슨 무료. 그래도 지금은 별다른 방
법이 없다. 내 개인 정보 따위, 아낌없이 팔아버린다.

와이파이와 연결되고, 숙소를 다시 알아본다. 가
까운 거리에 제법 괜찮은 숙소를 찾았다. 겨우 한숨
을 돌린다. 그제야 주위의 풍경들도 눈에 들어온다.
어린아이들과 함께 온 엄마들. 다정하게 앉아서 연
신 웃고 있는 연인들. 사람 사는 모습은 다 거기서 거
기다. 게다가 맥도날드는 세계 어딜 가든 인테리어
가 비슷해서, 여기가 우리나라인지 외국인지 구분되
지 않는다.

그 와중에 건너편 테이블에 앉아있는 한 여자가
눈에 들어온다. 긴 머리에 발갛게 달아오른 얼굴, 날
씬한 몸매가 무엇보다 눈길을 사로잡는다. 그러다가
불현듯 우리나라 사람 같은 느낌이 든다.

"혹시, 한국 사람인가요?" 자석에 끌리듯 다가가

말을 붙인다. 여자는 고개를 든다. "어? 어떻게 아셨어요?"라며 놀란 듯, 커다란 눈동자를 깜빡거리며 날 바라본다.

이어지는 밝은 웃음.
반갑다.

──────── 혼자 조용히 사색하며 여행하고 있다는 M은, 슬슬 사람이 그리워질 무렵 나를 만났단다. 타이밍이 좋았다. 다른 날이었다면, 한국 사람 아니라며 거짓 영어를 했을 거란다. 솔직도 하여라. 단지, 외국에서 만났다는 그 이유 하나로, 친하게 굴어야 하고, 묻는 말에 꼬박꼬박 대답해줘야 하고, 어려움이 있는지 살피고 챙겨야 하는 게, 때로는 귀찮고 불편하단다. 그래서 말이 안 통하는 듯 행동하곤 한단다. ~~충분히 이해된다.~~

간단히 소개가 끝나고, M은 자신이 알고 있는 다양한 정보를 나에게 알려준다. 일단 수첩에 적긴 했지만, 뭐가 뭔지, 어디가 어딘지 도통 모르겠다. 내 표정을 읽었는지 "내일, 바투Batu 동굴에 가려는데, 같이 가실래요? 따라만 오세요."라며 웃는다. 아, 고맙다. 이어서 내 배낭으로 눈을 돌린다. "아직 숙소, 안 정했어요?" "네, 아직이요." "그래요? 내가 묵는 곳도 나쁘지 않은데." 한다. 바투 동굴도 함께 가기로 했으니, 같은 숙소에 묵는 게 여러모로 편하겠다고 덧붙인다. "전, 여성 전용에 있으니, 아침에 로비에서 만나면 돼요." "좋아요! 갑시다!" M을 따라나선다.

M은 배낭을 메고 따라오는 내가 지치지 않는지, 자꾸만 돌아본다. 그 모습을 보고 있자니, 누군가를 챙기는 게 때로는 귀찮고 불편하다는 M의 말이 떠오른다. 그렇구나. 원래 마음이 따뜻한 사람이구나. 누군가의 어려움을 그냥 지나치지 못하는구나. M의 마음씨가 마음에 든다. 마음이 예쁘니, 얼굴도 예쁘다.

숙소에 도착하자, M은 방값 치르는 것부터, 화장실, 샤워실 안내까지, 마치 직원처럼 친절하게 해준다. 역시, 심성이 착하다. 나라도 그 성격이면 피곤하겠다. 챙기지 않고는 마음이 불편할 테지. 아무튼, 누군가의 챙김을 받으니 기분이 묘하다.

숙소는 지금까지 머물던 숙소와는 달리, 무척이나 개방적이다. 영어를 잘하는 M이 찾아내는 숙소와, 오직 한글로만 찾아내는 내 숙소의 차이일지도 모른다. 남자들의 상의 탈의는 당연하고, 수건 한 장으로 알몸을 가린 채 샤워실을 나와 방까지 걸어가는 여자들의 모습도 종종 보인다. 얼굴이 붉어지며 시선을 돌리지만, 귀에 입이 걸리는 자연현상은 어쩌지 못한다. 이런 내 모습을 M이 봤을까? 주책이랄까 봐 걱정스럽다.

내일 아침에 만날 시간을 정하자, M은 "그럼, 피곤하실 텐데 쉬세요."라며 자기 방으로 들어간다. 다양한 톤의 여자 목소리가 닫혀가는 문틈으로 흘러나온다. "아직 안 피곤한데." 나의 혼잣말은 닫혀버린 문에 부딪히며 바닥으로 우수수 떨어진다.

나도 슬슬 씻고 쉬어야겠다. 방으로 들어서자마자 좁은 1인용 침대에서 한몸이 되어 도란도란 수다를 떨고 있는 남녀가 보인다. 애써 태연한 척했지만, 눈을 어디에 둬야 할지 모르겠다. 어색해하는 내 표정을 그들도 분명 읽었을 것이다. 여자가 먼저 손을 흔들며 내게 인사를 한다. 간신히 인사를 나눈다. 그리고 이어지는 침묵. 부디 그들이 껴안는 것 이상은 하지 않기를 바라본다.

도미토리에서의 목격담은 우리나라 여행자끼리의 술자리에서 빼놓을 수 없는 안줏거리다. 밤새 침대가 삐걱거려서 1시간 정도 자리를 비켜주었다느니, 낯간지러운 소리에 결국 뜬눈으로 밤을 지새웠다느니. 문화 차이라기보다는 뻔뻔함에 더 가까운 이야기다. 타인에 대한 배려심 부족이며, 결국 무시로 다가온다. 사람을 투명인간 취급하는 것만큼 기분 나쁜 일도 없으니까. 차라리 연인끼리는 도미토리에 오지 않았으면 한다. 따로 방을 잡고 실컷 놀면 되지 않겠나.

뒤엉켜있는 연인들 때문에 방 안의 온도가 한껏 후끈해지는 기분이다. 밖으로 나선다. 딱히 할 게 없어서이기도 하다. 자연스럽게 M의 방으로 발걸음을 옮긴다. 잠시 망설이다가 방문을 두들겼다. 누구냐고 묻는 여러 명의 여자 목소리가 들린다. M의 이름을 부르자 M이 빠끔히 얼굴을 내민다. 방금 샤워했는지 머리가 촉촉하다.

"저녁, 같이 먹을래요?" 좋아, 자연스러웠어. 내일 만나기로 했지만, 특별한 계획이 없다면 식사 정도는 괜찮지 않겠나 싶었다. 그런데 M의 표정이 난처해 보인다. "제가요, 저녁을 먹지 않아서요. 미안해요." 그냥 잘걸, 괜한 짓을 했나 싶어서 부끄러워진다. 마치 고백이라도 했다가 차인 듯하다. 살짝 열린 방문 틈으로 호기심에 기웃거리는 여자들의 얼굴이 보인다. 왠지 비웃는 것 같다. 멋쩍은 얼굴로 애써 괜찮은 척하며 돌아서려는데, M이 날 붙잡았다.

──────────── 쿠알라룸푸르에서 가장 유명하다는 쌍둥이 빌딩, 페트로나스 Petronas를 향해 걸었다. 여행 잡지 같은 데서 많이 봤던 건물인데, 이 건물이 쿠알라룸푸르에 있는 줄은 몰랐다. M이 알려주지 않았다면, 평생 그 사실을 모르고 살았을지도 모른다. 이제 페트로나스에 관심이 생겼고, 그건 M과 함께 있는 순간이 그 의미를 만들었기 때문이다.

페트로나스는 2020년엔 선진국 대열에 꼭 합류하겠다는 기원을 담아 1998년에 완공되었단다. 88층으로, 완공 당시부터 2004년까지 세계 최고층 건물을 기록하기도 했다. 두 개의 빌딩을 공중에서 연결하고 있는 41층의 스카이브릿지가 특히 인상 깊다. 관람을 위해서는 아침부터 나눠주는 무료관람권을 받아야 한단다. 들어가고 싶은 마음, 귀찮은 마음 반반이다. 물론, 무료관람권이 없어서 들어갈 수도 없지만.

페트로나스는 밤에 봐야 제대로 보는 거라며, M은 해가 완전히 저물기까지 기다리자고 했다. 한차례 비가 내리고, 바람까지 불어오니 제법 선선하다. 해가 완전히 저물고, 시간은 7시 22분을 가리킨다.

영화 〈아비정전〉에서 아비(장국영)가 했던 대사가 떠오른다. "너와 난, 1분을 함께 했어. 난 이 1분을 잊지 않을 거야. 지울 수도 없어. 이미 과거가 돼버렸으니까." 자연스럽게 M에게로 시선이 간다. 아이처럼 환하게 웃으며 페트로나스를 바라보고 있다. 시선을 따라간 곳에는 수많은 조명이 밤하늘의 별들처럼 반짝반짝 빛나고 있다. 아름답다.

화려한 페트로나스를 배경으로, 애인과 키스를 나누는 여자의 모습이 보인다. 히잡을 쓰고 있다. 적잖이 당황스럽다. 종교적으로 무척이나 보수적일 거라 생각했는데, 뜻밖이다. 그렇구나. 이들도 이렇게 공개적으로 연애를 하고 애정을 나누는구나.

사랑은, 젊음은,
그 어떤 규율로도 억압할 수 없다.

—————————— 이른 아침. 약속한 시간보다 일찍 일어났다. 카페처럼 꾸며놓은 로비에 앉아 조식으로 나온 커피를 느긋하게 마신다. 식사로는 식빵과 잼, 과일이 나오는 정도다. 주위를 둘러본다. 머리에 까치집을 하고 졸린 눈으로 식사 중인 여행자들이 한가득 눈에 들어온다. 물론 나처럼 이미 다 씻고 나갈 준비를 마친 부지런한 여행자도 있다. 시선은 혼자서 끼니를 때우는 여행자에 멈춘다. 누구라도 말을 걸어준다면, 오늘은 쓸쓸하게 돌아다니지 않을 텐데, 안타깝다. 연인 사이에 작은 실랑이가 벌어진다. 마음이 급한 남자는 아직 다 먹지도 않은 여자의 접시를 빼앗다시피 가져가 설거지를 한다. "편하게 있어, 설거지는 내가 할 테니."라며 사랑을 어필해보지만, 여자는 아직 삼키지 못한 빵을 입 안 가득 물고 투덜거린다. 머릿속으로 '화내지 말자. 싸우지 말자'를 되뇌는 게 보인다. 히잡을 쓴 여행자도 있다. 이른 아침인데 머리는 감고 히잡을 쓴 건지, 잔뜩 뻗친 머리를 히잡으로 감추고 있는 건지 궁금하다.

직원은 게 눈 감추듯 사라지는 식빵과 커피를 계속해서 나른다. 여행자의 아침은 항상 배고프다. 돈이 없어서라기보다는, 합리적인 소비를 하고 싶기 때문이겠지. 숙박비에 포함된 조식으로 든든히 배를 채우는 이유다.

좋은 아침.
준비를 마친 M이 나왔다.

—————————— 쿠알라룸푸르에서 약 13km 떨어진 바투 동굴은 세 개의 큰 동굴과 한 개의 작은 동굴로 이루어져 있다. 신전으로 불리는 가장 큰 동굴은 길이가 무려 400m, 높이가 100m에 달한다. 실제 보지 않고는 체감할 수 없을 정도로 그 크기가 굉장하다.

동굴로 올라가는 길은 가파르고 계단이 많다. 총 272개의 계단 초입에 도착하면, 복장 단속을 한다. 여자는 반바지를 입고 들어갈 수 없단다. 짧은 반바지를 입고 온 M은 치마를 빌려 입는다. 맨발에 슬리퍼 차림인 나를 막아서지는 않는다.

계단 주위로 비둘기와 원숭이가 엄청나게 많다. 사람이 주는 먹이에 길들여져서 사람을 피하지 않는다. 본연의 야생성을 잃어버린 동물들이 행복할지는 의문이다. 먹이를 달라는 원숭이들의 안내를 받으며 계단을 오르다 보면, 어느새 거대한 바투 동굴의 입구에 도착한다.

바투 동굴은 힌두교 고통의 축제인 타이푸삼Thaipusam(1월 말~2월 초) 순례지로 유명하다. 타이푸삼의 유래가 여럿 있는데, 그중 하나는 이렇다. 번영의 여신인 스리 마하 마리암만Sri Maha Mariamman은, 가장 소중한 것을 세 바퀴 돌고 오면 자리를 물려주겠다고 두 아들에게 말한다. 우직한 둘째 아들 무르간Murgan이 지구를 세 바퀴 도는 사이, 꾀 많은 첫째 아들 카나바다Kanabada는 어머니를 세 바퀴 돌고 자리를 차지해버린다. 고행을 마치고 온 무르간은 크게 실망하여 바투 동굴로 들어가고, 스리 마하 마리암만은 뒤늦게 후회하며 1년에 한 번 무르간을 찾아온다. 바로 그 날이 타이푸삼이다.

축제 기간이 되면 수만 명의 힌두교도가 이곳에 모여든단다. 언젠가 방송에서, 등에 갈고리를 잔뜩 끼우고 고행의 기도를 올리던 신도들의 모습을 본 적이 있다. 축제 기간이 아니라 그런 모습은 볼 수 없지만, 제단 앞에서 기도를 올리는 신도들의 표정에서 진중함이 묻어난다.

이런 엄숙한 분위기를 깨고 요란하게 떠드는 소리가 들려온다. 한 무리의 관광객이다. 배울 만큼 배운 어른들이다. 그들에게 이곳은 이미 성스러운 신전이 아니다. 단순한 관광지일 뿐이다. 화난다. 그들의 무지함과 무례함에, 나라도 대신 사과하고 싶은 심정이다.

여행은 단순한 구경이 아니다.
시공간에 자연스럽게 녹아드는 거다.

───────── 갑자기 태블릿PC가 먹통이다. 아무리 만져봐도 켜지지 않는다. 온갖 걱정이 밀려온다. 이대로 영영 켜지지 않으면 앞으로 일기는 어떻게 쓰지? 아니, 지금까지 썼던 일기는? 메모들은? 무겁더라도 노트북을 챙겨올 걸 그랬나? 외국에서 A/S를 받을 수 있을까? 아, 답답하고, 우울해지기까지 한다.

몇 분 후. 얼레? 자동으로 전원이 켜진다. 소프트웨어 업그레이드를 마쳤다는 메시지가 뜬다. 아, 안도의 한숨과 함께 짜증이 밀려온다. 누가 네 멋대로 업그레이드하래!

사람이라면 먹살이라도 잡아서 흔들어대고 싶다. 정말 아찔했던 순간이다. 그래도 고장은 아니라니 다행이다. 소중하게 품에 안아본다. 집 나간 딸이 돌아온 기분이랄까? 이럴 때가 아니다. 곧장 와이파이를 잡고 클라우드에 접속한다. 백업은 기본이라는 걸 왜 잊고 있었을까? 태블릿PC 안 모든 자료를 서둘러 업로드한다.

기억은 백업이다.
모든 기록은 여행이 된다.

——————— 혼자 떠나는 여행은 외로운가? 작정하고 무인도로 들어가지 않는 이상, 아니라고 말하고 싶다. 현지인이든 여행자든, 사람들과 계속 마주치게 된다. 게다가 여행 경로가 거의 다 비슷비슷해서 한 번 마주친 여행자를 다시 만나는 건 이상한 일이 아니다. 그만큼 친해질 기회가 많다. 낯선 사람과 말을 섞는 게 쉽지 않은 나도, 여행하는 동안에는 인사 나누는 게 참 쉽다. 누군가 혼자라서 여행을 망설이고 있다면, 걱정 말고 떠나라고 말해주고 싶다.

여행은 결코 여행자를 혼자 내버려두지 않는다.

여행지에서 만난 사람들과는 얽매일 것도 없다. 며칠을 같이 다녀도, 함께 밥을 먹고 룸쉐어를 해도, 혼자만의 시간이 필요하다면 그렇게 하면 된다. 아무도 방해하지 않는다. 어울릴 만큼 어울리고 각자의 발길을 따라 떠나면 된다. 여행자의 작별은 언제나 쿨하다. 늘 서로의 남은 여행을 응원하면서 헤어진다. 하지만 처음부터 여럿이 떠난 여행은 이게 어렵다. "혼자 있고 싶어. 따로 다니자."라는 말을 꺼냈다가는 아마 평생 서운해할지도 모른다.

M은 말라카로 이동한단다. 원래는 쿠알라룸푸르에서 하루 더 머물고 곧바로 싱가포르로 가려고 했는데, 말라카에서 온 여행자의 이야기를 듣고는 하루 일정을 빼서라도 말라카에 가야겠다고 마음먹었단다. 갑작스러운 작별에, 마음 한구석이 허전해진다. "남은 여행 잘하고요." 밝게 웃으며 안녕을 말하는 M에게 섭섭함마저 드는 건 왜일까? 갑자기 쿠알라룸푸르에서 혼자 남아 뭘 하나 싶다. 쿠알라룸푸르에 며칠 더 있은들 재미있을까? 서울과 비슷한 이곳에서? 익숙하기만 한 도시 풍경이다. 다 보진

못했지만, 서울 토박이인 내가 지금까지 살아오면서 보고 또 본 모습이다.

여행자의 안녕은 쿨하다. 하지만 때로 쿨한 안녕을 하고 싶지 않을 때도 있다. "같이 갈까요? 말라카까지?" 내 말에 M의 눈이 동그랗게 변한다. "불편하지 않다면." 한 발 물러서며 덧붙인다. "불편하지 않아요." 밝은 표정으로 M이 말한다. "그럼, 우리 가기 전에 마트에 들러서 차 안에서 먹을 간식 사요. 혹시 모노레일 타봤어요? 버스터미널까지 그거 타고 가봐요." 말이 많아진다. 신나 하는 모습이다. 아이처럼 해맑다. 그러다 갑자기 표정이 시무룩해진다. "나 정말, 말라카에서 고작 하루밖에 머물지 못해요. 그런데도 괜찮아요?"라며 날 바라본다. "괜찮아요." M을 따라나서기 위해 서둘러 배낭을 꾸린다.

고작 '하루'란 없다.
단 하루라도 즐겁다면 그걸로 충분하다.

견딜 수 있을 때까지

말라카/말레이시아

바보는 방황을 하고
현명한 사람은 여행을 한다.

토마스 풀러

단 하루. 짧다면 짧고 길다면 긴, 그 하루를 아름답게 기억할 수 있을 만큼 말라카는 기대 이상으로 완벽했다. M이 하루만이라도 좋으니 꼭 말라카에 오려고 했던 이유를 알 것 같다.

말라카는 1400년경부터 해상무역을 장악하며 번영을 누렸던 말라카 왕국의 중심지였다. 포르투갈, 네덜란드, 영국으로 이어지는 식민 지배를 받으며 세워진 건물들이 지금은 이국적인 느낌으로 많은 관광객을 모으고 있다.

광장이라기엔 너무 소박한 네덜란드 광장의 분수에서 말라카 여행은 시작된다. 적당한 크기의 올드타운과 뉴타운이 어우러져 있고, 리틀인디아와 차이나타운이 근처에 있다. 무엇보다도 하늘이 아름답다. 시시때때로 변화하는 하늘. 말라카에서 바라본 노을은 지금까지 봤던 노을 중에 가장 예쁜 듯하다.

M은 나와 함께 말라카를 산책하는 내내 싱가포르행 티켓을 찢어버리고 싶다고 했다. 끊임없이 맞장구치며 찢어버리라고 꼬셨지만, M은 그럴 수 없다며 우울해했다. 휴가차 싱가포르에 오는 친구와 만나기로 했단다. M의 일정에 맞추려면 시간을 아껴야 했다. 오래 고민하지 않고 숙소를 정한 이유다. 믹스 도미토리였지만, M은 괜찮다고 했다.

숙소에 짐을 놓고 곧장 밖으로 나간다. 마음이 급한 M은 걸음이 점점 빨라진다. 더 많은 곳을 보기 위해 부지런히 걷는다. 난 묵묵히 그 뒤를 따른다. 이 밤이 지나면 M은 떠난다. 아련한 헤어짐의 감정이 올라오지만, M은 애써 태연한 척한다. 우리는 거닐고 또 거닌다.

"공연하려나 봐요. 잠깐 여기서 기다려 볼까요?" "와! 예쁘다. 우리 저기서 잠시 앉았다 가요." M은 장소가 주는 즐거움을 충분히 즐긴다. 내 여행도 그에 따라 풍성해진다. 혼자였다면 무심코 지나쳐버렸을 다양한 것들을 덕분에 즐긴다.

"가장 좋았던 여행지가 어디였어요?" M은 나의 물음에 일말의 망설임도 없이 답한다. "미얀마요. 정말 좋았어요. 사람들도 정겹고, 분위기도 좋고, 기회가 된다면 꼭 가보세요." 미얀마라니. 생각지도 못한 나라다. 이미 아세안 남쪽까지 내려온 내가 다시 미얀마로 향하는 건, 쉽지 않은 경로다. 처음 방콕에 있을 때 다녀왔어야 한다. 그런데도 이상하다. 미얀마를 꼭 가보고 싶어진다.

말라카의 밤은 일찍 마무리된다. 해가 떨어지기 무섭게 대다수의 상점들이 문을 닫았다. M과 나란히 밤거리를 거닌다. 밤 구름이 낮게 깔린 올드타운의 낡은 벽은 한 폭의 수채화 같다. "와아!" 자연스럽게 탄성이 튀어나온다. 아름답다. "말라카에 오길 정말 잘했어요. 너무 예뻐요." M의 얼굴에 행복이 번진다. 미묘한 아쉬움이 그 뒤를 따른다.

하루가 이렇게 짧았던가? 잊고 있었다. 여행자의 하루는 늘 아쉽고 너무도 짧음을. 마음속으로 담담해지자고 다짐한다. 헤어짐을 아파하거나 아쉬워하지 않기로 한다. 떠남이 아니라 여행이다. 여행은 언젠가 끝이 나니까, 그 끝에서 기회가 된다면 다시 만나기를 바라본다.

쿠알라룸푸르에서 M을 만나지 않았다면 어땠을까? 처음 도착했을 때 아무 숙소나 잡았다면 어땠을까? 맥도날드에 가지 않고 스타벅스에 갔다면 어땠을까? 이래서 여행이 재미있다. 매 순간 선택에 따라 많은 갈래의 사건을 만든다. 나비의 작은 날갯짓이 엄청난 태풍을 만들어내는 것처럼.

M을 만나지 않았다면,
내 여행의 한 페이지는 전혀 다른 이야기가 됐을 것이다.

───────────── 이른 새벽. 잠들어있는 내 가슴을 누군가가 세차게 흔든다. 잠결에 눈을 뜨니 M이 날 내려다보고 있다. "저, 이제 가요." 짧은 그 한마디에 잠이 확

깬다. 만남과 헤어짐의 연속이 여행이지만, M과의 헤어짐은 너무도 큰 허전함으로 다가온다.

M을 배웅한다. 말없이 골목 어귀까지 따라나선다. M은 자신의 덩치보다 큰 60ℓ 배낭을 메고 있다. 나보다 훨씬 작고 가녀리면서 무려 60ℓ 배낭이라니. M이 배낭을 멨는지, 배낭이 M을 껴안았는지 분간이 되지 않는다. 가슴 한구석이 짠하다.

헤어져야 할 순간. M이 나를 돌아보며 한 번 꼭 안아준다. "나 대신 말라카, 더 많이 구경해줘요." 떠나는 여행자의 인사다. "사진 많이 찍어서 보내줄게요." 남겨진 여행자의 인사다. "남은 여행 잘해요." 서로의 여행을 위해 안전과 행운을 빈다. 그 인사말 속에 다시 만나는 날을 기약해본다.

돌아서는 뒷모습이 아프지 않은 이유다.
우리의 헤어짐은 떠남이 아닌, 여행이니까.

———————— 몸이 이상하다. 샤워를 하다가 만져본 등에 뭔가가 잡힌다. 손등으로 찬찬히 쓸어보니 오돌토돌하다. 거울을 비춰보고 깜짝 놀랐다. 두드러기 비슷한 돌기가 징그럽게 잔뜩 나있었다.

약국으로 향한다. 약사에게 보여주니 땀띠 같단다. 약은 아니지만, 효과가 좋다며 로션 하나를 권한다. 말레이시아에서 인기 있는 로션이란다. 가격이 부담스럽다. 살까 말까 고민하다가 결국 그냥 돌아선다. 땀띠라면 잘 씻고 잘 말리면 나을 테지. 하루 더 지켜보기로 한다.

다음 날 아침. 사라지기는커녕 점점 더 심해진다. 땀띠가 아니다. 분명 두드러기다. 크기도 점점 더 커지고, 범위도 점점 더 넓어진다. 등에만 났던 돌기는 어느새 어깻죽지까지 번져있다. 범위는 계속 넓어져서 허벅지 뒤쪽까지 간다. 사람들이 본다면 분명 피했을 정도로 징그럽다. 모기에 심하게 물렸다고 생각할까? 그렇게 생각한다면 그나마 다행이다.

제길. 정말 제길이다. 제발, 아프지 마라, 아프지 마라. 계속해서 주문을 외우지만, 몸 상태는 점점 더 최악으로 치닫고 있다. 붉은 반점같이 두드러기가 자꾸만 올라온다. 어제 올라왔던 자리가 진한 갈색으로 가라앉으면, 그 옆에 분홍색을 띤 새로운 두드러기가 나타난다. 내 몸 위에서 세균전이 펼쳐진다.

가려움은 어떻게든 참을 수 있겠는데, 모기를 천 방 정도 물린 듯한 몰골은 차마 눈 뜨고 볼 수가 없다. 어떻게 하지? 병원에 가봐야 하나? 보험도 안 들었는데 어쩌지? 아프지 않은 게 최선인데, 내 맘과 달리 몸은 점점 더 나빠진다.

결국, 병원을 가기로 한다.
의료보험이 안 되지만, 방법이 없다.

여행자 보험에 들지 않았던 게 후회된다. 엄청난 병원비 때문에 결국 여행을 중단하고 귀국했다는 어느 여행자의 경험담이 떠오른다. 내가 그 꼴이 날 지경이다. 나도 그냥 귀국해버릴까? 아니다. 지금은 완치하는 것만 생각하자. 병원으로 향하는 길에 갑자기 울컥하고 눈물이 핑 돈다. 이 지경이 되고서야 알게 되다니, 그동안 몸을 함부로 굴린 것 같아 몸에게 미안하다. 왜 이런 시련이 생긴 걸까, 원망스럽기도 하다.

말레이시아에서 '병원'이라고 하면 '종합병원'을 의미하고, 동네 병원은 '클리닉'이라 한다. 클리닉이 상대적으로 저렴하다는 말을 듣고, 물어물어 찾아갔다. 건물이 허름해서, 얼핏 보면 불법 미용실 같다. 접수하기 전, 가격부터 물어본다. 상담만 해도 45링깃 정도를 내야 하고, 약이 처방되면 대략 200링깃 정도가 추가된단다. 생각보다는 비싸지 않다. 생돈이 나가는 터라 아깝긴 하지만, 어서 빨리 낫는 것만 생각하기로 한다. 여행을 계속하고 싶다. 적어도 M에게 들었던, 미얀마까지는 가고 싶다.

진찰실로 들어서자 의사가 일어나 악수를 청한다. 우리나라와는 사뭇 다른 모습이다. "난 영어가 서툴러서, 설명을 제대로 못할 수 있어." "괜찮아. 내가 알아들을 수 있도록 노력할게. 여행하는 중이야?" "응. 긴 여행을 하는 중이야." "와, 나도 여행 참 좋아하는데. 몸이 아파서 걱정이 컸겠어. 증상을 설명해 봐. 진료 시간은 충분하니까, 천천히 편안하게 말해." 말만으로도 마음이 편안해진다.

수첩에 미리 그려온 내 몸 상태를 한 장 한 장 슬라이드처럼 넘기면서 차분히 설명한다. 친절한 의사는 내 이야기를 충분히 들어주고, 가급적 쉬운 단어로 대답해준다. 내가 이해하지 못하면 간호사까지 불러서 함께 설명해주는 모습에 무한한 신뢰가 쌓인다. 몸뿐만 아니라, 그동안 속상하고 약해진 마음까지 치유된다. 상담만으로 45링깃. 전혀 아깝지 않다.

의사의 최종 진단은 알레르기. 2주 치 약을 처방해준다. 약을 먹다 안 먹으면 두드러기가 다시 재발할 수 있으니, 도중에 증상이 낫더라도 끝까지 다 먹으란다. 대신 2주후에는 깨끗하게 완치되니 걱정하지 말란다. 불안했던 내 마음도 어느새 진정된다.

수납처에서 내 이름을 부른다. 긴장된다. 약값까지 포함해서 118링깃. 아, 다행이다. 생각했던 것보다 훨씬 저렴하다. 주머니에서 돈을 꺼내는데, 간호사가 한 가지 사실을 귀띔해준다. 다 듣고 나니 왈칵, 눈시울이 뜨거워진다. 고맙다는 말을 몇 번이나 했는지 모르겠다. 병원을 나오는데, 이미 다 나은 기분마저 든다. 세상은 참 따뜻하다. 돌아가는 발걸음이 한결 가볍다.

의사 선생님이 일부러 비싸지 않은 약으로만 처방했어요.
부디 여행, 끝까지 잘하라면서요.

─────── 약효가 좋다. 오랜만에 가려움도 잊고 푹 잤다. 모처럼의 단잠이다. 며칠 전까지만 해도 온몸에 짜증이 배어있었는데, 푹 쉰 덕분에 한결 몸이 가볍다. 두드러기도 많이 가라앉았다.

이른 아침. 식당에 앉아 커피를 마시는데, 우리나라에서 온 어른들이 떼 지어 들어온다. 어젯밤에 방 밖에서 어수선한 소리가 났었는데, 이들이었나 보다. 내가 한국인인 걸 알자 말을 걸어온다. "어디가 가볼 만해요?" 말라카의 명소들을 물어본다. 평소의 나라면 재빨리 자리를 피했을 텐데, 그동안 내게 도움을 준 사람들이 떠올랐다. 받은 만큼 되돌려줘야 한다는 책임감에 자세까지 고쳐 앉으며 차근차근 설명한다. 며칠 머물렀다고, 가이드 뺨치게 설명한다. 어른들은 연신 고개를 끄덕이며 질문을 계속한다. 일일이 대답하다가는 끝이 없을 것 같지만, 책임지고 설명을 마무리한다. 만족할만한 설명을 다 듣고서야 어른들은 자리를 뜬다. 아니, 금세 다시 돌아와 고맙다며 누

룽지와 미숫가루를 나눠준다. 양도 상당하다. 잘 먹겠습니다.

　종일 폭우가 내린다. 장마 수준이다. "단 하루만 말라카에 머물고 이동할 생각이었
는데, 비가 다 망쳐놨어!" 간밤에 도착한 커플이 속상해한다. 누군가에게는 그저 내리
는 비일 뿐인데, 다른 누군가에게는 원망스러운 비가 되기도 한다. "말라카, 정말 볼
게 많아."라고 말하려다 말을 삼킨다. 괜한 염장질 같다.

　온종일 비가 내리는 날. 장기 여행자는 숙소 곳곳에 자리를 잡고 앉아서 음악을 듣
거나 책을 읽으며 느긋하게 비를 즐긴다. 반면, 단기 여행자는 어떻게든 나가겠다며
전투적인 자세를 취한다. 비에 투덜대던 커플은 우비에 우산까지 챙겨서 밖으로 나간

다. 하지만 도저히 돌아다닐 상황이 아니었는지, 얼마 되지 않아 돌아온다. 안쓰러운 마음에 커피 믹스를 건네보지만, 호의는 보기 좋게 거절당한다. 커피 마실 여유마저 없을 만큼 많이 속상한가 보다.

그래도 다행히, 늦은 오후가 되면서 날이 갰다. 망쳐버린 하루를 보상이라도 하듯, 하늘에는 무지개가 떴다.

무지개는 희망을 상징한다.
앞으로의 여행을 응원하는 듯해 기분이 좋다.

───────── 오랜만의 외출이다. 목적지는 풀라우 믈라카Pulau Melaka. 말라카에서 다리로 연결된 조그만 섬이다. 그리 길지 않은 다리를 걸어서 건넌다. 섬의 외곽으로 난 길을 따라가는데, 해변은 없다. 파도를 막아선 방파제가 전부다. 실망스러운 마음을 억누르고 조금 더 들어가니 새하얀 모스크가 나타난다. 마스지드셀랏 모스크Masjid Selat Mosque다. 바다 위에 교각을 세운 뒤, 그 위에 건설한 모스크로 무척이나 아름답다. 신도가 아니라도 들어갈 수 있다는 말에, 신발을 벗고 얌전히 들어가본다. 관광객이 신도보다 많다. 신조차도 이미 관광의 대상이 된 듯하다.

다시 숙소 근처로 돌아와 강가를 걷는다. 한참을 걸어가고 있는데, 강아지만 한 도마뱀이 길을 막는다. 동물원에서나 보던 커다란 도마뱀을 시내 한복판에서 보니 머리가 주뼛 선다. 식은땀이 흐른다. 무서운 정글에 온 것 같다. 한참을 그 자리에 멈춰 서서 옴짝달싹 못 하자, 못내 날 불쌍하게 여긴 도마뱀이 거드름을 피우며 자리를 비켜준다. 그제야 숨이 쉬어진다.

저 멀리, 조그만 관람차가 보인다. 놀이동산이디. 말라카에는 별의별 게 다 있다. 잠시 후, 이번에는 모노레일이 보인다. 최첨단 이동수단이다. 거대한 호텔도 보인다. 말라카의 숨겨진 비경과 마주한 느낌이다. 더 거닐지 않았다면 보지 못했을 풍경. 어쩌면 많은 여행자가 놓치고 갔을 풍경이다. 싱가포르에 있는 M에게 카톡으로 사진을 몇 장 보낸다. 곧장 답이 온다. 말라카에 이런 곳이 있었냐며 놀란다. 역시 하루 더 머물러야 했다면서 아쉬워한다. 괜스레 기분이 좋아진다. 거닐자, 조금만 더. 거닐 수 있을 때까지.

저녁에는 말라카에서 가장 유명한 주말 야시장에 가본다. 명성에 맞게 발 디딜 틈이 없다. 날도 더운데 사람에 치여서 더욱 열이 오른다. 진열된 물건들은 다 별 볼 일 없다. 그나마 먹거리 앞에서 지갑이 열린다. M과 함께 왔을 때 먹었던 딤섬을 먹는다.

말레이시아의 대표 음식이 뭐지? 글쎄, 알쏭달쏭하다. 나시레막Nasi Lemak이란 음식이 검색에 뜬다. 가격도 적당하다. 식당을 찾아 들어가 나시레막을 시켜본다. 밥 위에 고추장 같은 매운 소스가 올려져 있고, 삶은 달걀, 튀긴 땅콩, 나물 무침이 한 접시에 담겨 나온다. 요리라기보다는 그냥 집에서 먹는 밥과 반찬을 식판에 담아낸 모양새다. 특별한 맛이라도 나는 걸까 싶었지만, 고수 냄새가 살짝 나는 것 말고는 특별할 게 없다. 밥은 밥이요, 달걀은 달걀이다. 익히 알고 있는 그 맛 그대로다. 입 안에서 섞이면 오묘한 맛이라도 내는 걸까? 먹어보지만, 전혀 섞이지 않는다. 앞으로는 일부러 찾아 먹을 것 같지 않다.

숙소로 돌아와 남은 말레이시아 돈을 확인했다. 거의 바닥을 드러내고 있다. 싱가포르에 가기 전, 조호르바루Johor Baru에 들를 생각이었는데, 그냥 지나치기로 한다. 정해놓은 액수 안에서 움직이고 싶다. 싱가포르행 버스비를 제외하고 남는 돈으로 계획을 세운다. 며칠 안에 말레이시아를 떠나야 한다.

어느덧,
마지막이다.

───────── 새벽에 일어나 배낭을 멘다. M이 일어났던 그 시간이다. M이 걸어가던 골목을 따라 걷는다. M이 기다린 버스 정류장에서 버스를 기다린다. M의 발자취를 따라 싱가포르로 향한다. 이번에도 육로로 국경을 넘는다.

새로운 도시로 떠난다. 새로운 국가이기도 하다. 싱가포르는 내 머릿속에 청결한 나라이자 부자 나라로 그려진다. 지금까지와는 확연히 다른 여행이 될 것이다. 아마도 화려한 모습 아닐까. 물론, 싱가포르도 말레이시아와 그리 다르지 않을 수 있다.

사람 사는 건,
어디든 비슷하니까.

아껴서 더 거닐다

싱가포르/싱가포르

여행을 떠나는 것은
돈과 시간의 문제가 아니다.
얼마나 떠나고 싶은가
간절함의 차이일 뿐이다.

달타냥

싱가포르는 말레이반도 최남단의 섬이다. 말레이시아와는 조호르Johor해를 사이에 두고 두 개의 다리로 연결돼있다. 말레이시아를 떠나기 전 출국 심사를 받고, 싱가포르에 들어가기 전 입국 심사를 받으면 되는데, 어려움은 없다. 두 나라를 오가며 출퇴근하는 사람도 많다고 하니, 국경은 그저 톨게이트처럼 일상적인 모습으로 다가온다.

국경을 넘었다. 이제부터는 싱가포르다. 출입국 심사대를 통과하지 않았다면, 말레이시아의 또 다른 도시라고 착각할 정도로 두 나라는 닮아있다. 그나마 신기한 건 아파트만큼 거대한 가로수다. 제대로 관리가 안 되는지 제멋대로 가지를 뻗어서 도시 전체가 수풀에 쌓여있는 느낌이다. 싱가포르는 점점, 정글에 파묻히나 보다.

예약해둔 숙소로부터 취소 메일이 왔다. 여행자의 상황 따위는 아랑곳하지 않는다. 커다란 배낭을 메고 숙소를 찾아 헤매야 한다는 생각만으로도 짜증스럽다.

간신히 숙소를 잡았다. 우선 빨래부터 해치우자. 지금까지는 세탁비가 제법 저렴해서 빨래를 맡겼었는데, 물가가 비싼 싱가포르에서는 직접 해보기로 했다. 빨래하는 방법은 M에게 배웠다. "어머? 왜 빨래를 못 해요? 그냥 비누칠하고 조몰락거리다가 헹구면 끝인데." 빨랫비누 없이 빨래할 수 있다는 것을 그때 처음 알았다. 세숫비누는 물론, 샴푸나 린스로도 빨 수 있단다. "정말요?" 깜짝 놀라는 날, M은 외계인 보듯 했다.

여자들은 모른다. 남자가 얼마나 많은 것들을 모

123

르고 있는지. 몰라서 안 하는 것이 꽤 많다는 사실을 알지 못한다. 왜 안 하냐고 면박을 주기 전에, 제대로 한번 가르쳐주는 게 중요하다. 가르쳐주면, 잘한다.

저녁은 컵라면이다. 여기까지 와서 라면이라니. 그래도 어쩔 수 없다. 값싸고 맛있게 한 끼를 해결할 수 있는 방법이다. 예쁘게 차려입고 외출에서 돌아온 우리나라 관광객이, 남루한 차림으로 김치도 없이 컵라면을 먹고 있는 내 모습을 안타깝게 쳐다본다. 황급히 시선을 돌린다. 애써 넘기려고 하지만, 그들이 날 어떻게 바라봤을지 알기에 쓸쓸함이 밀려온다. 그래도 지금은 아끼는 게 합리적 소비다. 오늘까지만 여행하고 끝낼 건 아니니까. 물가가 비싼 나라에서는 가능한 한 아끼고, 물가가 싼 나라에서 그만큼 더 넉넉하게 여행하면 된다.

오늘의 내 모습이 내 남은 삶의 모습은 아니다.
라면 국물까지 말끔히 비워낸다.

─────────── 싱가포르의 지도를 펼쳐놓고 가볼 곳을 정한다. 싱가포르는 생각보다 아담하다. 서울 크기 정도라고 하는데, 훨씬 작게 느껴진다. 게다가 가볼 만한 곳은 밀집된 편이라, 충분히 걸어 다닐 수 있다.

일찌감치 숙소를 나섰다. 싱가포르의 아침은 매우 습하다. 몇 걸음 걷자마자 온몸이 축축해진다. 거대한 가습기 속으로 들어온 기분이다. 땀은 흘리지도 않았는데, 이마와 등은 이미 흥건히 젖었다. 찝찝하다. 점점 태양이 높게 떠오른다. 습기는 서서히 사라지는데, 기온은 끝없이 상승한다. 무덥다. 목이 마르다. 가방에서 가지고 온 2ℓ 생수를 꺼내 마신다. 여행자가 2ℓ 생수를 사는 이유는, 가격 대비 양이 많기 때문이기도 하고, 처음에만 좀 무겁지, 종일 돌아다니다 보면 금세 바닥을 드러내 가벼워지기 때문이다. 불과 몇 시간 전만 해도 말레이시아에서 1링깃(약 300원)에 사던 2ℓ 생수를, 고작 다리 하나 건넜을 뿐인데 1싱달러(약 900원)에 사야 한다. 우리나라 물가와 비교하면 크게 비싼 편도 아닌데, 돈을 내는 손이 파르르 떨린다. 앞으로는 물조차 아껴 마셔야 할 것 같다. 물뿐만 아니다. 싱가포르에서는 뭐든 다 비싸게 느껴진다. 정가인데도 왠지 바가지를 뒤집어쓰는 것 같아, 쉽게 지갑이 열리지 않는다.

정오가 되어서야 보타닉가든Botanic Garden에 도착했다. 마음에 든다. 정성껏 가꾼 정원의 모습이다. 가지고 나온 물은 이미 다 마셨다. 이 무더운 날씨 속에서 어떻게 견디나 싶었는데, 막상 보타닉가든의 울창한 수림 속으로 들어오니 선선하다. 그럭저럭 살 만하다. 역시 자연의 힘은 위대하다. 어쩌면 살인적인 무더위는 인간 때문에 생겨난 부작용일지도 모른다.

가이드북에 없었다면 있는 줄도 몰랐을 홀랜드빌리지Holland Village까지 걸었다. 덥고 다리는 아프지만, 거리를 거니는 즐거움은 나에게 어떤 고달픔도 이겨내게 하는 중독이다. 그런데 막상 도착한 홀랜드는 별로 볼 게 없다. 보타닉가든에서 여기까지 꽤나 먼 거리를 걸어왔는데 허무하다.

발걸음을 돌리는데, 마트가 보인다. 미끼 상품 중에 생수가 있다. 싸다는 이유만으로 2ℓ들이 생수를 세 통이나 샀다. 생각해보니 물을 6ℓ나 산 셈이다. 아, 엄청 무겁다. 숙소까지 걸어서 돌아갈 엄두가 나지 않아서 시내버스를 타기로 한다.

싱가포르 버스는 거리에 따라 요금을 받는다. 내가 내야 할 요금은 현금으로 1.5싱 달러. 지갑을 열어보니, 잔돈이라고는 0.15싱달러가 전부다. 그럼 1싱달러를 2장 내야 하는데, 싱가포르의 버스는 잔돈을 내주지 않는다. 돈을 아껴보겠다고 생수를 세 통 이나 사놓고, 400원은 길바닥에 버린다? 생돈을 날릴 수 없다. 6ℓ 생수를 짊어지고 다시 마트로 내려간다. 0.5싱달러를 만들기 위해 마트를 샅샅이 뒤진다. 뒤지고 뒤져서 마침내 1.65싱달러짜리 식빵을 찾았다. 이미 0.15싱달러를 가지고 있으니 잔돈 0.35싱 달러를 보태면 딱 0.5싱달러가 된다. 여행을 하다 보면 아무리 복잡한 계산도 누워서 떡 먹기가 된다. 게다가 식빵은 두고두고 먹을 수 있으니 불필요한 소비도 아니다.

다시, 6ℓ의 생수를 짊어지고 정류장으로 향했다. 이러다가 어깨가 무너지는 건 아닐까? 아, 죽을 맛이다. 허기가 밀려온다. 안 되겠다. 방금 사온 식빵 봉지를 뜯는다. 한 조각 꺼내 문다. '턱' 하고 목이 막힌다. 갑자기 울컥한다. 싱가포르까지 와서 이게 무슨 짓인가 싶다. 눈시울이 붉어진다. 자꾸만 탁탁탁 목이 멘다. 하지만 괜찮다. 내게는 6ℓ나 되는 생수가 있다. 시원스럽게 삼켜낼 수 있다. 음하하하. 어떻게든 버텨보련다. 어느덧 도착한 버스정류장. 멀리서 버스가 온다.

버스를 타고 요금통에 돈을 넣는다. 돈이 그대로 쑤욱 들어가는 게 아니라 투명한 아크릴판 위에서 잠시 멈춘다. 운전사가 매의 눈으로 액수를 확인하면 그제야 비로소

요금통 바닥으로 떨어진다. 잔돈이 부족한데도 슬쩍 모자라게 넣고 나 몰라라 했다면 어떻게 됐을까? 비겁한 마음, 안 먹길 잘했다.

다행이다.
더욱 솔직해져야겠다.

—————— 크리스마스다! '창밖을 보라! 흰 눈이 내리……'긴커녕, 햇살이 쨍쨍, 썸머 크리스마스다! 크리스마스가 춥지 않다니. 크리스마스가 이렇게 덥다니. 지금까지 한 번도 겪어보지 못한 경험에 왠지 두근두근하다. 밤새 카톡으로 크리스마스 인사가 날아왔다. 추위에 감기 조심하라는 인사말이 건너온다. "춥냐? 난 덥다." 짧은 답장에, 한바탕 욕이 쏟아진다. 부럽단다. 배 아프단다. 실상을 알면 부럽지만은 않을 텐데. 오늘도 나는 식빵과 물로 하루를 버틴다.

숙소 안은 크리스마스 열기로 흠뻑 들떠있다. 모두들 한껏 멋을 부린다. 다들 약속이 있나 보다. 와이파이가 잡히는 식당에서는 갈 만한 곳(주로 클럽이다)을 검색하느라 다들 바쁘다. 오늘 하루는 미친 듯이 놀려고 작정한 모양이다. 들떠있는 사람들을 뒤로하고, 홀로 거리로 나선다. 크리스마스? 그게 뭐 대수라고. 근데 왜 자꾸 눈물이 나려는 거지.

화려하다는 오차드로드Orchard Road. 하지만 실제로 본 오차드로드는 크리스마스임에도 불구하고 볼품이 없었다. 쇼핑몰 입구의 크리스마스트리가 전부다. 그마저도 조잡스럽다. 그런데도 연인들은 까악까악 소리를 질러대며 좋아라 한다. 뭐, 사람마다 보는 관점이 다른 법이니까.

마리나베이샌즈Marina Bay Sands로 걸음을 옮겼다. 싱가포르에 다녀간 여행자라면 하나같이 입을 모아 '돈 걱정하지 말고 꼭 머물라'던 곳이다. 57층 건물 세 개가 배 모양의 스카이 파크를 떠받치고 있는 모습이 상상 이상으로 거대하다. 어떻게 만들었을까 궁금하다. 극장, 쇼핑몰, 레스토랑, 아이스 링크, 카지노, 스파, 클럽, 수영장까지 없는 게 없다. 무엇보다 하늘 위에서 수영하는 인피니티 풀 Infinity Poo(물과 하늘이 이어진 것처럼 보이는 수영장)은 생각만 해도 아찔하다. 진정 싱가포르의 파라다이스가 맞다.

마음 같아선 하루 묵고 싶다. 하지만 그럴 돈도 없고, 있다고 한들 혼자서 무슨 감흥이 있을까. 정말이지, 싱가포르는 혼자 여행 올 곳이 못 된다.

마리나베이샌즈 호텔을 관통해 싱가포르의 대표적 공원인 가든스 바이더베이 Gardens by the Bay로 이동한다. 클라우드 포레스트돔과 플라워돔을 이용할 경우에만 입장료를 내고, 야외 정원은 무료란다. 기쁘다! 어느덧 발걸음은 야외 정원과 연결된 구름다리로 향한다. 멀리 42층 높이의 회전 관람차, 싱가포르 플라이어Singapore Flyer 가 보인다. 날씨가 좋으면 싱가포르 플라이어에서 센토사Sentosa섬은 물론, 말레이시아, 더 나아가 인도네시아까지 조망할 수 있다고 하니, 세 나라가 얼마나 가까이 붙어 있는지 새삼 깨닫는다.

야외 정원에 있는 거대한 꽃을 형상화한 건축물은 실로 압도적이다. 마치 아프리카 평원에 와있는 듯한 착각마저 든다. 하지만 그 감동은 오래가지 못한다. 어둠이 깔리고 조명이 켜지는데, 콩깍지가 벗겨진다. 아, 조잡스럽다. 예쁜 옆집 누나가 어느 날 갑자기 어설픈 솜씨로 화장하고 나타난 것처럼, 확 깬다. 마법은 깨졌다. 거대했던 관람차도, 웅장했던 건축물도, 모두 다 변두리 테마파크의 조악한 모습으로 변해버렸다. 차라리 보지 말걸, 야경이라고 다 예쁜 건 아니다.

돌아오는 길에 무료 공연을 감상했다. 밴드가 공연 중간중간 재미있는 이야기도 하는 모양인데, 알아들을 수 없다. 주위에서 웃으면, 괜히 따라 웃어본다. 청춘의 노래는 감미롭고, 힘이 넘치며, 거칠지만 신중하다. 어설퍼 보이더라도, 프로 느낌이 드는 이유다.

가만히 앉아있어도 땀이 날 정도로 덥지만, 밴드가 부르는 캐럴을 들으니 제법 크리스마스 같다. 빌딩의 불빛들은 어느새 반짝반짝 트리가 된다. 마리나베이샌즈 호텔에서 레이저를 쏘고, 곧이어 분수 쇼도 이어진다. 시원하게 솟구치는 물줄기와 온갖 색의 조명에 여기저기 탄성이 쏟아져나온다. 나도 넋을 놓고 바라본다.

비록, 혼자 보내는 크리스마스지만.

즐겁다.

─────────── 숙소에서 가까운 부기스Bugis 거리에 나갔다. 쇼핑 명소라는데, 하도 왔다 갔다 해서 그런지 이제는 그저 동네 시장 같다. 오가다 보니, 유독 눈에 들어오는 시계가 하나 있었다. 행여나 분실할까 봐 가방 깊숙이 넣고 다니는 스마트폰을, 매번 시간 확인할 때마다 꺼내는 게 귀찮던 차였다. 가격을 물어보니, 오호! 생각보다 저렴하다. 덜컥 지갑을 연다.

역시 싼 게 비지떡이라고 했던가? 시계가 종종 가다 서다 한다. 자꾸만 시간이 느려지는 이유다. 결국, 틈틈이 시간을 다시 맞춰야 한다. 나름대로 쓸 만하다고 생각해 보려 하지만, 화가 난다. 한 푼이라도 아끼자는 마당에 괜한 데 돈을 썼다. 왜 하필 시계를! 그것도 싱가포르에서! 내 일순간의 멍청한 판단이 손해가 되고, 짐이 된다.

나올 때부터 비가 올 듯 말 듯했는데, 역시나 후두둑후두둑. 갑자기 한 치 앞도 보이지 않을 정도의 비가 쏟아진다. 혹시나 해서 챙겨온 우산도 무용지물이다. 사방에서 불어오는 세찬 바람도 피할 재간이 없다. 서둘러 처마가 있는 건물 아래로 달려가 비를 피한다. 비는 좀처럼 그치지 않는다. 마음을 비우고 하염없이 쏟아지는 비를 바라본다. 빗소리가 정겹다. 자연이 연주하는 노랫소리 같다. 다리는 빗물에 흠뻑 젖어가지만, 보상이라도 하듯 불어오는 바람은 시원하다. 상쾌하다.

빗소리에 맞춰 콧노래를 흥얼거린다.
옆 사람이 미친놈 보듯 바라본다.

─────────── 늦은 오후, 머라이언Merlion을 다시 보러 나섰다. 머라이언은 머리는 사자, 몸은 물고기의 모습을 한 조형물이다. 신화가 있나 싶었는데, 1972년 당시의 수상 리콴유의 제안으로 세워진 조각상일 뿐이란다. 왠지 실망스럽기도 하지만, 싱가포르와 사자는 떼려야 뗄 수 없는 관계이다. 13세기 인도네시아의 왕자가 싱가포르에 처음 왔을 때, 낯선 동물을 사자로 착각해서 싱가푸라Singapura(산스크리트어로 '사자의 도시'라는 뜻)라 부른 것이 국가명의 유래라니 말이다.

숙소에서 마리나베이의 머라이언 공원까지 걸어서 30분. 가는 길에 K-POP을 챙겨 듣는다. 자연스럽게 싱가포르가 서울로 바뀐다. 싱가포르에 처음 왔을 때는 말레이시아와 닮았다고 생각했는데, K-POP을 듣고 있는 순간만큼은 서울과 닮았다. 알싸한 향수가 일어난다. 노래가 마법을 부린다.

어느새 눈앞에 넓은 바다가 펼쳐진다. 마리나베이다. 머라이언 조각상이 바다를 향해 물을 내뿜고 있다. 그런데 생각보다 작아서 적잖이 당황스럽다. '아기 머라이언'으로 불린단다. 여행자라면 누구나 발도장을 찍고 가는 명소라, 사진을 찍으려는 인파들로 발 디딜 틈이 없다. 제대로 사진을 찍으려면 이른 새벽이나 늦은 밤에 다시 찾아와야 할 것 같다. 사진을 포기하고 적당한 곳에 앉는다. 머라이언이 바라보는 바다를 나도 따라 오랫동안 바라본다. 사진이 아닌, 눈으로 지금의 시공간을 담아본다.

엉덩이를 털고 일어나, 조금 더 남쪽으로 걸어간다. 목적지는 센토사섬이다. 테마파크인 센토사섬은 걸어서도 충분히 갈 수 있다. 탁 튄 풍경 속으로 길게 이어진 케이블카가 보인다. 싱가포르 도심의 최고봉 페이버Faber산에서 센토사섬으로 향하는 케이블카다. 나도 모르게 손을 흔들어본다. 보이기는 할까?

센토사섬은 주말이나 공휴일에 무료입성이다. 센토사섬 안에 있는 유니버설 스튜디오는 유료다. 동양 최대의 S.E.A. 아쿠아리움 역시 유료다. 하지만 돈 주고 갈 생각은 없다. 그 외에도 볼거리가 풍성하니까.

일명, '엄마 머라이언'으로 불리는 조각상 앞에서 사진을 한 장 찍고, 적당한 곳에 앉아 오가는 사람들을 구경한다. 따지고 보면, 여행에서의 가장 큰 볼거리는 결국 사람 구경이 아닐까. 이곳은 특히 국적도 헤아릴 수 없는 수많은 사람들이 있다. 생김새도 다르고, 언어도, 옷 입은 스타일도 다르다. 하지만 가만히 지켜보고 있노라면, 그들의 언어를 모르는데도 상황을 가늠할 수 있다. '엄마가 안 된다고 했지? 조르지 마.' '싫어! 사줘! 사달라고!' 어딜 가나 엄마와 아들은 비슷한 모습으로 싸운다. '천천히 걸으세요. 제가 부축해드릴게요.' '이제 늙었나 보다. 왜 이렇게 숨이 차니?' 이번에는 노모와, 며느리 아니면 딸이다. '이름이 뭐야? 나랑 친구 할래? 난 장난감도 있어.' '좋아!' 아이들은 낯가림이나 경계심 없이 금세 친해진다. 자막이 깔린 것도 아닌데, 나는 희한하게도 해석이 된다. 혼자만의 착각일 수도 있다. 하지만 뭐 어떤가?

여행은 아무리 맞춰도 100점을 주지 않고,
아무리 틀려도 0점을 주지 않는데.

"겔랑로드Geylang Road 가나요?" 버스 운전사의 눈빛이 달라진다. "겔랑로드?" 운전사는 확인이라도 하는 듯 되묻는다. 그 소리가 어찌나 크던지, 마치, '이봐! 여기 이 청년이 겔랑로드에 간다고 하는데?'라고 외친 것 같다. 버스 안 사람들의 시선이 내게로 모인다. '겔랑로드에 간다고? 웬일이래? 저질!' 하고 되받아치는 눈빛 같다. 물론, 기분 탓이겠지만.

겔랑로드는 싱가포르 정부가 허가한 성매매 업소들이 있는 곳이다. 성매매 찬반을 논하기 전에, 내 호기심이 먼저 반응해버렸다. 그래, 그냥 구경만 하고 오는 거야. 싱가포르 이면의 문화를 보겠다는 건, 속 보이는 명분일지도 모른다.

머릿속에 그려본 겔랑로드는 라스베이거스였다. 정부에서 어디 한번 맘껏 해보라고 판까지 벌여줬으니, 얼마나 화려할까! 입구부터 휘황찬란할 거라 생각했다. 하지만 너무나 소박한 주택가였다. 대로까지 나와 호객하는 여자들이 간혹 있지만, 그마저도 적극적이지 않다. 건물도 마찬가지다. 정부에서 받은 고유번호 푯말이 없으면 그냥 지나쳐버렸을 만큼 주택과 다를 바 없다. 기다린 유리창 뒤에서 헐벗은 여자들이 손짓하는, 우리나라의 홍등가와는 사뭇 다른 모습이다.

낮이라 그런지, 문을 닫은 업소들도 많다. 문을 연 업소들도 손님은 없어 보인다. 그래서일까? 음란한 기운은 느껴지지 않는다. 사진으로라도 남겨두고 싶어서 한 업소를 향해 다가갔다. 문 앞에 앉아있던 남자가 인기척을 느끼고 고개를 든다. "중국인?" 내게 묻는다. 아니라고 대답하자, 어차피 상관없다는 듯 다양한 국적의 여자들이 있다면서 다짜고짜 안내를 시작한다. 아, 남자는 내가 중국인이냐고 물은 게 아니라, 중국인 여자를 원하냐고 물어본 것이다.

"사진 좀 찍어도 될까?" 조심스럽게 나의 진짜 목적을 말한다. 하지만 불행히도 남자는 영어를 못하는지, 안으로 들어가라고만 한다. "안까지 찍어도 된다는 거야? 여기 푯말에는 사진은 안 된다고 되어있는데?" 혹시나 생길 문제를 대비해서 더 자세히 확인한다. 그제서야 남자는 내가 손님이 아니라는 걸 깨달은 모양이다. "할 거야?" 퉁명스럽게 묻는다. "뭘?" 짧게 되묻는다. "알잖아. 여기서 뭐 하는지." "아니, 사진만 찍고 싶어." 대답이 끝나기 무섭게 자리에서 벌떡 일어나더니, 어서 꺼지란다. 예상은 했지만, 역시 안 되는구나. 아쉬운 마음을 접고 돌아선다.

─────────── 싱가포르를 떠나기 전날, 모처럼 하늘이 맑다. 산책하기 좋은 날이다. 차이나타운으로 향한다. 수없이 봐오던 차이나타운이고, 싱가포르의 차이나타운이라고 특별히 다를 게 없을 텐데, 매번 가보게 되는 건, 다름 아닌 시장 때문이다. 시장에서 느껴지는 생동감이 좋다.

노부부와 마주친 건, 차이나타운을 거의 다 돌아본 후다. 할아버지는 땀을 뻘뻘 흘리며 다리가 불편한 할머니의 휠체어를 밀어주고 있다. 번거롭고 귀찮고 무엇보다 너무 더워 보이는데도 할아버지의 얼굴은 무척이나 밝다. 할머니와 함께 있는 것만으로도 행복한 모양이다. 서로가 의지하고 돌봐주며 살아가는 모습이 새삼 가슴 따뜻하게 다가온다.

친구들 얼굴이 떠오른다. 지난날, 춥고 배고픔과 싸워가며 글을 쓸 때, 날 찾아와 밥을 사주고, 힘내라고 응원해준 친구들이다. 조그만 선물이라도 사갈까? 마침 차이나타운이니까, 잘만 둘러보면 괜찮은 게 있을 것 같다. 그동안 안 먹고, 안 쓰며 지키던 지갑을 과감하게 연다. 한참을 고르고 골라서 산, 예쁜 무늬가 새겨진 거울은 '여자 사람 친구'들을 위한 선물이다. 그리고 술잔은 B를 위한 거다. 술잔에 새겨진 싱가포르라는 글자가 눈에 들어온다. 싱가포르에서 샀다는 의미보다, 싱가포르에서부터 가져왔다는 의미가 더할 것 같다.

앞으로 이 선물들은 많은 국경을 넘고, 바다를 건너며 나와 함께 긴 여행을 하게 된다. 팬티 한 장의 무게라도 줄이기 위해 전전긍긍하는 배낭여행에서 이 선물들은 두말할 것 없이 무거운 짐이다. 하지만 그 짐을 짊어지더라도 마음만은 뿌듯하다. 친구들이 나와 함께하는 기분이다.

함께 기울일 소주 한 잔이 그립다.

어서 친구들이 보고 싶다.

왕의 나라를 여행하는 히치하이커

반다르스리브가완/브루나이

진정한 여행이란
새로운 풍경을 보는 것이 아니라
새로운 눈을 가지는 데 있다

마르셀 푸르스트

인터넷으로 브루나이 비행기 티켓을 구입하는데, 자꾸 카드 결제 단계에서 승인이 안 난다. 확인해보니 내 카드가 체크카드라서 그렇단다. 신용카드를 가지고 있지만, 분실을 대비해 워낙 한도를 낮게 설정한 탓에 이미 오래전에 한도는 꽉 찼다.

결국, B에게 카톡을 보내 신용카드를 빌려달라고 했다. 사용한 금액은 곧바로 통장에 입금하기로 한다. 돈이 없는 건 아니니까. 신용카드 결제는 실물이 없어도 관련된 정보만 알려주면 된다. B는 아무것도 묻지 않고 신용카드 번호부터 부른다. 고맙다.

그러는 사이, 비행기 티켓이 4만 원이나 올랐다. 악! 짜증 난다.

비행기 안. 옆자리에 아기가 앉았다. 귀엽다. 그런데 표정을 보아하니 곧 울 것만 같다. 제발 울지 않기를. 나의 바람은 이루어지지 않았다. 아, 자긴 글렀다.

비행기는 출발 시간보다 먼저 출발한다. 승객들이 이미 다 탄 모양이다. 비행기가 맘대로 출발하는 경우는 처음 본다. 이것이 왕의 나라, 브루나이의 힘인가? 어쨌든, 기다리지 않고 출발하니 기분은 좋다.

저가 항공이라 기내식은 따로 파는데, 식사만큼은 저가가 아니다. 허투루 돈을 쓰고 싶지 않아 참기로 한다. 하지만 누군가 기내식을 주문했나 보다. 아, 냄새. 여러 가지 냄새가 뒤섞여서 비행기 안은 금세 푸드코트가 된다. 맛있는 냄새에 허기가 밀려온다. 차라리 자버리자. 그러면 배고픔도 덜할 테니. 이런, 아기가 다시 운다. 죽을 맛이다.

어느덧, 비행기가 브루나이의 수도, 반다르스리

브가완Bandar Seri Begawan에 바퀴를 내린다. 활주로에 닿자마자 비포장길을 달리는 버스처럼 덜덜거린다. 저가 항공만 타고 다닌 터라 이 정도의 흔들거림은 익숙하다.

브루나이 공항을 빠져나오자마자 공항 택시가 가장 먼저 눈에 들어온다. 대중교통편이 거의 없는 나라라 공항이 아닌 곳에서는 택시도 콜을 해야만 이용할 수 있단다. 택시인데도 도로에서는 쉽게 볼 수 없는 귀한 존재다. 목적지인 캄퐁아예르Kampong Ayer까지의 택시비를 물어보니, 깜짝 놀랄 정도로 비싸다. 처음부터 목돈이 나갈 판이다. 고민하다가 일단 걸어보기로 한다. 운이 좋으면 차를 얻어탈 수도 있으니까. 여행자의 히치하이크에는 관대하다는 말에, 내 여행 운빨을 믿어본다.

지도에서 확인하니, 공항과 캄퐁아예르 중간쯤에 있는 자메아스르 모스크Jame'Asr Mosque(정식명은 자메아스르 하사날 볼키아 모스크)가 눈에 들어온다. 가는 길도 복잡하지 않다. 일단 거기까지 걸어보고, 괜찮으면 캄퐁아예르까지 걷기로 마음먹는다. 지체하지 않고 출발한다. 브루나이 전체가 한가롭게 느껴진다.

근처에 대형마트가 보인다. 아무래도 불부터 사야겠다. 이제 고와 공항은 벗어났을 뿐인데, 땀이 비 오듯 흐른다. 시원한 생수 두 통을 사서, 한 통은 그 자리에서 바로 다 마셔버린다. 아, 살 것 같다. 남은 한 통을 가방에 넣고, 다시 한 번 지도를 살핀다. 예상했던 거리보다 훨씬 더 멀게 느껴지는 건, 더위 때문이다. 아무래도 고생할 것 같다. 차를 가져온 사람들이 눈에 띈다. 태워달라고 할까? 아니다. 일단은 걸어보자.

습하지 않은 날씨라 가만히 있으면 덥지 않다. 문제는 엄청나게 강렬한 햇살이다. 눈에 땀이 들어가 찡긋거리는데 통증이 느껴진다. 눈 주위가 이미 벌겋게 다 타버린 모양이다. 아차! 서둘러 선크림도 바르고, 모자도 써본다.

지친 탓에 조금씩 걸음이 느려진다. 아, 처음부터 택시 탈걸. 후회가 밀려올 즈음, 멀리 황금색 지붕이 눈에 들어온다. 자메아스르 모스크다. 총 25톤의 황금이 사용되어 황금 사원으로 불린다. 결국 걸어서 모스크에 도착했다. 해냈다. 반가움에 달려간다. 조금 전까지 완전히 방전됐던 모습은 온데간데없다.

마침 기도 시간이다. 많은 신도들이 모여든다. 최고급 대리석으로 만든 실내는 4천 5백 명의 신도가 함께 기도할 수 있을 정도로 크다. 오는 내내 사람 그림자 하나 제대로 보지 못했는데, 이곳에 다 와있었던 모양이다. 그들은 낯선 이방인을 신기하게 바라보면서도, 배척하지 않는다. 웃으며 인사를 하고, 어서 오라고 손짓한다. 분수대에 걸터앉아 손을 닦아도 뭐라 하지 않고, 쉬도록 놔둔다. 가끔, 젊은 남자들이 다가와 말을 걸지만, 귀찮을 정도는 아니다. 여자와 아이들도 호기심을 보인다. 모두의 표정에서 밝음이 느껴진다. 선한 기운이 맴돈다.

미나렛Minaret(첨탑)에서 예배 시간을 알리는 아잔azān이 들려온다. 아잔이 울려 퍼지자 모두들 엎드려 기도하는데, 나 혼자만 꼿꼿하게 앉아있다. 성스러운 의식을 방해하는 것만 같아, 슬슬 자리를 털고 일어난다.

계속해서 발걸음을 옮긴다. 캄퐁아예르까지는 아직도 갈 길이 멀다. 히치하이크를 해보려고 하지만, 지나다니는 차가 한 대라도 보여야 하지. 끝을 알 수 없이 길게 펼쳐진 도로에는 몇십 분째 단 한 대의 차도 지나가지 않는다. 가물에 콩 나듯 지나가는 차들은 도로가 아우토반이라도 되는 양 너무 빨리 달리는 통에 세울 엄두조차 내지 못한다.

마음을 비우고 다시 걷는다. 풍경들이 눈에 들어온다. 중간중간 보이는 집들은 텅 비어있는 듯, 인기척이 없다. 의외인 것은 유독 차가 많다는 사실이다. 조그만 단독 주택인데도 마당에 서너 대의 차가 서있다. 어딜 가나 잘사는 사람은 잘사는 모양이다. 부유한 나라에 산다고 으스댈 필요도 없고, 빈곤한 나라에 산다고 기죽을 필요도 없다. 서울에 살면 뭐 하나. 난 차도 한 대 없는데.

가히 살인적인 햇살이다. 아스팔트에 닿았다 떨어지는 발바닥에서 불이 난다. 어지럽다. 더위를 먹을 것 같다. 이대로 쓰러지면 아무도 없는 허허벌판에 쓰러지는 꼴일 텐데, 구조나 될까 싶다. 정신을 차린다. 가능한 자주 물을 마시고, 최대한 그늘을 찾아 움직인다. 간혹 버스 정류장이 보이지만, 버스는 도통 모습을 드러내지 않는다. 브루나이의 대중교통은 이미 악명 높지만, 이 정도일지는 몰랐다. 과연 버스가 있기는 한 건가.

그때, 반대편에서 달려오던 차 한 대가 갑자기 멈춰 선다. 운전사는 창문을 내리고 나를 부르더니 어디까지 가냐고 묻는다. 캄퐁아예르까지 간다고 대답하자 차까지 돌려서 내 앞에 선다. 가던 방향과 정반대인데, 기꺼이 데려다준단다. 와, 정말 눈물 나게 고맙다.

차에 올라타자마자 나한테서 풍기는 땀 냄새가 차 안을 가득 메운다. 민폐다. 미안한 마음에 창문이라도 열까 하는데, 운전사는 개의치 않고 오히려 에어컨을 빵빵하게 틀어준다. 작은 배려지만, 무척이나 고맙다. 현지인의 인상이 곧 그 나라의 인상이다. 덕분에 부르나이는 친절한 나라로 기억된다.

캄퐁아예르까지 자동차로도 한참을 간다. 초행길이라 그렇게 느껴졌겠지만, 이 거리를 걸어갈 생각이었다니 끔찍하다. 숙소를 묻길래 아직 못 정했다고 하자 아는 호스텔이 있다면서 바로 앞까지 데려다준다. 캄퐁아예르 건너편에 있는 게스트하우스다. 브루나이는 여행자를 위한 숙소가 많지 않고, 어플에 나오는 숙소는 대부분 고급 호텔이라 가격이 상당하다. 그마저도 별로 없다. 어느 여행자는 브루나이에 호스텔이 하나뿐이라고도 할 정도다. 물론 아니지만.

운전사는 내가 숙소를 살펴보고 올 때까지 기다리겠단다. 마음에 들지 않는다면 다른 곳까지 또 데려다준다며. 물론, 아무런 대가를 바라지 않는 친절이다. 정말이지, 고마워 눈물이 날 지경이다. 나 때문에 이미 많은 시간을 빼앗겼고, 어쩌면 약속이 있었는지도 모른다. 괜찮다는 나의 말에 잠시 고민하던 운전사는, 다른 숙소의 위치까지 알려주고서야 떠난다. 끝까지 감동이다.

숙소는 마음에 들었다. 가격도 적당하다. 샤워부터 한다. 찬물로 씻는데도 몸에서는 계속 열이 난다. 더운 게 아니라 뜨겁다. 에어컨을 시원하게 틀어놓고, 침대에 몸을 눕힌다. 나도 모르게 스르르 눈이 감긴다. 얼마나 잤을까? 번쩍 눈을 뜨니, 창밖으로 땅거미가 진다. 온몸이 뻐근하다. 이대로 쉴까? 하지만 몸은 이미 밖으로 나가고 있다. 그래도 좀 쉬었다고 몸 상태는 괜찮아졌다.

숙소에서 술탄 오마르 알리 사이푸딘 모스크Sultan Omar Ali Saifuddien Mosque까지는 매우 가깝다. 걸어서 5분 정도다. 금세 황금색의 모스크 지붕이 보인다. 넓은 호수 안에 있어서, 마치 물 위에 떠있는 것처럼 우아한 자태를 뽐낸다. 하지만 진면목은 밤에 나타난다. 해가 저물고 어둠이 깔리면 모스크에 불을 켜지는데, 그 자체로 완벽한 예술품이다. 동화 속 공주가 살고 있는 성처럼도 보인다.

마침 모스크 지붕 위로 두둥실 달이 뜬다.
마치 불꽃놀이처럼.

──────────── 숙소 근처에 버스터미널이 있었다. 아, 버스가 있긴 있는 거다. 하지만 역시나 배차 간격이 넓고, 노선도 적다. 시내 구석구석까지 가지도 않는 듯하다. 이러니 버스 그림자도 볼 수 없었겠지.

게다가 저녁 6시면 모두 끊긴단다. 밤 10시까지 여는 나이트 마켓에 갈 생각이었는데 돌아올 길이 막막하다. 또다시 히치하이크하거나 걸어서 돌아와야 한다. 정말 최악이다. 분명, 여행자를 위한 나라는 아닌 듯하다.

가동 나이트 마켓Gadong Night Market으로 가는 20번 버스에 올라탔다. 요금은 우리나라 돈으로 800원 정도. 아, 싸지도 않다. 설상가상인 것은 아직 해가 지지도 않았는데 막차다. 어이가 없어 웃음이 난다.

나이트 마켓에 도착하니 사람들이 보인다. 그런데 복작거릴 정도는 아니고, 어딘지 모르게 심심해 보이기까지 한다. 시장 특유의 활기참은 있지만, 그렇다고 손님이 많지는 않다. 조금 돌아다녔더니 마주친 얼굴들을 다 기억할 정도다.

다행히 먹거리는 다양하고 푸짐하다. 구운 생선을 한 마리 사서, 손으로 발라가며 먹는다. 고양이 한 마리가 내 앞으로 다가와 앉는다. 생선 대가리를 뚝 잘라 던져주니, 낯가림도 없이 맛있게 먹는다.

걸어서 숙소까지 돌아간다. 고작 8시인데도 자정이 훨씬 넘은 듯, 지나다니는 사람 하나 보이지 않는다. 한적하다 못해 쓸쓸하다. 낮에 본 자메아스르 모스크가 보이고, 곧이어 히치하이크한 곳도 보인다. 아, 여기서부터 숙소까지 차로 가도 한참이었는데, 눈앞이 깜깜해진다. 숙소에는 과연 언제쯤 도착할 수 있을까?

과유불급이라고 했던가. 갑자기, 정말 갑자기, 오른쪽 가랑이에서부터 참을 수 없는 통증이 밀려온다. 고관절이 나갔다는 표현은 이럴 때 하나 보다. 넘어진 것도 아니고, 어디에 부딪힌 것도 아니다. 그저 걷기만 했는데, 갑자기 툭! 근육이 끊어진 것처럼 극심한 통증이 척추를 타고 올라온다. 땀이 뒷목을 타고 흘러내린다. 식은땀이다. 긴 한숨이 나도 모르게 입 밖으로 새어 나온다. 아픈 건 정말 싫은데.

하늘을 바라본다. 사정도 모르고, 밤하늘은 참 눈부시다. 이렇게 밝아도 되나 싶을 정도로 달은 참 밝다. 지금까지 봐왔던 밤하늘 중에 단연 손꼽힌다. 고관절이 나가지 않았더라면, 그래서 멈춰 서지 않았더라면, 어쩌면 눈앞에 두고도 지나쳤을지 모를 비경이다. 그래, 좋게 생각하자. 여행이다.

여행에서 일어나는 모든 일에는
다 이유가 있다.

──────────────── 수상 마을로 유명한 캄퐁아예르('캄퐁'은 '마을'을 뜻함)로 향한다. 인구 3만 명이 사는 세계 최대의 수상 마을로, 16세기 초 이곳을 방문한 마젤란 원정대는 이곳을 '동방의 베니스'라고 불렀단다.

모터가 달린 조그만 나룻배를 타고 들어가 산책하듯 마을 곳곳을 거닌다. 상상했던 수상 가옥은 낡아서 금방이라도 무너질 듯한 것이었는데, 아니다. 대부분이 새로 지은 것처럼 말끔하다. 전기, 전화, 상수도까지 잘 갖춰져 있어, 불편함이 없어 보인다. 수상 마을이라도 이슬람 사원부터 경찰서, 주유소까지 공공시설도 없는 게 없다. 예전에는 브루나이 왕궁도 이곳에 있었는데, 신도심으로 왕궁과 주민들이 이주하면서 이곳도 대대적으로 개발했다고 한다. 학교도 늘고, 건물도 새로 생기고, 또 하나의 신도시인 셈이다. 물 위라 시원한 데다가 무엇보다 모기가 없다고 하니, 나도 한번 살아보고 싶다.

하지만, 집과 집을 연결하는 다리 겸 거리는 걸을 때마다 삐걱댄다. 이러다가 무너지지 않을까 하는 두려움에, 최대한 조심스럽게 걷는다. 그런 내 속을 알 리 없는 한 무리의 아이들이 왁자지껄 웃으며 후다닥 내 옆을 뛰어간다. 아, 다리가 후들거린다.

오후에는 숙소 근처, 두 개의 큰 건물이 이어진 야야산 쇼핑몰Yayasan Complex에서 시간을 보낸다. 한낮의 뜨거운 태양을 피하기엔 더할 나위 없이 좋다. 하루에 몇 시간은 이렇게 쉬면서 글을 쓴다. 글을 쓰니 쉬는 건 아니지만. 그리고 보면, 작가란 꽤 매력적인 직업이긴 하다. 세계 어디서든 키보드 하나 놓을 공간만 있으면 충분하니 말이다.

날이 저문다.
하루가 마무리된다.

누군가에게는,
하지만 내게는
코타키나발루/말레이시아

여행하는 것은 도착하기 위해서가
아니라 여행하기 위해서다
괴테

———————— 다행이다. 일찍 끊긴다던 코타키나발루Kota Kinabalu 공항버스가 아직 남아있다. 서둘러 버스에 오른다. 목적지는 여행자 거리인 잘란가야Jalan Gaya('잘란'은 '거리'를 뜻함)다. 화교가 경제권을 잡고 있어서인지, 중국어 간판이 유난히 눈에 띈다. 잘란가야에 도착하자마자 숙소부터 알아본다. 가장 깔끔해 보이는 곳으로 들어가 가격을 묻는다. 나쁘지 않다. 머물기로 한다.

안내받은 방에는 침대마다 커튼이 달려있다. 아늑하다. 나름 독립된 공간이다. 덕분에 도미토리인데도 1인실을 사용하는 것 같다. 샤워부터 하고 땀에 찌든 옷을 갈아입었다. 살 것 같다. 커튼을 내리고, 알몸으로 눕는다. 아, 편하다. 선풍기 바람이 들어오지 않아서 조금 덥지만, 아무것도 걸치지 않는 자유로움이 지금은 더 좋다.

슬슬 눈이 감긴다.
잠깐 눈을 붙이기로 한다.

———————— 나이트 푸드 마켓Night Food Market 입구에는 이곳이 놀이터인 양 뛰노는 아이들이 많다. 개중에는 담배를 피우는 녀석도 있는데, 열 살도 안 돼 보인다. 나와 눈이 마주치자 새하얀 이를 드러내며 말갛게 웃는다. 미소만큼은 아이다. 야단치는 어른이 왜 한 명도 없는지 이해되지 않는다.

입구를 지나 안으로 들어가면, 온갖 종류의 싱싱한 해산물이 가득하다. 생전 처음 보는 갑각류에 기겁한다. 생김새가 신기하긴 하지만, 식욕이 생기지는 않는다. 여기저기서 생선 굽는 연기가 피어오른다. 앞이 안 보일 정도다. 참았던 허기가 더더욱 밀려온다. 결국, 가장 만만한 생선이 오늘 저녁이 된다. 인상이 좋은 아주머니의 가게로 들어가, 가장 통통해 보이는 생선을 주문했다. 그런데, 늘 먹어오던 생선과 달리 껍질이 질기다. 껍질을 벗겨내다가 손가락에서 쥐가 날 지경이다. 다행히 맛은 있다. 겉과 달리 속은 살살 녹는다.

허기를 달래고 바닷가 근처에 앉아 석양을 바라본다. 언제 봐도 석양은 너무도 아름답다. 이제쯤 질릴 만도 한데, 봐도 봐도 늘 새롭고, 특유의 깊은 감성을 연출한다. 자연스럽게 사색에 잠긴다.

삶을 되돌아본다. 참 잘 살아온 것 같다. 이대로 삶이 끝나더라도, 아쉽지 않을 것 같다. 이런, 무슨 생각을 하는 거지? 다 석양 탓이다.

아무래도, 내일 아침 일찍
일출을 보러 가야겠다.

─────────── 일요일이다. 선데이 마켓이 열리는 날이기도 하다. 코타키나발루에 오더라도, 일요일에 머물지 않으면 경험할 수 없다. 이른 아침부터 오토바이들이 오가고, 웅성거리는 사람들의 소리가 들린다. 더운 나라답게 일찌감치 장이 선다. 규모는 상상 이상으로 넓다. 다닥다닥 붙어있는 간이상점들이 끝없이 이어진다.

그러나 아쉽게도, 물건이 그다지 좋아 보이지 않는다. 중국에서 보따리로 가져왔을 법한 공산품이 주를 이뤄서, 여기가 말레이시아인지, 중국인지 헷갈릴 정도다. 전부 돌아보고 나니 좀 허무해졌다. 살 게 없다. 빈손으로 터벅터벅 숙소로 돌아간다.

왔던 길과 다른 길로 가다가 뜻하지 않게 또 다른 마켓과 마주쳤다. 아무리 검색해봐도 이름조차 나오지 않는 재래시장이다. 숨은 명소를 발견한 것 같아 묘한 쾌감이 밀려온다. 여행이 주는 보너스란 이런 게 아닐까? 하지만 역시, 여기에서도 살 만한 건 없다.

수리아사바Suria Sabah는 유명한 쇼핑몰이다. 간단하게 요기할 생각으로 푸드코트로 향한다. 다른 쇼핑몰과 달리 가장 꼭대기 층에 푸드코트가 있다. 뜻하지 않게 스카이라운지를 찾아온 셈이다. 커다란 유리창 밖으로 시원한 바다가 펼쳐지고, 수많은 배들이 앞바다의 조그만 섬으로 끊임없이 사람들을 실어 나른다. 그 모습을 보고 있자니, 꼬따오로 들어가던 날이 떠오른다. 엊그제 일 같은데, 벌써 시간이 많이 흘렀다.

이어폰에선 오래전에 즐겨 듣던 노래가 흘러나온다. 쏟아지는 신곡에 밀려, 자주 듣지 않게 된 노래들이다. 기억의 파편이 노래들과 섞여서 새로운 기억을 만든다. 언젠가 다시 이 노래들을 듣게 된다면, 바다 냄새가 날 것 같다.

생각에 빠져있는 사이, 파리 한 마리가 날아와 손등에 앉는다. '나'라는 거대한 먹이를 얻었다고 생각하는지 낄낄거리며 웃는 것 같기도 하다. 팔을 휘저어 쫓아보지만, 먹이를 포기할 생각은 없어 보인다. 쫓아도, 쫓아도 다시 날아온다. 아, 느긋하게 바다 감상 중인데. 슬슬 짜증이 밀려온다. 완벽하게 파리를 쫓아내고 자세를 바로잡고 앉는다.

배고프다.
이제 밥 먹자.

———————— 코타키나발루는 말레이시아에서의 마지막 도시가 되었다. 브루나이에 가지 않았다면, 코타키나발루까지는 오지 않았을 것이다. 그래서인지, 코타키나발루는 브루나이와 하나로 엮어진 패키지 같다. 기왕에 코타키나발루까지 왔다면, 브루나이에 들렀으면 한다.

공항버스에 다시 몸을 싣는다. 공항에 가까워지자 멀리 석양을 등지고 이륙하는 비행기가 보인다. 멋있다. 그 모습을 보는 것만으로 가슴이 뛴다. 설렘이 밀려온다.

역시, 여행은 계속되어야 한다.
나는 여전히 여행에 고프다.

다시 돌아온다는
거짓말

호찌민/베트남

도착하고 나서야
어디를 향해서 걸어온 것인지 알게 된다.

빌 와트슨

───────── 점점 고도를 낮추고 있는 비행기 창밖으로 베트남을 내려다본다. 온통 황토색이다. 산이 많은 우리나라와는 첫인상이 사뭇 다르다. 그 낯섦이 두근두근 설렘이 된다.

15일짜리 관광 비자를 받고, 출입국 심사대를 통과했다. 가장 먼저 ATM으로 달려가 베트남 돈부터 찾는다. 돈에 붙은 '0'의 개수가 말도 안 되게 많다. 헷갈린 나머지 몇 번이나 반복해서 돈을 확인한다. 편의점에 들러 1만5백 동 하는 물을 사고 5만 동을 낸다. 2만 동 한 장, 1만 동 한 장, 5천 동 한 장, 2천 동 두 장, 마지막으로 1천 동 한 장을 거슬러준다. 아, 헷갈린다. 차분하게 계산해보니, 총 4만 동을 받았다. 500동을 더 받은 셈이다. 500동이 큰돈처럼 보이지만, 25원 정도다. 아마 잔돈이 없었던 모양이다.

호찌민Ho Chi Minh 공항에서 시내로 들어가는 152번 버스에 올라탄다. 마을버스만큼 작은 버스다. 이동하는 내내 커다란 배낭을 무릎 위에 올려놓고 간다. 큰 짐이 있으면 1인 요금을 더 내야 한다나. 좌석에 내려놓는 순간, 운전사가 뒤돌아보며 돈을 더 내라고 할 것만 같다.

어느덧, 버스는 시내로 들어선다. 두 눈이 휘둥그레진다. 족히 수백 대는 넘어 보이는 엄청난 오토바이 행렬이 눈앞에 펼쳐진다. 핏줄을 따라 힘차게 흘러가는 백혈구처럼, 도로를 빼곡히 채우고 흘러간다. 장관이다. 얼핏 무질서하게 보여도 나름의 규칙이 있는 모양인지 유유자적하게 잘도 간다.

데탐De Tham 거리에 도착했다. 방콕의 카오산로드만큼이나 잘 갖춰진 여행자 거리다. 호찌민의 다양한 명소들도 데탐 거리 가까이 밀집되어있다. 기동력을 높이기 위해, 목부터 축이 기로 한다. 가까운 바Bar로 들어갔다. 메뉴판에 적혀있는 맥주 중 가장 저렴한 가격은 1만 동이다. 고작해야 500원이다. 싱가포르에서 물도 마음껏 사 먹지 못했던 날들이 주마등처럼 스쳐 간다. 베트남에서 맘껏 마실 맥주를 생각하니, 입가에 웃음이 실실 흐른다.

메인 거리에서 조금 떨어진 곳에 숙소를 잡았다. 아직 홍보가 덜 되었는지, 12인실이나 되는 넓은 공간에 여행자는 달랑 두 명이다. 조그만 발코니도 있어서 빨래를 널 수 있다. 배낭 속에 묵혀두었던 빨래를 모두 꺼내 곧바로 해결해버린다. 아, 개운하다.

숙소 휴게실에 앉아 쉬고 있는데, 맞은편 백인 여자의 얼굴이 심상치 않다. 아니나 다를까, 이내 훌쩍거리기까지 한다. 새벽에 날치기를 당했단다. 택시를 타려고 기다리는데, 어디선가 쏜살같이 나타난 오토바이가 가방을 낚아채고 그대로 달아났단다. 여권이랑 귀중품이 다 들어있다니, 남 일 같지 않다.

베트남에는 오토바이 날치기가 많은데, 놀랍게도 밤이 아닌 새벽에 주로 활동한단다. 그 이유를 알 것 같다. 오토바이가 많아서 새벽이 아니면 잽싸게 도망치기가 어려울 것이다. 범죄가 때와 장소를 가리는 건 아닐 테지만 말이다.

한동안 울기만 하던 여자는, 조금 진정이 되는지 주위를 돌아보며 "전화 좀 써도 될까요? 노트북 좀 빌려주세요, 메일 한 통만 쓸게요."라며 도움을 청한다. 안타까운 마음에 여행 경비에 보태라고 돈을 조금 나눠줄까 하다가 그만두었다. 자존심이 상할지도 모른다. 얼마 후, 여행자들이 하나둘씩 주위로 모여든다. 여자의 딱한 사정을 듣고는, 모두 다 제 일인 양 뭐라도 해주겠다고 팔을 걷어붙인다. 단결력이 좋다. 여행자는 여행자끼리 통하는 게 있다.

원만히 잘 정리되기를,
이번 일로 여행을 포기하지 않기를 응원한다.

전쟁 박물관War Remnant Museum의 'Remnant'라는 단어는 '남겨진' 또는 '살아남은 자'란 뜻이다. 단어에 담긴 의미가 묵직하게 다가온다.

베트남 전쟁은 어릴 적 할리우드 영화로 먼저 접했다. 영화 속에서 베트남은 항상, 주인공을 위협하고 죽이려는 악당이었다. 어른이 된 지금은, 그것이 일방적인 해석이라는 걸 안다. 적어도 베트남에 온 이상, 편견 없이 사실만을 바라보기로 한다. 베트남의 반대편에 섰던 나라의 국민으로서, 아픈 기록들과 오롯이 마주하는 게 쉽지는 않지만, 그 실상을 하나하나 가슴에 담아본다.

당시, 미군은 785만 톤의 폭탄을 쏟아 붓고, 75만 리터나 되는 화학 무기를 사용했다. 베트남전에 참전했던 우리나라 군인들이 지금까지도 고엽제 후유증으로 아파하는 이유다. 하루 500명에 달하는 민간인이 희생당한 기록도 있다. 누가 악이고, 누가 선일까? 전쟁이란 악몽의 소용돌이 속에서 과연 선명하게 선과 악을 나눌 수 있을까?

전쟁은 언제나 잔인하고
잔혹하다.

──────── 노트르담 성당과 중앙 우체국은 서로 가까이 붙어있다. 1+1 같다. 그 앞에는 커다란 마리아상이 시내를 바라보며 서있는데, 만남의 장소로 이용될 만큼 사람들로 붐빈다. 그래서 한 가지 아쉬운 점이 있다. 관광객을 태운 버스가 이곳까지 들어와서는, 건물을 가려버린다. 관광객을 편하게 해주려는 서비스 정신은 알겠지만, 그로 인해 다른 여행자가 피해를 보고 있다. 아니, 버스를 타고 온 관광객도 손해다. 건물 전체를 온전히 볼 수 없으니 제대로 된 사진 한 장 건지기도 어렵다. 외곽에 주차하고, 조금 걸어오게 하면 얼마나 좋을까?

중앙 우체국 앞에는 하늘색 양복을 맞춰 입은 중년의 남자들이 서있다. 분홍색 아오자이를 입고 있는 여자들도 보인다. 남자들은 죽마고우, 여자들은 부인들 같다. 모두의 입가엔 밝은 웃음이 어려있다. 보는 나도 즐거워져 덩달아 웃는다. 은근슬쩍 부럽기도 하다.

나도 언젠가는 친구들과 옷을 맞춰 입고 세계 곳곳으로 여행을 떠나고 싶다. 멋진 기억이 될 것이다. 우체국에 온 김에, 엽서 한 장을 산다. 친구에게 지금의 마음을 전한다. 한참 후에나 도착하겠지만, 아날로그는 아날로그만의 맛이 있다.

───────── 베트남 국토는 남북으로 길게 뻗은 모양이다. 남쪽에는 호찌민, 북쪽에는 하노이Hanoi가 있다. 여행자들은 대부분 호찌민에서 하노이로, 또는 하노이에서 호찌민으로 방향을 잡고 쭈욱 이동한다. 베트남만 돌아볼 생각이라면 나 역시 하노이 쪽으로 방향을 잡겠지만, 캄보디아를 다녀오려면 다시 내려와야 한다. 따라서 캄보디아로 먼저 들어갔다가 나와서, 베트남 위쪽으로 올라가는 경로를 정한다.

여행자 거리를 돌아보며 차편과 가격을 비교한다. 다들 비슷비슷한 것 같아도 조금씩 차이가 난다. 조금이라도 더 아끼려는 마음에 계속해서 발품을 팔다가 문득 얼마나 차이가 나는 건가 계산해본다. 환산해보니, 기껏해야 100원이다. 갑자기 어이가 없다, 뭐 하는 짓인지. 가장 친절했던 여행사로 돌아가 예약을 완료한다. 내일 밤 11시 45분에 캄보디아로 떠난다.

잠시, 안녕.
다시 돌아온다는 인사를 남겨본다.

───────── 늦은 아침, 짐을 챙기고 체크아웃을 한다. 밤 11시 45분까지 어디선가 버텨야 한다니, 갑자기 거리로 나앉은 기분이다. 집을 잃고 거리를 방황하는 기분이랄까? 발길 닿는 대로 서둘러 걷는다. 어제 지났던 공원이 다시 나온다. 나무 높이가 으리으리하다. 이렇게나 거대한 나무를 동네에서 쉽게 볼 수 있다는 사실이 놀랍다. 강렬한 햇볕과 넘치도록 내리는 비 때문에 쑥쑥 자라나 보다.

공원을 나오자마자 씨클로 한 대가 지나간다. 영화에서 보던 빈티지한 느낌과는 거리가 멀다. 광이 날 정도로 반짝거리는 새 씨클로다. 낡음이 주는 정겨움이 없다. 타라고 해도 타고 싶은 마음이 들지 않는다.

조금 더 안쪽으로 들어가니, 주택가가 있다. 골목을 제집 마당처럼 뛰노는 아이들

의 소리가 여기저기서 들려온다. 함께 나온 엄마들은 옹기종기 모여서 이야기꽃을 피우고 있다. 요즘 우리나라에서는 여간해서 보기 어려운 풍경이다. 그 많던 아이들은 다 어디로 사라진 걸까? 아이가 없는 나라라니. 우리나라는 이미 늙은 나라인 듯하다. 반면, 베트남은 젊은 나라라는 게 실감 난다.

주택가를 벗어나자 이번엔 재래시장이 나온다. 외국인들이 자주 찾는 벤타인Bên Thanh 시장과는 사뭇 다른 모습이다. 주인 한 명이 겨우 앉을 수 있는 작은 상점들이 다닥다닥 붙어있다. 진열된 물건은 대부분 찬거리와 과일, 메이커 없는 옷과 신발들이다. 우리나라 트로트라도 틀어놓으면 영락없는 우리네 재래시장이다. 걷는 중간중간, 바닥에 구정물이 지뢰처럼 고여있다. 최대한 튀지 않도록 조심조심 걸어보지만,

쉽지 않다. 결국, 발가락 끝에 구정물이 닿는다. 으, 찝찝하다. 휴지를 꺼내 닦으려다
가 그만둔다. 어차피 계속 묻을 테니까.

어느새 날이 저물어 어둑어둑해졌다. 데탐 거리로 다시 돌아간다. 지나가는 길에
조그만 간판 하나가 눈에 들어온다. 북카페라고 적혀있다. 실내가 제법 깔끔하게 꾸
며져 있어서 안으로 들어간다. 한 무리의 남녀가 조심스럽게 통기타를 치고 있는데,
거슬릴 정도는 아니다. 자리를 잡고 앉아 태블릿PC를 꺼내 글을 쓴다. 몇몇이 내가
가지고 온 무선 키보드에 관심을 보인다. 글을 쓰며 여행 중이라고 하자, 엄지를 치켜
든다. 멋있어 보이나?

주문한 재스민 차는 무한리필이다. 마음에 든다.

카페 안에 흐르던 기타 연주는 어느덧 멈추고, 나 혼자 남아있다. 시간은 이미 11시 30분을 넘기고 있었다. 제시간에 늦을까, 부랴부랴 여행사로 달려간다. 하지만 약속한 시각이 지나도 아무도 날 데리러 오지 않는다. 불안한 마음에 직원에게 물어보니, 여기저기 전화를 돌린다. 한참 뒤에야 나를 어딘가로 데려간다.

도착한 곳은 버스가 아닌 조금 더 큰 여행사다. 이런, 또 대기다. 그나마 안심이 되는 건, 아까와 달리 다른 여행자들도 있다는 사실이다. 다들 커다란 배낭을 앞뒤로 메고 있다. 직원이 다가와 여행자들의 여권을 챙겨간다. 국경을 넘을 때마다 으레 진행되는 절차다. 캄보디아 비자 발급비도 걷는다. 얼마 후, 또다시 따라오란다. 행여 놓칠세라 열심히 쫓아간다. 드디어 도로 한쪽에 비상등을 켜고 서있는 커다란 버스가 보인다. 배낭을 빼앗다시피 가져가서 짐칸에 싣고는, 어서 올라타란다.

버스는 슬리핑 버스다. 예약할 때 사진으로 본 1인용 좌석이 아니다. 더블베드다. 모르는 누군가와 나란히 누워 갈 생각을 하니 암담하다. 왜 사진과 다르냐고 항의해볼까도 했지만 부질없다는 걸 안다. 캄보디아로 가기 위해선 결국엔 이 버스를 타야하니까. 차라리 옆자리에 여자가 눕기를 바랄 뿐이다.

역시 남자다. 난 운이 없다. 장장 6시간을 함께 갈 생각을 하니 심장이 쫄깃해진다. 공포영화가 따로 없다. 남자도 나도, 자세를 바꾸다가 실수로 살이라도 닿으면, 기겁을 하고 떨어진다. 둘 사이에 또 다른 누군가 한 명 더 누워도 될 만큼 충분할 공간이 생긴다. 아무래도 3인석인가 보다.

잠이라도 들면 좋겠는데, 점점 더 말똥말똥해진다.
슬리핑 버스라는 이름이 무색하게.

화내지 마,
다를 뿐이야

프놈펜/캄보디아

세상의 다른 부분은 어떤지 배워야 한다.
다양성은 좋은 것이다.

리처드 파인만

국경에 도착한 시간은 새벽 3시경. 출입국 심사대 직원들이 6시에 출근한다면서, 남은 3시간을 슬리핑 버스 안에서 자면서 기다리란다. 기다리는 건 좋은데, 에어컨을 어찌나 강하게 틀어대는지 마치 냉동차 안에 들어와 있는 기분이다. 내 자리는 에어컨 바람이 나오는 구멍 바로 아래인데, 엎친 데 덮친 격으로 바람을 조정할 수 있는 덮개가 망가져 있다.

뭐라도 덮으면 좋겠지만, 옷가지는 모두 배낭 안에 있다. 짐칸에 다녀오자니 팔자 좋게 잠들어있는 옆 사람이 문제다. 깨우기도 미안하고, 안 깨우고 그냥 건너가자니 공간이 너무 좁다. 자칫 눈이라도 마주치면 오해받기 딱 좋은 상황이다.

그렇게 망설이는 사이, 운전사가 버스 복도에 담요를 깔고 누워버렸다. 버스 문을 열려면, 이제 운전사까지 깨워야 한다. 완전히 타이밍을 놓쳤다. 자리마다 하나씩 나눠줬던 담요를 얼굴까지 덮어보지만, 얇디얇아서 바람이 송송 들어온다. 아, 정말 춥다. 이대로 냉동 생선이라도 되려나 보다.

몸이 뻣뻣하게 얼어갈 즈음, 드디어 출입국 심사대의 문이 열린다. 온몸이 누군가에게 얻어맞은 것처럼 아프다. 쪽잠을 자던 운전사가 일어나 버스 문을 열어준다. 승객들은 하나둘씩 일어나 밖으로 나간다. 나도 서둘러 나간다. 냉탕에 있다가 온탕에 들어온 느낌이다. 아, 살 것 같다.

베트남에서 캄보디아로 들어가는 출입국 심사는 싱거울 정도로 간단했다. 직원들은 하는 둥 마는 둥 검사를 마치고, 서로 수다 떨기에 바쁘다. 역시나, 이번에도 밀수를 계획했다면 성공했을 것이다.

캄보디아 지도를 펼쳐본다. 북쪽으로는 태국, 라오스와 접하고, 동남쪽으로는 베트남 국경과 접한다. 남서쪽은 해안이다. 지도만으로는 알 수 없는 풍경들이 궁금해진다. 어떤 모습들을 보게 될까? 어떤 사람들을 만나게 될까? 또다시 새로운 나라다.

여기는,
캄보디아다.

──────── 국경을 조금만 벗어나니, 카지노가 눈에 들어온다. 예상치 못한 모습이다. 캄보디아에서 가장 먼저 보게 된 풍경이 카지노라니. 게다가 규모도 제법 크다. 생활이 어렵다는 이웃을 찾아갔더니, 현관 앞에 탕수육 접시, 피자·치킨 박스가 놓여있는 분위기랄까? 그래도 주 고객은 캄보디아 사람들이 아니라, 도박이 금지된 나라에서 원정 도박을 오는 겜블러들이란다. 아무리 그렇다고는 해도, 왠지 씁쓸하게 느껴진다.

캄보디아의 수도, 프놈펜Pnompenh을 향해 이어지는 국도는 매우 단조롭다. 국경에서부터 도로 하나만 쭉 따라 달려가면 바로 프놈펜이다. 하지만 아우토반을 상상해서는 안 된다. 비포장도로가 많아서 덜컹거리다 보니 좀처럼 속도를 낼 수 없다. 게다가 가끔 소 떼가 출몰하여 길을 막고, 고물 오토바이가 세월아, 네월아 앞서 달려가면 답이 없다. 비키라고 성질이라도 한번 부려볼 만한데, 버스는 묵묵히 그 뒤를 따를 뿐이다. 참 속도 좋다. 야속한 시간만 빠르게 달려간다. 너무 늦지 않게 프놈펜에 도착해야 한다. 미처 숙소를 구해놓지 못했다.

아니다. 조급해한다고 느려터진 버스가 날아갈 것도 아닌데, 차라리 마음을 비우자. 고개를 돌려 창밖의 풍경을 바라본다. 끝을 알 수 없는 넓은 논밭, 중간중간 조그만 가옥들. 그 앞으로 넓은 강이 시원하게 흐른다. 소박하면서도 아름답다. 당장 버스에서 내려서 사진에 담고 싶다. 차라리 천천히 걸어서 프놈펜까지 가볼까? 계속해서 비경이 눈앞을 스쳐 지나가지만, 차마 버스를 세울 용기가 나지 않는다.

드디어 프놈펜이다. 농촌에서 도시로 순간이동을 한 기분이다. 건물도 많고, 자동차와 오토바이도 순식간에 늘어났다. 도로 또한 복잡하다. 버스는 터미널이 아닌, 조그만 여행사 앞에 선다. 내리는 곳이다. 커다란 버스가 좁은 도로를 막고 서있는 통에, 다들 마음이 급해진다. 서둘러 승객들을 내리게 하더니 배낭을 집어던지다시피 꺼내준다. 내 배낭도 저만치 길바닥에 나뒹군다. 순간, 욕이 튀어나올 뻔했지만, 싸워서 무엇하리, 사과를 받은들 무엇하리. 치밀어 오르는 화를 억누르고 발길을 돌린다.

안쪽 골목으로 들어간다. 일종의 여행자 거리다. 처음 방문한 숙소에서 1인실에 12달러를 부른다. 예상보다 비싸다. 다른 곳을 알아보겠다고 하니, 금방 10달러로 내린다. 대신 3일 이상 머물러야 한단다. 그 정도는 머물 생각이니, 나쁘지 않은 가격이다.

방은 깨끗하다. 침대도 널찍하니 편하고, 무엇보다 발코니가 있다. 발코니 너머로 건너편 가정집이 보인다. 살림살이가 단출하다. 거실에서 할머니가 손주와 놀고 있고, 며느리는 부엌에서 식사를 준비하고 있다. 정겹다. 집밥이 먹고 싶어지는 순간, 며느리와 눈이 마주친다.

화들짝 놀란 나는, 후다닥 몸을 뒤로 숨긴다.
아, 나 지금 뭐 한 거지?

─────────── 톤레사프Tonle Sap호와 메콩Mekong강이 만나는 부분에 작은 바Bar들이 늘어서 있다. 바에 앉아 메콩강을 보고 있으면 기분이 묘해진다. 티베트에서 시작해 미얀마, 라오스, 태국, 캄보디아를 거쳐, 베트남까지 흘러가는 강이다. 이 어마어마한 강이 현지인들에게는 늘 볼 수 있는 동네 냇물 정도로 비쳐지겠지.

종업원이 내게 주문을 권한다. 멋진 풍경과 함께하는데, 가격은 의외로 착하다. 생맥주 한 잔에 1달러. 해물 샐러드 안주는 4달러다. 여행자를 상대하는 만큼, 청결하고 깔끔하다. 마음에 든다.

캄보디아의 화폐 단위는 리엘Riel이다. 캄보디아의 대표 생선인 리엘과 이름이 같다. 국토의 약 10%를 차지하는 거대한 톤레사프호에서 리엘이 연간 백만 톤이 잡힌단다. 우리나라의 김치처럼, 캄보디아의 밥상에 빠지지 않고 올라오는 프라혹Prahok(생선 젓갈)을 리엘로 만든다고 하니, 얼마나 중요한 어종인지 알 것 같다.

하지만, 화폐로서의 리엘은 값어치가 낮다. 캄보디아 화폐가 있지만, 실상은 달러를 더 선호한다. ATM에서도 달러가 나오고, 심지어 동네 마트의 물건도 달러로 가격이 표시되어있다. 반면, 리엘은 동전처럼 사용한다. 달러는 큰돈, 리엘은 잔돈인 셈이다. 그렇지 않아도 헷갈리는데, 돈 계산을 할 때마다 어지럽다.

기다리던 생맥주가 나왔다. 벌컥벌컥 맥주를 들이킨다. 짜릿하다. 시원하게 펼쳐진 강을 바라보며 마시는 생맥주의 맛을 어떻게 설명할까? 내 부족한 표현력으로는 이 맛을 충분히 묘사할 수 없다. 아, 살 것 같다. 모든 근심이 사라진다.

길고 긴 이 여행의 이유는,

한 잔의 맥주를 오롯이 느끼기 위해서 아닐까.

───────── 청아익Choeung ek까지의 거리를 재보니, 숙소로부터 12km 남짓이다. 걸어갈 만한 거리는 아니지만, 그렇다고 걸어서 못 갈 거리도 아니다. 찬찬히 캄보디아의 이면도 볼 겸 걷기로 한다. 중간에 힘들면, 뭐라도 잡아타면 되겠지. 잔돈을 한 움큼 챙겨 주머니에 넣고, 길을 나선다.

살인적인 햇살이다. 우산을 펼쳐 햇살을 가린다. 역시나 날 쳐다보는 시선이 느껴진다. 특히, 여자들이 키득거린다. 그래, 웃어라. 난 소중하니까, 내 피부는 내가 지킨다. 한참을 걸어가는데, 우산을 썼는데도 얼굴이 타는 느낌이다. 지면에 반사돼 올라오는 햇볕 때문이다. 어느새 온몸이 땀으로 축축하게 젖었다. 우산 안에서 비를 맞는 것 같다. 선크림을 잔뜩 발랐지만 소용없다. 땀과 함께 이미 씻겨 내려갔다.

번화가를 벗어나자, 거리가 눈에 띄게 더러워진다. 쓰레기가 아무렇게나 버려져 있고, 악취까지 풍긴다. 놓아 기르는 닭들은 그 쓰레기를 먹고 살이 포동포동 올라있다. 저걸, 잡아먹는 걸까? 아, 생각만 해도 속이 안 좋다. 캄보디아에 있는 동안, 닭 요리는 멀리해야겠다.

그뿐만 아니다. 공장에서 흘러나온 폐수는 그대로 냇가로 흘러들어, 오줌을 싼 것처럼 보글보글 거품이 올라온다. 조금 더 걸으니, 이번엔 진짜 오줌이다. 벌건 대낮인데 남자들이 노상 방뇨를 하는 것이다. 숨어서 일을 보는 게 아니다. 길 한복판에서 대놓고 한다. 지나가는 여자들과 눈이 마주치면 씩 웃는다. 행동이 너무도 자연스러운 나머지, 저곳이 실제 화장실 아닐까 생각마저 든다.

인도와 차도의 구분이 명확하지 않은 곳도 많다. 마주 오던 오토바이에 치일 뻔도 했다. 오토바이가 급하게 핸들을 꺾어서 천만다행으로 무사했지만, 그 바람에 오토바이는 그대로 미끄러지듯 넘어지고 말았다. 걱정스러운 마음에 괜찮으냐고 물으니, 천천히 일어나 오토바이를 세우고는 괜찮다며 고개를 끄덕인다. 아파 보이는데도 그냥 가버리고, 주위 사람들도 별일 아니라는 듯 제 갈 길을 간다.

걷는 내내 모토 택시(오토바이 택시) 운전사들이 큰소리로 나를 부르며 호객 행위를 한다. 목소리가 어찌나 큰지, 욕처럼 들린다. '야! 새끼야! 그래, 너! 외국인 너 말이야! 이거 타! 타고 가라고!' 하는 것 같다. 열심히 사는 건 좋은데, 듣는 나로서는 영 거북하다. 살인적인 더위 탓인가? 아, 날이 너무 덥다.

한적한 골목으로 꺾어 들어가자, 조그만 마을이 나온다. 조금 전까지 걸어왔던 더러운 거리는 어디 가고, 깨끗하게 정리된 흙길이 펼쳐진다. 한적하고 아늑하니, 산책하기 딱 좋다. 길가에는 소들이 한가롭게 풀을 뜯고 있다. 그런데, 묶여있지 않다. 덜컥, 겁부터 난다. 고작 소일 뿐인데, 도시 촌놈에게는 무서운 야수 같다. 설마 갑자기 달려들지는 않겠지? 조심조심 그 옆을 지나가는데, 꼬맹이들이 내 모습을 보고 까르르 웃는다. 그리고는 강아지 다루듯 소를 몰고 가버린다. 겸연쩍다. 아, 부끄럽다.

지쳐서 쓰러질 즈음, 청아익에 도착했다. 입장료를 내고 안으로 들어서니, 사뭇 엄숙한 분위기가 흐른다. 숙연하다. 이곳을 찾은 사람들의 표정들도 진지하다. 슬퍼 보이기까지 한다.

청아익은 여행자들에게 킬링필드Killing Field로 불린다. 킬링필드는 캄보디아의 공산주의 무장단체였던 크메르루주Khmer Rouge가 1975년부터 1979년까지 집권하는 동안 200만 명에 이르는 동포를 학살하여 매장한 곳을 이르는 말로, 캄보디아에 수백 곳의 킬링필드가 있다. 극단적인 이념에 사로잡힌 그들은 지식인, 부유층, 종교인은 물론 갓 태어난 아이까지 가리지 않고 죽였다. 단지 친미 정권에 협력했다는 이유만으로도 많은 이들이 죽어 나갔다. 농민 천국을 구현한다며 도시인들을 농촌으로 강제 이주시켰고, 화폐와 사유재산, 종교까지 폐지했다. 무시무시한 공포정치였다.

1975년부터 1979년에 일어난 일이라니. 역사란, 나와는 상관없는 먼 옛날이야기

처럼만 여겨졌는데, 킬링필드는 내가 살아 숨 쉬는 동안 벌어진 일이었다. 가슴 한곳이 묵직하게 가라앉는다.

과거도 역사고, 지금도 역사다.
난 역사 속에서 살아가고 있다.

────────────── 그 먼 길을 다시 걸어서 돌아갈 생각을 하니, 눈앞이 깜깜하다. 아무래도 걷는 건 무리다. 출구에 나란히 서있는 모토 운전사에게 다가가 협상을 해본다. 15달러를 내란다. 헉! 생각보다 비싸다. 요금이 이렇게 비싸지는 않다고 들었는데, 명소 앞이라 그런 모양이다. 어쩔 수 없이 돌아서는데, 금세 10달러로 가격을 내린다. 이들의 눈에 비친 외국인은, 5달러쯤은 쉽게 뜯어낼 수 있는 호구라고 생각하나? 내가 예민하게 구는 건지는 모르겠지만, 납득이 되질 않는다. 역시, 날 물로 봤다고밖에 생각할 수 없다. 불쾌함이 밀려온다.

"1달러." 나도 내 마음대로 가격을 불러본다. "뭐? 1달러?" 녀석이 되묻는다. "그래, 1달러. 너에게는 1달러면 충분해." 눈에 불을 켜고 대답한다. 주위에 모여있던 현지인 무리가 우리 모습이 재미있는지 깔깔댄다. 운전사는 내게 '감자'를 날린다. 주먹 쥔 손으로 하는 욕이다. 주위에서 또 한 번 웃음이 터진다. 내 편은 없어 보인다.

난 착하지 않다. 여행자들은 다 착하거나, 순수하다고 생각하는 모양인데, 사람 잘못 봤다. 속사포 랩처럼 욕을 쏟아냈다. 차마 입에 담을 수 없는 날카로운 욕설이다. 나 역시도 이제는 되돌릴 수 없다. 칼부림이 난다고 해도 어쩔 수 없다. 드루와! 드루와! 싸움을 걸어오면 잔인하게 밟아줘야 한다. 아주 작살을 내버려야 한다. 어설프게 봐줬다가는 오히려 화가 되어 돌아온다. 내 눈이 뒤집힌다.

어쩌면 그 순간만큼은 킬링필드의 폴 포트 악령이 내 안에 들어왔는지도 모른다.

그러다 번쩍 정신이 든다. 이성적으로 상황을 바라봐야 한다. 여기는 우리나라가 아니다. 캄보디아다. 슬쩍 둘러보니 외국인은 나 혼자다. 내 편을 들어줄 만한 사람은 당연히 없다. '한국인 여행자, 캄보디아의 킬링필드에서 변사체로 발견되다. 킬링필드의 저주인가!' 뉴스 헤드라인이 떠오른다.

"하하하!" 일단 웃어본다. 웃는 얼굴에 침은 못 뱉겠지. 하지만 이미 발동이 걸린 욕설은 멈춰지지 않는다. "하하하! 이런 미친……." 욕설은 계속된다. 웃으면서 욕을 하니, 모토 운전사는 헷갈리는 눈치다. 화를 내야 할지 말아야 할지. 그러는 사이, 마지막으로 "ByeBye"라는 인사말과 함께 똑같이 감자를 날렸다. 그리고 뒤도 돌아보지 않고 걸었다. 뛰는 건 자존심이 허락하지 않고, 되도록 자연스럽게 속도 내어 걸었다. 다행히 쫓아오지는 않는다.

여행을 하는 동안 좋은 경험만 할 순 없다. 여행이 언제나 좋은 기억만 줄 것 같다면, 착각이다. 내게는 여행에 대한 안 좋은 기억들도 많다.

그럼에도 여행을 한다.
그럼에도 사랑을 하는 것처럼.

──────── 결국, 12km 남짓한 거리를 또다시 걷는다. 발바닥이 아픈 것보다, 몸이 힘든 것보다, 아까의 불쾌한 감정이 좀처럼 사그라들지 않는다. 아무래도 캄보디아를 떠나야겠다. 안 좋은 경험을 하면 곧바로 떠나고 싶어진다. 숙소에 돌아가는 대로 짐을 싸야겠다.

걷다 보니, 목이 탄다. 입 안은 이미 오래전에 바싹 말라버렸다. 마침, 조그만 가게 하나가 눈에 들어온다. 허름하지만, 냉장고도 있고 생수도 보인다. 아, 가격 표시가 없다. 또 얼마를 바가지 씌우려 할까? 벌써부터 지친다. 마트에서 0.5달러에 파는 걸 알고 있으니, 터무니없이 바가지를 쓰지는 않겠지.

가격을 묻는데, 주인아주머니가 아예 영어를 못한다. 생수를 하나 꺼내 들고 보여주니, 손가락 다섯 개를 펼쳐 보인다. 5달러? 5달러라면 엄청난 바가지다. 아니면 5천 리엘? 그 역시도 비싸다. 하지만 남은 길은 너무나도 멀다. 비싸더라도 결국 살 수밖에 없다. 바가지는 이렇게 쓰나 보다. 그래도 5달러를 빼앗기지는 않겠다. 5천 리엘도 물론이다. 못 알아듣는 척, 슬쩍 가격을 낮춰봐야겠다. 주머니에는 1천 리엘 세 장, 500리엘 한 장, 100리엘 세 장이 있다. 나머지는 모두 달러다. 달러를 보여주면 5달러라고 우길까 봐 차마 꺼내지도 못하겠다. 결국, 리엘만 모두 꺼내 내밀었다. 아주머니의 표정에서 곤란함이 흐른다. 손을 내젓는다. 안된다고? 아, 좀! 3천 리엘 정도면 충분하잖아! 갈증에 지친 나의 표정이 굳어진다. 아주머니는 내 손에서 500리엘 한 장을 가져가더니 가보란다. 500리엘? 500리엘이라고? 그렇게 싸다고? 생수를 들고 멍한 표정 그대로 굳었다. 내가 3천 리엘을 내밀었을 때, 아주머니는 '안 된다'가 아니라, '아니다'를 말하고 있었다.

솔직히 지쳐있었다. 매번 흥정을 해야 하는 것도, 현지인이 우기면 속는 줄 알면서도 바보처럼 당해야 하는 것에도. 그래서 편견인 줄 알면서도 편견을 만들었고, 모두 다 그럴 거라는 일반화의 오류를 범했다. 여행을 망치고 있는 건, 현지인의 바가지도, 그들의 태도도 아니다. 여행을 망치고 있는 건 다름 아닌 나였다. 부끄럽다.

> *가게 앞에 서서 생수를 들이켠다.*
> *벌컥벌컥 마시다가 덜컥, 목이 멘다.*

───────────── 프놈펜에 있는 동안, 대부분을 숙소에서 보냈다. 여행에도 쉼이 필요하다. "거기까지 가서 숙소에만 있다고?" 이해할 수 없다는 카톡이 사방에서 날아온다. "그러고 있지 말고 어서 밖으로 나가, 그래야 뭔가 에피소드가 생기지?" "무슨 에피소드?" "여행지에서의 로맨스 같은."

로맨스 같은 소리 한다. 사람들은 사랑이냐, 일이냐를 놓고 종종 비교하지만, 내 경우엔 사랑도 일 같다. 여행까지 와서 일을 하다니, 그러고 싶은 생각은 없다. "사랑도 일이야." 다들 이해할 수 없단다. "그래도 좀 쉬고 나면, 다시 돌아다니고 싶어질 거야. 그게 여행이니까." 이해하든 못 하든, 걱정해주는 마음이란 걸 알기에 원하는 대답을 해주고 대화창을 닫는다.

그저 조금 지쳤을 뿐이다. 연애를 하는 동안 매일매일 뜨거울 수 없듯이, 여행을 하는 동안 매번 감동하고, 놀라고, 신기해할 수 없다. 그러려면 여행에도 쉼이 필요하다.

> *그러고 보니, 여행은*
> *연애와 참 많이 닮았다.*

밤새 엄청난 비가 내렸다. 어찌나 요란하게 내리던지 잠을 설치고, 아침이 되어서야 꾸벅꾸벅 졸음이 밀려온다. 시엠레아프Siem Reap(씨엠립으로 통상 부름)로 가는 날인데, 눈이 제대로 안 떠진다. 깜빡 잠들었을까? 누군가 방문을 심하게 두들긴다. 청소하는 여자아이다. 영어를 할 줄 몰라서, 손짓 발짓으로 서둘러야 한다고 알려준다. 날 태우러 버스가 왔단다. 부리나케 옷을 갈아입고, 짐을 챙긴다. 방을 나서기 전, 마지막으로 한 번 더 돌아본다. 빠뜨린 거 없지? 다시 돌아올 수 없단 말이야. 갑자기 울컥해진다. 내 생에 프놈펜을 다시 올 날이 있을까?

마지막은 언제나
애틋하다.

기억을 걷는 시간

시엠레아프/캄보디아

여행은 다른 시대의 사람들과
대화하는 것과 같다.

데카르트

─────────── 여행자 거리에 숙소를 잡고 짐을 풀었다. 지도로는 앙코르와트 Angkor Wat가 가까워 보이는데, 아직 어디가 어딘지, 감이 잘 오지 않는다. 숙소를 나와 주변을 거닐어본다. 펍 스트리트Pub Street라는 번화가인데, 사막 한가운데에 세워진 라스베이거스 같은 느낌이 든다. 프놈펜에서 시엠레아프까지 오는 내내 보던 논밭과는 전혀 다른 분위기다. 수도인 프놈펜보다 더 화려한 것 같기도 하다.

펍 스트리트에는 많은 바가 있다. 그 말은 곧, 시원한 생맥주를 터무니없이 저렴한 가격에 마실 수 있다는 말이다. 첫 잔을 가져다주기 무섭게 해치우고, 두 번째 잔을 주문한다. 종업원은 이미 알고 있었다는 듯, 곧바로 새 잔을 가져다준다. 앉은 자리에서 안주도 없이 생맥주 네 잔을 비웠다. 캬! 시원하다.

숙소로 돌아오는 길. 누군가 '붐붐' 하며 따라온다. 호찌민에서도 같은 일을 겪어봐서 붐붐이 무얼 의미하는지 안다. 성매매다. 냉정하게 뿌리치고 가는데도, 호객꾼은 한참을 따라오며 계속 '붐붐'을 외친다. 주위의 시선이 내게로 몰린다. 나쁜 짓 하다 걸린 것처럼 수치스럽다. 서둘러 벗어나고 싶다. 발걸음은 더욱 빨라진다.

저리 가! 저리 가라고! 미친놈아!
붐붐, 싫다고! 붐붐, 안 한다고!

─────────── 나이가 들어간다는 건, 하루를 점점 더 빨리 시작한다는 것일지도 모른다. 언젠가부터 알람이 없어도 일찍 일어난다. 어김없이 이른 산책을 나선다. 밤사이, 거리는 안정되고, 깨끗해지고, 싱그러워진 모습이다. 이른 시간인데도 거리엔 의외로 사람들이 많다. 조금이라도 선선할 때 하루를 시작하는 것이 더운 나라를 살아가는 지혜인 듯싶다.

앙코르와트를 돌아본다는 말은, 단순히 앙코르와트 하나만을 본다는 의미가 아니다. 1억 평이 넘는 거대한 땅에 펼쳐진 다양한 앙코르 유적들을 돌아본다는 말이다. 당연히 하루로는 불가능하다. 대표 유적지인 앙코르와트, 앙코르톰Angkor Thom, 타프롬Ta Prohm만 본다면 가능하지만, 이 역시도 흩어져 있어서 걸어서 둘러보는 건 무리다. 말 그대로 '유적군'이다. 뚝뚝Tuk Tuk(오토바이 뒤에 수레를 연결한 교통수단)을 빌려서 다녀야 한다. 하지만 가격이 좀 센 편이다. 나처럼 혼자서 여행하는 경우에는 발품을 팔아서 동행을 구해야 하는데, 결코 쉬운 일은 아니다.

숙소에 돌아오니, 식당에서 한국어가 들린다. 여자 셋이서 앙코르 유적지 코스를 짜고 있다. "괜찮으시면, 정보 좀 얻어도 될까요?" 슬그머니 말을 붙여본다. 기꺼이 내게 의자를 내어준다. 잠시 눈치를 보다가 본론을 꺼낸다. "아직 팀을 꾸리지 못해서요. 괜찮다면 함께 뚝뚝을 탈까요?" 동선만 맞는다면 좋단다. 다행이다 싶었는데 웬걸, 내가 가려는 곳은 이미 다 다녀왔단다. "오늘 우리나라에서 온 여행자들과 번개를 하는데, 같이 가실래요? 거기서 동행을 구하면 되잖아요." 내가 마음에 걸렸는지, 함께 모임에 나가자고 한다. 자기들도 이곳에 오기 전, 급하게 가입한 카페란다.

그렇게 다시 찾은 펍 스트리트. 여행을 해오면서 한꺼번에 이렇게 많은 우리나라 사람들을 만난 건 처음이다. 눈에 띄게 예쁜 여자와 멋진 남자가 있었는데 이번 여행에서 만난 커플이란다. 아, 내게는 왜 이런 기회가 안 오는 걸까?

취향에 맞게, 음료수와 술을 시킨다. 그제서야 정식으로 인사를 나눈다. 대부분 젊다. 난 저 나이에 여행 한번 제대로 못 하고 일만 했는데, 괜히 억울하다. 어느새 술안주로 여행담이 올라온다. 똑같은 도시를, 똑같은 시기에 거쳐왔는데도, 풀어놓는 여행담은 제각기 다르다. 여행이란 이래서 직접 겪어야 하나 보다. 아무리 책을 읽고, 다큐멘터리를 보더라도, 그곳에 직접 가지 않으면 여행의 참맛을 느낄 수 없다.

"어? 베트남으로 다시 못 들어가는데." 대화를 나누던 중, 청천벽력 같은 소리를 들었다. 앙코르와트까지만 돌아본 뒤, 다시 베트남으로 돌아가 북쪽으로 이동할 생각이었는데, 베트남으로 돌아갈 수 없다니? 베트남 비자 방침이 바뀌어서, 베트남에서 한 번 나가면, 30일 이후에야 비자를 다시 받을 수 있단다. 제대로 알아보지 않고 국경을 넘은 내 잘못이다. 어쩔 수 없이 여행 경로를 다시 생각한다.

30일 이상 캄보디아에 머무르는 건 시간 낭비 같고, 베트남으로 못 간다면 라오스로 나가는 수밖에 없다. "라오스로 나간다고요? 최소 24시간은 가야 할걸요? 아니다, 아는 사람은 이틀이나 걸렸다고 해요." 다들 최악의 경로라며 한마디씩 한다. 차도 엄청나게 갈아타야 하고, 밤이 되면 강제로 숙박을 해야 한단다. 빨리 가려면 돈을 더 내라는 노골적인 요구도 한다니, 생각만으로도 머리가 아프다. 고생문이 훤하다. 차라리 비행기를 탈까? 아니다. 그까짓 고생. 그거 하려고 여행하는 거잖아.

갑자기 생각이 많아진 날 뒤로하고, 다들 앙코르와트를 둘러보기 위한 대화를 이어간다. 벌써부터 마음이 맞는 사람들끼리 동행을 정하는 분위기다. 부랴부랴 뒤늦게 파고들어 보지만, 깨달았다. 그들 눈에 비친 나는, 그냥 아저씨일 뿐이다. 그래, 누가 나이 많은 아저씨와 여행을 하고 싶겠는가? 회식 자리에서 상사는 돈만 주고 눈치껏 빠지라는 농담이 떠오른다.

*결국, 자리가 끝날 때까지
그 누구와도 동행을 이루지 못했다.*

──────── 아침 일찍 숙소를 옮겼다. 체크인 시간은 오후 1시 이후지만, 마침 방이 비어있어서 일찍 체크인해준다. 새로운 숙소는 펍 스트리트와는 멀고, 앙코르와트와는 가깝다. 그래서일까? 조용하고 한적한 분위기다. 체크인을 하고 있는데, 식당에 앉아있는 여자가 딱 봐도 우리나라 사람이다. 머릿속에는 동행을 구해야 한다는 생각이 가득하다. 하지만 동시에 자격지심도 인다. 나와 여행하고 싶어 할까? 에라, 모르겠다. 말이라도 걸어보자.

"혹시, 앙코르와트 다녀왔어요?" 말하면서도 무슨, 작업 멘트 같아 웃음이 나온다. 거절은 두렵지 않았다. 하도 많이 당해봐서. 하지만 돌아오는 대답이 의외였다.

"스미마셍. 와타시와 니혼히또데스.(죄송합니다. 나는 일본인입니다.)" 어라? 일본어다. 순간, 내 입에서 "혼또데쓰까. 하지메마시떼.(정말요? 처음 뵙겠습니다.)"가 튀어나온다. 평소 일본 애니메이션을 보며 익혀둔 일본어가 이렇게 도움되다니. J의 눈이 동그랗게 변하더니 묻는다. "니혼히또데스까.(일본인입니까?)" 아, 이대로라면 계속 일본어로 대화를 이어가야 하는데, 내가 알고 있는 일본어는 이미 다 나온 상태다. 곧바로 영어로 바꿔서 대화를 이어간다. "아니, 한국인이야." 여자는 더 놀란다. "일본어 발음이 너무 자연스러워서 일본인이라고 생각했어요." 칭찬인가? 괜히 쑥스럽다.

앙코르와트에 오늘부터 갈 거라며, 자전거로 가볼까 고민 중이란다. 순간, 나도 자전거로 가볼까 싶은 생각이 들었다. 내 마음을 읽었는지, J가 먼저 "괜찮다면 함께 갈래요?"라고 묻는다. 뭐라고? 지금 함께 가자고 한 거야? 할렐루야! 내게도 행운이 찾아오는 건가! "좋아!" "혹시 내일도 시간 돼요?" "내일도? 당연하지!" "그럼, 내일도 함께 갈래요? 앙코르와트는 하루 만에 돌아볼 수 없다고 해서요." "좋아. 좋아." 앙코르와트의 일출을 보려면 새벽 일찍 출발해야 하는데, 가는 길에 가로등이 없어서 어둡단다. 얼마 전 외국인 여자가 픽치기당했다는 말을 듣고 망설이던 차에, 날 만났다고 한다. 역시, 뭐든 타이밍이 중요하다. 걱정 마. 내가 너의 보디가드가 돼줄게!

악수를 청한다.
드디어 내게도 생긴 동행이다.

──────── 시간은 벌써 아침 8시. 가장 먼저 자전거를 빌린다. 하루 단위로 빌릴 수 있는데, 자전거 상태에 따라 1달러에서 6달러까지 가격이 다양하다. 우리는 1달러짜리로 한다. 페달을 밟을 때마다 삐걱거리는 소리가 난다. 낡은 자전거다. 캄보디아의 풍경과 묘하게 어울린다.

숙소부터 앙코르와트까지는 멀다. 뚝뚝을 타고 앞질러가는 여행자들이 힘내라며 응원을 보낸다. 마음은 고맙지만, 몸이 힘드니 조롱하는 것처럼 들린다. 우여곡절 끝에 드디어 입구에 도착했다. 3일짜리 티켓을 구입한다. 주머니가 가벼운 배낭여행자에게 부담스러운 금액이지만, 내일 새벽에 일출을 보기로 한 이상 어쩔 수 없다. 캄보디아에 온 가장 큰 이유이기도 하니 망설이지 않기로 한다. 쓸 땐 과감하게 써야 한다.

얼굴이 찍혀 나오는 티켓을 받아 들고, 삐걱거리는 자전거 페달을 힘차게 밟으며 한참을 더 깊이 들어간다. 어느덧 저 멀리, 앙코르와트가 거대한 모습을 드러낸다. 아, 생각보다 무지하게 크다. 그 옛날에 저 거대한 건축물을 어떻게 지었을까? 상상조차 되지 않는다. 숨이 턱 하고 막힐 만큼 웅장하다. 페달을 밟는 다리에 힘이 들어간다.

서둘러 다가가려던 찰나, 갑자기 J가 날 불러 세운다. 사진기 배터리를 숙소에 두고 왔단다. 충전하려고 꽂아두었다가 깜빡했다는데, 조그만 체구에 메고 온 무거운 DSLR이 무용지물이 돼버렸다. "숙소로 돌아가자." 앞장서서 자전거를 돌린다. "이니에요. 그냥 스마트폰으로 찍으면 돼요." 그렇게 말은 하지만, J의 표정은 거의 울상에 가깝다. 거짓말은 못 하는 성격인가 보다. 여행에 있어서 사진은 무척 중요한 부분이다. 게다가 앙코르와트는 스마트폰으로만 담기에는 너무나 눈부시도록 아름답다. "괜찮아, 숙소에 갔다 와도 시간은 충분해." 다시 한 번 권한다. "그럼, 혼자 다녀올게요. 둘 다 갈 필요는 없어요." 맞는 말이다. '그럼 그렇게 할래?'라는 말이 튀어나올 뻔했다. 난, 결코 여자에게 친절한 편이 아니다. 아, 잠시 흔들렸다. 동행하기로 한 이상, 의리있게 행동하고 싶다. 게다가 혼자 돌아가면 분명 중간에 지친다. 누군가 함께 달려줘야 시간도 잘 가고, 힘도 덜 든다. 앙코르와트를 코앞에 두고, 자전거를 돌린다.

숙소로 돌아오자마자 한차례 샤워부터 했다. 아, 정말 덥다. 시원한 물을 마시니 좀 살 것 같다. 무거울까 봐 작은 생수통을 하나만 챙겼던 오전과 달리, 이번에는 커다란 생수통을 챙긴다. 한 번 경험했다고, 만반의 준비를 갖추고 숙소 앞에서 기다린다. 곧 이어 배터리를 챙긴 J가 나온다. 밝게 웃으며 "빠진 거 없지?"라고 묻자, J는 고개를 끄떡이면서도 미안한 웃음을 내비친다. 미안하라고 한 말이 아닌데, 괜히 내가 더 미안해진다. J는 아직 내가 친근하지 않은 모양이다.

다시 앙코르와트로 향한다. 한 번 가본 길이라 그런지, 덜 힘들다. 앙코르와트의 '앙코르'가 '한 번 더'의 '앙코르Encore'인가 보다. ('앙코르'의 실제 뜻은 '왕의 도시'이다) 그렇게 1시간 남짓 달렸을까? 다시 앙코르와트가 코앞이다. 내일 아침에 보기로 한 앙코르와트가 혹시나 보일세라, 고개를 숙이고 스쳐 지나간다. 맛있는 건 아껴먹고 싶은 마음이다. 대신, 잘 닦여있는 길을 따라 앙코르톰으로 곧장 향한다. 찾아가는 길은 어렵지 않다. 많은 여행자를 태우고 가는 뚝뚝의 물결을 따라가기만 하면 된다. 뚝뚝을 타고 편하게 이동하는 여행자가 부럽지만, 이왕 자전거로 시작했으니, 끝까지 자전거로 마무리하고 싶다. 코끼리를 타고 유유자적 둘러보는 여행자도 보인다. 그리고 딱 한 명. 걷는 여행자도 봤다. 보는 것만으로도 내가 다 힘겹다.

앙코르와트에서 북쪽으로 1.5km 떨어져 있는 앙코르톰은 앙코르 유적 중에서 유일하게 불교 유적지이다. 한 변의 길이가 3km인 정사각형 형태이며, 8m나 되는 성벽과 너비 113m의 해자로 둘러싸여 있다. 성벽은 우주를 둘러싼 벽을 의미하고, 해자는 우주의 바다를 상징한다는데, 지금은 원숭이의 놀이터가 된 듯하다.

다섯 개의 문 중 가장 많이 이용한다는 남문으로 향한다. 으리으리한 성문이 그 위엄을 드러낸다. 성문 위에는 동서남북 4면 모두 보살의 얼굴이 조각된 인면상이 있는데, 각 면은 희로애락을 나타내고 있다. 앙코르톰 안에 있는 바욘Bayon 사원 역시 이

와 같은 인면상으로 유명하다. 자신을 관세음보살로 믿은 바야자르만 7세는 54개의 탑을 세우고 4면에 자신의 얼굴을 새겨넣었다. (관세음보살의 얼굴이라는 설도 있다.)

앙코르와트를 제외하고 오늘 돌아보기로 한 유적들은 다 돌아봤다. 앙코르톰, 바푸온Baphuon 사원, 왕궁터, 피메아나까스Phimeanakas, 코끼리 테라스, 라이왕 테라스까지. 유적과 유적 사이가 상당히 멀어서 힘들었지만, 그나마 다행히 언덕은 없었다. 그래, 자전거로 충분히 돌아볼 만하다.

숙소로 돌아오자마자 곯아떨어졌다. 언제 어떻게 잠들었는지 모를 지경이다. 두어 시간 죽은 듯이 잤더니 개운하다. 이내 허기가 밀려온다. 일어나 보니 다리와 허리에 잔뜩 알이 배겼다. 내일도 미친 듯이 자전거를 타야 할 텐데. 걱정스럽다.

페달을 멈추면,
자전거는 그대로 멈춘다.

이미 해는 중천에 떠있다. 기다리고 있던 J는 원망에 찬 눈빛으로 나를 쳐다본다. 일출은 이미 물 건너갔다. 식은 땀이 흐른다. 미안해서 죽을 맛이다. 그러다가 확! 잠에서 깼다. 늦잠 자는 꿈이다. 시간을 확인하니 새벽 3시. 아, 다행이다. 어찌나 놀랬는지, 다시 잘 엄두도 나지 않는다.

"안녕." J도 잠을 설친 표정이다. 새벽부터 이동해야 하기 때문에 자전거도 하루 더 연장해놓았다. 어두컴컴한 도로를 따라 힘차게 페달을 밟는다. 아는 길이라고, 덜 힘들다. 주위의 풍경도 슬슬 눈에 들어온다. 무식하게 앞만 보고 달렸던 어제와는 다르다. 콧노래가 흘러나온다. 공기가 상쾌하다.

앙코르와트는 길이 3.6km의 직사각형 해자에 둘러싸여 있다. 이 해자를 만들기 위해서 엠파이어 스테이트 빌딩의 1.5배에 달하는 흙을 파내고, 물을 가득 채웠다. 이런 엄청난 무게가 지면과 연결된 앙코르와트의 하단을 단단하게 누르고 있기 때문에, 앙코르와트가 지금까지도 무너지지 않고 굳건하게 버티고 있다. 그 옛날, 어떻게 이런 생각을 했지? 생각할수록 놀라울 따름이다. 난간에 나가Naga(일곱 개의 머리를 가진 뱀) 조각이 있는 사암 다리를 건너면 앙코르와트가 나온다. 중앙의 높은 탑은 우주의 중심인 수미산을 상징하고, 주위에 있는 네 개의 탑은 주변의 봉우리들을 상징한다. 웅장하고 아름답다. 그 매력에 푹 빠져들고 만다.

앙코르와트 앞 공터에 자전거를 세운다. 줘도 안 가져갈 자전거지만 자물쇠를 단단히 채우고, 서둘러 리플렉팅 연못Reflecting Pond 앞으로 달려간다. 앙코르와트를 사진에 가장 잘 담을 수 있는 명당자리인데, 일출을 보러 온 여행자들로 이미 발 디딜 틈 없다. 겨우 자리를 잡고 앉아서 일출을 기다린다.

앙코르와트의 하늘이 서서히 밝아오더니 금세 붉게 타오른다. 앙코르와트 너머로 태양이 모습을 드러낸다. 매일 떠오르는 태양이고, 매번 봤던 일출이지만, 태어나서 처음 보는 것처럼 심장이 요동친다. 왈칵 눈물이 쏟아질 것만 같다. 숨이 가빠진다. 이 기분을 어떻게 표현할 수 있을까. 태양의 기운이 온전히 전해진다. 나도 모르게 두 손을 번쩍 들고 몸을 최대한 넓게 펼친다. 가능한 많은 기운을 받고 싶다.

두둥실 태양이 떠오르고, 완연한 아침이 된다. 자리에서 일어나 앙코르와트 안으로 들어간다. 기분이 묘하다. 과거로 시간 여행을 하는 기분이다. 벽면으로 길게 펼쳐진 부조가 눈에 들어온다. 앙코르와트의 부조에는 힌두교 대서사시가 기록되어있다.

부조 하나하나 살펴보는 맛이 쏠쏠하다. 글로만 읽었던 이야기가 눈앞에 생생하게 펼쳐지고, 거대하고 방대한 조각들은 어느새 블록버스터가 된다.

우리나라 가이드들의 설명을 귀동냥으로 들어본다. 이야기가 재미있다. 오래전 앙코르의 왕들은 자신을 신과 동일시하며, 왕권을 강화하기 위해 사원을 이용했단다. 사원은 단순한 종교 기관이 아니라 경제·행정 기능을 함께 갖춘 곳이었다. 당시에는 물물교환을 중심으로 경제가 돌아갔는데, 낮은 계급의 평민들은 사원에 쌀 같은 현물은 물론이고 노동력까지 기부했다고 한다. 일종의 세금이다. 심지어 아이까지 일꾼으로 바쳤고, 노예들은 목숨도 내놓아야 했다. 아름다움 속에 감춰진 내면은, 잔혹하다.

적당한 곳에 앉아 미리 준비해온 커피를 마신다. 커피 한 잔을 사이에 두고 앙코르 와트와 데이트를 하는 기분이다. 평소, 유적지에는 큰 관심이 없는 나였기에, 스스로도 놀라운 변화다.

그렇게 한참을 머물며
앙코르와트와 사랑을 나눈다.

J가 꼭 가보고 싶다는 벵메알레아Beng Mealea 사원은 우리나라엔 잘 알려지지 않았지만, 일본인들에게는 꼭 들러야 하는 곳이란다. 일본 애니메이션의 거장, 미야자키 하야오의 〈천공의 성, 라퓨타〉의 모티브가 된 곳이기 때문이다. 문제는, 거리가 멀어서 자전거 이동이 불가능하다는 것. 미니버스를 대절해야 하는데, 10만 원 정도라 둘이서는 감당하기 힘든 비용이다. J는 저녁마다 열심히 함께 갈 사람들을 모았고, 드디어 나를 포함하여 일곱 명의 사람이 더 모였다. 모두가 일본인이다. 갑자기 영어가 아닌, 일본어가 오간다. 아무것도 알아들을 수 없다. J가 중간중간 통역을 해준다. 비싼 미니버스를 대절하는 만큼, 다른 곳도 가보자고 한다. 맞는 말이다. 하지만 다들 원하는 여행 경로가 달라서 조율이 어려워 보인다. 한 명은 절대로 조율되지 않을 거라면서 가버렸다. J는 언급되는 경로들을 알려주며 내 의견을 묻는다. 벵메알레아만 간다면, 다른 곳은 어디든 나는 별 상관없다.

너무 고민하지 말라는 의미로 알아서 하라고 했는데, "매번 나보고 알아서 하래요."라며 토라진다. 아, 그런가? 생각이 짧았다. 생각해보니, 내게 의사 결정을 부탁했는데 내가 미루는 꼴이다. 얼마나 원망스러울까? 뒤늦게 적극적으로 그들의 대화에 뛰어든다. 오가던 일본어는 차츰 영어로 바뀐다. 30분 정도 공방 끝에, 드디어 여행 경로가 정해졌다. 내일 아침 7시에 출발이다.

고생한 J를 위해, 조촐하게나마 저녁을 사주었다. "난 아무것도 하지 않았지만, 넌 사람들도 모으고, 조율도 하고, 많은 일을 했잖아. 그러니까 오늘 저녁은 고마워하지 않아도 돼." 내 말을 들은 J는 슬며시 웃는다. "그럼, 사양하지 않고 잘 먹겠습니다!" 배가 고팠나 보다. 꽤나 잘 먹는다. 자기가 생각해도 스스로가 대견했나 보다.

먹고, 부족하면 더 시켜, 나, 돈 많아.
허세를 부려본다.

─────── 아침 7시. 미니버스는 예상보다 깨끗하다. 미니버스로도 길고 긴 거리. 다들 여행 경험이 많아서 수다가 끊이지 않는다. "우리, 서로서로 사진 찍어주기로 해요. 파파라치처럼." 지금까지 이렇게 많은 여행자와 함께한 적이 없었기에, 재미있는 의견을 내본다. 서로가 서로를 자연스럽게 찍어주고, 나중에 사진을 교환하기로 한다.

J의 짐은 상상외로 많다. DSLR, 가이드북, 선글라스, 선크림, 휴지, 지갑, 스마트폰, 물, 겉옷까지. 조그만 체구에 그 많은 짐을 챙기는 게 안쓰러워 보였다. 널널한 내 가방에 짐을 나눠 들어주니 고맙단다. 장소를 옮길 때마다 두고 가는 건 없는지 챙겨주고, 이동하는 차에서는 편히 자라고 어깨를 내어준다. 밥 먹을 때는 먼저 먹으라고 양보하고, 찍고 싶은 사진이 있다면 충분히 기다려준다. 그런 내 모습을 보고, "역시, 한국 남자는 매너가 좋아." 모두들 이구동성으로 이야기한다. 의도치 않게 우리나라 남자의 위상을 높인 것 같아 자랑스럽다.

몇 시간이나 달리고 달려서 드디어, 벵메알레아에 도착했다. 거대한 요새였던 라퓨타가 무너져 내린, 〈천공의 성, 라퓨타〉의 마지막 장면을 그대로 옮겨놓은 듯했다. 우리는 애니메이션의 가장 중요한 대사인 멸망의 주문 "바루스!"를 외치며 돌아다녔다. 우연히 만난 한국인 가이드는 관광객을 상대로 앙코르의 역사를 설명하고 있지만, 내 눈에는 온통 라퓨타의 장면들만 겹쳐 보인다. 아무래도 파즈가 되어 시타를 찾아야 할 것만 같다.

> 사람들은 같은 곳에서 같은 걸 보면서도,
> 각자가 보고 싶은 것만 보고, 생각한다.

─────────── 마지막 밤이다. 3일짜리 앙코르와트 티켓도 이제 마지막이다. 즐거웠던 J와의 여행도 마지막이다. 우리는 앙코르와트의 일몰을 보기로 했다. 앙코르와트의 일출부터 일몰까지 모두 다 감상하는 셈이다. 이번에는 뚝뚝을 탄다. 여느 때와 같이 요금을 깎으려는 여행자와 조금이라도 더 받으려는 운전사 사이에 실랑이가 벌어졌다. 곧 해가 진다. 서두르지 않으면 아무런 소용이 없다. 우리나라 돈으로 따지면, 고작해야 몇백 원 차이다. 잔돈이라고 안 받기도 하던 액수다. 갑자기 웃음이 나온다. 그래, 마지막 날이다. 기분 좋게 하자. 군말 없이 운전사가 말하는 가격에 맞춰준다. 기분이 좋아진 운전사는 우리를 태우고 앙코르와트로 달려간다.

하늘이 어두워진다. 앙코르와트에 알 수 없는 침묵이 흐른다. 자연이 선보이는 장엄한 비경에 할 말을 잃는다. 일출과는 또 다른 모습이다. 그 어떤 인위적인 연출로도 만들 수 없는 광경은, 숨 쉬는 것마저도 잊게 한다. 이런 멋진 모습을 볼 수 있다는 건, 분명 행운이다.

태양이 완전히 사라질 때까지 지켜보고 싶지만, 유적지에서 나가야 하는 시간은 그보다 이르다. 어느새 나타난 관리인들이 사람들을 내보낸다. 사람들은 그들의 눈을 피해 숨어서라도 조금 더 일몰을 감상하려고 하고, 관리인들은 귀신같이 이들을 찾아낸다. 숨바꼭질 같다. 앙코르와트의 일몰을 보기 위해 몇천 킬로를 날아왔다고 항변해보기도 하지만, 씨알도 안 먹힌다. 아쉬움을 뒤로하고 발길을 돌릴 수밖에 없다.

> 안녕, 앙코르와트.
> 언젠가 '한 번 더(Encore)' 만나기를.

꿈같은 3일이 모두 끝났다. 가슴 한구석이 허전하다. 뜨겁게 연애를 하다가 헤어진 것 같은 기분. 그냥 놔두면 한없이 늘어질 것 같은 마음에, 애써 부지런을 떨어본다. 팔다리를 많이 움직이며 잡감정을 떨쳐낸다.

빨래를 맡긴 세탁소에 들렀다. 가격도 무척 착하고, 무엇보다 강렬한 햇볕에 옷을 말려줘서 입을 때마다 개운하다. 좋은 세제를 썼는지 냄새도 산뜻하다. 고맙다는 인사에 세탁소 직원이 수줍게 웃는다. 예쁘다. 페이스북이라도 물어볼걸, 약간의 후회가 남는다.

세탁소 옆, 라면집에도 들른다. 시엠레아프에서 우리나라의 신라면을 파는 유일한 식당이다. 주인이 현지인이라 더 놀랍다. 공깃밥도 같이 준다. 김치도 있다. 직접 담근단다. 우리나라 배추를 구하기 힘들어 양배추로 담그는데, 맛은 비슷하다. 정말 맛있다. 머무는 동안 몇 번을 와서 먹었는지 모른다. 우리나라 사람들뿐만 아니라, 현지인과 외국인도 많이 온다. 저녁엔 술집으로 변하는데, 두툼한 계란말이가 술안주로 나온다.

배도 채웠겠다, 버스 티켓을 구하러 부지런히 여행사들을 돌아다닌다. 목적지는 라오스의 수도 비엔티안Vientiane. 가격이 조금씩 다른데, 미묘한 차이라 선택하기가 더 힘들다. 장시간 이동인 만큼 버스 상태부터 이동하는 경로까지 꼼꼼하게 따져보지만, 하나같이 경로가 좋지 않다. 모두 다 너무 돌아서 간다. 라오스 남부를 통해서 비엔티안까지 올라가는데, 얼핏 봐도 강과 길이 뒤엉켜 엉망이다. 고생길이 훤히 보인다. 정말, 진심으로 망설였다. 어떻게 하지? 지금이라도 비행기를 알아볼까? 고민이 깊어간다. 아니다. 난 시간만은 부자다.

마지막으로 들어간 여행사에서 태국을 거쳐 라오스로 넘어가는 경로를 발견했다. 라오스에 비해 태국은 교통문화가 훨씬 더 발달했다. 도로도 잘 뚫려있어서 시간도 많이 단축할 수 있다. 재차 확인해본다. "분명, 태국을 통해 가는 거지?" 맞단다. 말만 그렇게 하나 싶어 지도에 여행 경로를 그려보랬더니, 손가락으로 이리저리 꾸불꾸불, 분명 태국 국경 쪽을 가리킨다. 좋아! 결심했어! 비행기보다 버스다!

거짓말인 줄도 모른 채, 버스 티켓을 산다.

역시, 여행은 버라이어티하다.

서른한 시간의 기록

방비엥/라오스

여행할 목적지가 있다는 것은
좋은 일이다.
그러나 중요한 것은 여행, 그 자체다.

어슐러 르귄

———————— 04:30 AM 새벽 5시에 출발하는 버스를 타기 위해, 픽업 차량을 기다린다. 분명 30분 전에 온다고 했는데 올 낌새조차 없다. 처음부터 꼬인다. 나중에 티켓과 바꿔준다며, 잘 가지고 있으라던 영수증을 꺼내본다. 손으로 갈겨쓴 시간을 다시 한 번 확인한다. 새벽 5시가 맞다. 그런데 왜 안 오지? 혹시 사기당한 건가? 불안하다.

05:20 AM 픽업 차량은 출발 시각을 넘겨서도 나타나지 않았다. 여행사로 찾아간다. 그나마 숙소 앞이라 다행이다. 픽업 차량과 엇갈릴까 계속 주위를 살피며 걷는다. 이른 새벽이라 여행사 문은 닫혀있다. 여행사 문을 한참 두들긴다. 잠이 덜 깬 여자가 짜증 섞인 표정으로 빼꼼히 얼굴을 내민다. "4시 반까지 오기로 한 픽업 차량이 안 왔어." 항의한다. "기다려. 버스는 5시에 출발하잖아." 어이없는 답변이다. "5시는 이미 지났잖아." 조금 더 강하게 항의한다. "때론 늦기도 해. 기다려." 아무렇지도 않게 대답한다. 내가 이상한 놈이 된 것 같다.

05:26 AM 드디어 픽업 차량이 왔다. 아, 오긴 오는구나. 조마조마해 하며 발을 동동 굴렀던 시간들이 갑자기 허무해진다. 잊고 있었다. 여기는 캄보디아다. 픽업 차량 안에는 나 말고는 아무도 없다. 불도 안 켜준다. 왠지 긴장감이 맴돈다. 이대로 어디론가 팔려가는 건 아니겠지?

05:31 AM 도착한 곳은 펍 스트리트 근처의 여행사다. 괜히 수수료만 이중 삼중으로 떼인 것 같다. 여기서 또 기다리란다. 무슨 시스템인지 도통 알 수가 없다. 그나마 다른 여행자를 만난다면 마음이라도

놓이겠는데, 여전히 나 혼자다. 불안하다.

05:43 AM 드디어! 여행자가 나타났다. 이제야 마음이 놓인다. 동행할까 싶어서 어디까지 가냐고 물으니, 이런, 행선지가 다르다. 같은 버스를 타고 가다가 중간에 내리는 건지, 처음부터 다른 버스를 타는지 하나도 모르겠다. 아, 답답하다.

05:53 AM 모기가 문다. 기피제를 잔뜩 뿌렸는데도 소용없다. 넓적다리를 긁어대고 있는데 외국인 여행자가 세 명 더 왔다. 힘이 난다. 긴장도 풀린다. 이들은 프놈펜과 베트남으로 간단다. 아, 베트남. 부럽다. 그런데 라오스로 가는 사람은 없는 거야? 설마 나, 아무도 가지 않는 길을 가려는 거야? 티켓 영수증을 뚫어지게 쳐다본다. 나, 무슨 짓을 한 거지?

06:00 AM 버스가 왔다. 사람들이 한차례 빠져나간다. 프놈펜과 베트남은 나와 함께 남았다. 곧이어 또 다른 버스가 왔다. 이번엔 프놈펜과 베트남이 함께 타고 떠난다. 프놈펜에 먼저 들르고, 곧장 베트남으로 가나 보다. 베트남 비자에 대해 몰랐다면, 나도 저 버스를 탔겠지. 베트남 국경 앞에서 오도 가도 못하고 쩔쩔맸을 테고. 아, 생각만으로도 아찔하다.

06:06 AM 어느새 동쪽 하늘이 붉다. 해가 떠오르고 있다. 여행사 직원도 답답해졌는지, 영수증을 보여달란다. 참, 빨리도 확인해주신다. 여기저기 전화하더니 또다시 자기들끼리 이야기를 나눈다. 한마디 설명도 없다. 참 많은 일이 있었던 것 같은데, 고작해야 새벽 6시다.

06:24 AM 드디어 내가 가지고 있던 영수증을 버스 티켓으로 바꿔준다. 어느새 출발 시간은 새벽 5시에서 아침 7시로 슬그머니 바뀌어있다. 연착이라 어쩔 수 없단다. 미안한 기색도 없다. 아무래도 불안하다. 확인차 여행 경로를 물으니, 태국 국경을 통해서 가는 게 아니다. 게다가 슬리핑 버스도 아니란다. 아! 불안한 마음은 언제나 틀리지 않는다더니. 표를 판 여자는 그렇게 설명하지 않았다고 따졌더니, 자기들은 그 여자를 모른단다. 뭐냐? 정말 뭐냐? 그런데 왜 날 여기에 데려다 놓은 거냐? 마음 같아선 삼자대면을 하고 싶다. 하지만 참는다. 왜? 여기는 캄보디아니까.

06:40 AM 구글맵을 태국 쪽만 받아서 왔는데, 이래서는 내가 어디쯤 가고 있는지 확인하기 어렵다. 서둘러 라오스 지도를 받아놔야 한다. 그런데 이 여행사는 와이파이도 안 된다. 아, 욕 나온다.

06:45 AM 포기할 건 빨리 포기하자. 정신 건강에 좋지 않다. 머리도 식힐 겸, 근처 편의점으로 간다. 캄보디아 돈을 남기지 않기 위해 초코파이 두 상자를 산다. 가지고 있어 봤자 아무런 쓸모가 없는 리엘이다. 나는 곧 캄보디아를 떠난다.

06:50 AM 편의점에서 돌아와 보니 나보고 뚝뚝을 타란다. 또 다른 장소로 이동한 다나. 아, 미칠 듯이 불안하다. 이미 캄보디아 돈도 다 썼다고!

06:53 AM 중간에 서양인 노부부를 태운다. 노부부는 뚝뚝에 올라타자마자 뭐가 마음에 안 드는지 따진다. 영어가 아니라 알아들을 수 없지만, 무언의 동질감이 흐른 다. 뚝뚝 기사는 그러거나 말거나 무표정이다. 자기와는 상관없는 일인 양 행동한다.

07:00 AM 또 다른 숙소 앞. 또 기다리란다. 아, 정말 짜증 난다. 그나마 안심이 되 는 건, 여기엔 배낭을 멘 외국인이 서른 명 정도 있다는 사실이다. 마음이 놓인다. 게 다가 와이파이도 잡힌다. 서둘러 라오스 쪽 지도를 받는다.

07:17 AM 미니밴이 도착한다. 라오스에 가는 사람들은 타란다. 드디어 출발인가. 그런데 헉! 스무 명 정도가 우르르 몰려간다. 조그만 밴에 어떻게 다 타라고. 사람들 은 올라타지 못하고 우왕좌왕한다. 운전사는 내 표를 확인하더니, 버스를 타는 거라 며 더 기다리란다. 아마도 미니밴으로 이동하는 티켓이 있고, 버스로 이동하는 티켓 이 있나 보다. 다시 돌아서는데 나와 눈이 마주친 노부부가 웃는다. 왜 웃는지 알 것 같다. 그래, 여기는 캄보디아다.

07:30 AM 기다림에 지친 젊은 서양 남자가 드디어 따지기 시작한다. 하지만 씨알 도 안 먹힌다. "Don't worry."만 반복한다. 그럼 걱정을 끼치지 말던가! 아, 흥분하지 말자.

07:33 AM 핸드폰 배터리가 77%다. 다행히 콘센트가 있다. 얼마나 버틸지 모르니 충전할 수 있을 땐 충전을 해야 한다. 하지만 100% 충전되지 않아도 좋다. 어서 출발 이나 좀 하자.

07:46 AM 또 다른 미니밴이 왔다. 이걸 타고 가란다. 버스를 타고 가라며? 따져 물었는데, 미니밴이 맞단다. 이제는 뭐가 뭔지도 모르겠다. 그 와중에 한국인 부부를 만났다. 말이라도 통하니, 그나마 의지가 된다.

07:57 AM 미니밴에 사람들이 구겨 탄다. 분명 9인승 같은데, 열일곱 명이나 탔다. 좁다. 답답하다. 열일곱 명의 배낭은 발밑에 쫙 깔린다. 누구의 배낭인지도 모르는데,

그냥 밟아댄다. 미안하지만 어쩔 수 없다. 지금이라도 포기하고 비행기를 알아볼까? 이대로 30시간을 이동하는 건 아니겠지? 별의별 걱정이 다 드는데, 뒷자리에 앉은 녀석은 팔자 좋게 노트북으로 영화를 본다. 그것도 스피커로. 자유분방한 건지, 예의가 없는 건지 모르겠다. 시끄럽다고 따지려다가 그만둔다. 싸울 힘도 없다. 이제야 겨우 출발이다. 이미 진이 다 빠졌다. 피곤하다.

08:53 AM 미니밴에 몸을 구겨 넣은 지, 1시간이 흘렀다. 슬슬 허리가 아파온다. 구겼던 몸을 펴자, 옆 사람과 어깨가 부딪힌다. 곧장 괜찮으냐고 물었다. 다들 신경이 곤두서있기 때문에 사소한 일로 감정이 상하지 않도록 조심한다.

09:56 AM 내 왼쪽 겨드랑이엔 왼쪽 사람의 어깨가 박혀있고, 내 오른쪽 어깨는 오른쪽 사람의 겨드랑이에 박혀있다. 옴짝달싹할 수가 없다. 허리는 어떻게 휘어있는 지 이제는 감각조차 없다. 좁아서 제대로 펴지 못한 다리는 내 몸에 붙어있는지나 모르겠다. 몸이 굳어가는 느낌이다.

10:39 AM 경찰 단속에 걸렸다. 탑승 인원 초과 때문이겠지. 운전사가 뇌물로 보이는 돈을 건네자, 곧 풀려난다. 이대로 사고라도 나면 어쩌지? 보상은 고사하고 목숨이나 유지할 수 있을까? 걱정스럽다.

10:45 AM 큰 주유소에 섰다. 5분간 정차할 테니 화장실에 다녀오란다. 유료다. 캄보디아 잔돈이 없어서 참아야 한다. 흡연자들은 미친 듯이 담배를 빨아댄다. 그리고는 그대로 다시 미니밴에 오른다. 아, 역한 냄새 때문에 죽을 것 같다. 똑같이 당해보라는 생각으로, 미니밴 안에 똥이라도 쌀까 보다.

10:55 AM 참다못한 옆 사람이 도저히 이렇게는 못 가겠다며 차에서 내린다. 다른 차를 알아보겠단다. 아, 그 덕에 두 자리를 차지하고 앉게 됐다. 좀 살 것 같다. 두 자리다. 다리를 꼬고 앉았다. 아, 별게 다 감동이다.

12:12 PM 미니밴이 시원하게 달린다고 생각했는데, 슬쩍 속도계를 보니 고작 시속 90km다. 그동안 워낙 천천히만 달려서, 이 속도도 오금이 저릴 정도로 빠르게 느껴진다. 차도를 놀이터로 아는지, 아이들이 불쑥불쑥 튀어나온다. 심장이 덜커덩 내려앉는다.

12:30 PM 그 유명한 메콩강을 건넌다. 최신식 다리다. 메콩강의 폭은 생각보다 훨씬 넓다.

12:39 PM 정말 볼 것 없는 한적한 시골에 도착한다. 시간이 천천히 흐르는 곳 같다. 연인 한 쌍이 내린다. 하루 정도 여기서 머물 생각이란다. 나도 따라 내릴까 고민한다. 반나절 시달렸을 뿐인데, 죽을 맛이다.

12:42 PM 또 다른 게스트하우스다. 여기서 30분 기다리다가, 차를 바꿔 탄단다. 미니밴에서 내려 허리를 편다. 게스트하우스에 딸린 화장실에 다녀온다. 돈을 아꼈다. 콘센트를 찾아 충전도 한다. 와이파이가 연결된다. 숨통이 틔는 기분이다. 구글맵을 계속해서 받아둔다. 거리가 거리인 만큼, 지도의 양도 꽤 많다. 다행히 인터넷 속도는 나쁘지 않다.

13:23 PM 날 똥으로 아나? 파리가 자꾸 달라붙는다. 쫓아낼 힘도 없다. 멀미를 안하고, 배탈이 안 난 걸 감사하자. 정말, 중간에 똥이라도 마려웠으면 어땠을까? 작은 일에도 감사하는 법을 배운다.

13:36 PM 시원한 맥주 한 캔 마시고 싶은데, 오줌 마려울까 봐 망설여진다. 돈도 없다. 30분만 기다리라고 했는데, 역시나 버스는 늦어진다.

13:41 PM 오라는 버스는 안 오고, 흰 무더기의 서생사를 태운 미니밴이 한 대 더 도착한다. 미니밴으로 여행자들을 모아서 큰 버스에 옮겨 태우는 모양이다.

13:56 PM 드디어 빅Big버스가 모습을 드러낸다. 라오스에서 넘어오는 사람들이 타고 있다. 모두들 짐을 내린다. 미니밴은 그들을 태우고 캄보디아 곳곳으로 되돌아가고, 우리는 이제 그 빅버스를 타고 라오스로 향한다. 망할 놈의 운행 시스템이 이제야 좀 보인다.

14:08 PM 무더운 한낮의 더위를, 운전사는 시원한 맥주로 날린다. 너무도 자연스러워서 이상함을 눈치채지 못했다. 뭐? 맥주? 지금 맥주를 마신 거야? 놀랐다가도 또 금방 생각을 바꾼다. 그래, 여기는 캄보디아잖아. 음주 버스에 오른다.

14:13 PM 역시, 큰 버스가 좋다. 다리를 뻗을 수 있고 좌석도 편하다. 그러나 시동을 걸자마자 비행기 엔진 소리에 버금가는 소음에 시달린다. 이어폰을 꽂고 음악을 크게 들어도 소용이 없다. 아, 머리 아프다.

14:15 PM 출발 직전, 라오스 돈으로 바꾸라며 잡상인이 올라탔다. 사기인가 싶어서 선뜻 돈을 꺼낼 수 없다. 여행자 한 명만이 돈을 바꾼다.

14:18 PM 이번엔 엄청 큰 덩치가 올라탄다. 이리저리 앉을 만한 곳을 살피더니 내

옆자리에 앉는다. 아마도 내가 덩치가 작아 보였나 보다. 왜?! 하필 내 옆자리야? 갑자기 좁아진다. 숨이 막힌다.

14:25 PM 은행 앞에 버스가 선다. 라오스엔 환전소가 없으니 여기서 환전을 해야한단다. 은행이니까 신뢰가 간다. 대부분의 여행자들이 우르르 버스에서 내려 은행으로 달려간다. 시골인 줄로만 알았는데, 은행은 제법 최신식 건물이다.

14:38 PM 달러를 환전하고 왔더니 옆자리의 덩치가 내가 앉아있던 창가로 자리를 옮겼다. 뭐야, 이 녀석! 원래대로 자리를 바꾸라고 하려다가 참았다. 어서 이 엿 같은 이동이 끝나기만을 바란다.

15:00 PM 버스 안에서 여권을 걷으며 비자 발급에 필요한 돈을 내란다. 30달러. 우리나라는 라오스에서 무비자로 15일간 머물 수 있기에 따로 돈을 걷지 않는다. 갑자기 공돈이 생긴 기분이다. 좋다.

15:07 PM 옆자리의 덩치는 덩치에 맞지 않는 셀카질로 바쁘다. 혼자서 온갖 귀여운 표정을 짓는다. 차창 밖으로 흘러가는 풍경도 찍는다. 조금 있자 또 다른 덩치가 온다. 이런, 몰랐는데, 둘은 친구인 모양이나. 내 옆의 덩치에게 과자를 맡겨뒀는지 달란다. 가방 속에서 다양한 먹거리가 나온다. 허기가 밀려온다.

16:00 PM 드디어 국경이다. 정말 길고도 긴 시간이 흘렀다. 버스는 캄보디아의 출입국 사무소와 라오스의 출입국 사무소 중간에 우리를 내려준다. 희한하게도, 그곳에 조그만 식당이 있다. 국가에서 운영하는 것 같지는 않은데, 어떻게 이런 곳에 식당이 있는지 모르겠다. 화장실을 찾으니 풀숲에 들어가서 해결하란다. 한 무리의 여자들이 우르르 풀숲으로 들어간다.

16:35 PM 버스를 함께 타고 온 여행사 직원이 5달러씩을 걷는다. 2달러는 캄보디아의 출국 도장을 찍는 비용, 1달러는 캄보디아 출입국 사무소부터 라오스 출입국 사무소까지의 통행료, 남은 2달러는 라오스의 입국 도장을 찍는 비용이란다. 누가 들으면 진짜인 줄 알겠네. 중국인 여행자 두 명은 직접 해결하겠다며, 여권을 받아 들고 씩씩하게 캄보디아 출국 사무소로 향한다. 나도 그러고 싶었지만, 일단은 너무 피곤하다. 사기라는 걸 알면서도 5달러를 건넨다.

17:00 PM 기다리다 지친 사람들은 식당에 앉아서 하나둘씩 맥주를 마신다. 술판이 벌어진다. 아, 저 사람은 버스 운전사다. 그의 앞에 비어있는 맥주 캔이 수십 개는

된다. 운전할 생각이 없는 모양이다. 알아보니, 오늘 업무가 끝났단다. 이대로 여기서 밤을 지새우는 건가? 불안해진다.

17:02 PM 사람은 아직 캄보디아에 있는데, 여권은 라오스로 넘어간 상태다. 여기서 뒤돌아 캄보디아로 가면, 나는 사라져버린다. 이대로 세상에 없는 사람이 되어볼까?

17:12 PM 국경 잔디밭에서 닭들은 한가롭게 돌아다닌다. 소들도 한가롭게 풀을 뜯고 있다. 정말 국경이 맞나? 날벌레들이 하나둘씩 날아든다. 하루가 서서히 저물어 간다. 평화로운 모습이다. '국경'을 딱딱하게만 생각하는 건, 우리나라가 분단국가이기 때문인지도 모른다.

17:49 PM 얌전히 앉아서 기다리던 사람들이 일어나기 시작한다. 더 이상은 기다리지 못하겠다는 무언의 압력이다. 하지만 여행사 직원은 여기에 없다. 우리들의 분노를 봐줄 사람은 지금 라오스에 넘어가 있다.

18:11 PM 드디어 여권이 돌아왔다. 라오스 비자도 나왔다. 여권을 받은 사람들은 하나둘씩 걸어서 라오스 쪽으로 걸어간다. 그렇게 국경을 넘는다.

18:25 PM 라오스 출입국 사무소를 빠져나오니, 이번에는 미니밴이 기다린다. 비엔티안과 팍세Pakse로 가는 사람들을 미니밴에 태우고, 나머지는 타고 왔던 버스로 간다. 난 비엔티안을 거쳐서 방비엥으로 간다. 미니밴은 새것이다. 정체불명의 뽕짝이 흘러나오는 것만 빼곤 완벽하다. 이대로 비엔티안까지 가면 좋겠다. 아직 저녁 7시도 안 됐는데, 졸음이 밀려온다.

18:35 PM 가로등 하나 없는 국도를 달린다. 도로 사정도 좋지 않아 속도를 제대로 낼 수 없다. 시속 30km나 나올까? 왜 오래 걸리는지 알 거 같다. 언제 도착하나?

18:46 PM 우와, 별이 쏟아질 것처럼 많다. 아름답다.

18:48 PM 미니밴이 돌연 급정거를 한다. 무슨 일이지? 아, 소 떼다. 한 무리의 소들이 길을 가로지르고 있다. 인솔하는 사람도 없이 자기들끼리 알아서 길을 건넌다. 아, 대단하다.

19:29 PM 도로 사정이 좋아지자, 미니밴은 속도를 높인다. 알고 보니, 운전사가 레이서다. 가로등 하나 없는 도로를 전조등에만 의지한 채, 시속 100km가 넘는 속도로 달려간다. 사고가 날 것만 같다. 무섭다. 그냥 천천히 가도 된다고!

20:58 PM 팍세에 도착한다. 다시 한 번 차를 갈아탄다. 이번에는 슬리핑 버스다. 이번에도 내 옆자리는 남자다. 왜 이렇게 운이 없지? 게다가 자리마다 제공되는 물도 없다. 범인은 이 남자 같은데, 계속 자는 척이다.

21:07 PM 드디어, 허리를 쭉 펴고 눕는다. 아, 좋다. 이대로 자고 있으면 비엔티안에 도착한다. 심하게 요동치는 버스 안에서 잠을 청해본다.

21:14 PM 가만히 누워있자니, 온갖 냄새가 풍겨온다. 하긴, 여기 있는 모두가 제대로 씻지 못했으니, 당연하겠지. 뭐 하나 편한 게 없다.

03:11 AM 중간에 잠이 깼다. 버스는 여전히 달리는 중이다. 편히 누워 가는 건 좋지만, 심하게 흔들려서 어지럽다. 게다가 에어컨은 너무 빵빵해서 얼어 죽을 것 같다. 이번엔 긴소매를 입고 있다. 다행이다.

06:08 AM 버스가 섰다. 드디어 비엔티안이다. 25시간 30분 만이다. 내가 구입한 버스 티켓의 종착지다. 버스에서 내린다.

06:12 AM 날씨가 쌀쌀하다. 버스터미널에 가서 방비엥행 버스 시간을 알아봐야 하는데, 환전해온 라오스 돈은 10만 킵kip 지폐 한 장. 잔돈이 없다. 하루 전까지만 해도 리엘을 썼는데, 이번엔 킵이다. 또다시 헷갈린다.

06:20 AM 간단하게 아침을 먹고 잔돈을 바꾼다. 나 같은 사람이 많은지, 주인은 별다른 불만 없이 잔돈을 바꿔준다. 아침으로 먹은 볶음밥에는 고수가 들어갔지만, 그럭저럭 먹을 만하다.

07:01 AM 버스터미널까지는 송태우를 타고 이동한다. 창문도 없이 뚫려있다. 들어오는 바람이 무지 차다. 손발이 얼어붙는 느낌이다. 아, 그러고 보니 겨울이다.

07:30 AM 마침 방비엥으로 떠나는 미니버스가 있다. 이틀 정도 비엔티안에 머물다 가려고 했는데, 생각을 바꿨다. 비엔티안은 태국으로 내려올 때, 다시 들르면 된다. 그래, 다시 태국이다. 베트남으로 가려면 아직도 많은 날들을 보내야 한다. 30일은 길다면 길다.

09:33 AM 2시간 만에 휴게소에 멈춘다. 양손 가득 꼬치를 든 잡상인들이 달려와 사라고 한다. 삶이 고단해 보인다. 가격도 모르고, 바꿔놓은 돈도 넉넉지 않으니 선뜻 사겠다는 말이 나오지 않는다. 미니버스는 또다시 달린다.

10:20 AM 특이하게 버스가 후불제다. 방비엥이 가까워지니 요금을 걷는다.

10:36 AM 이번엔 시장이다. 승객 중 한 사람이 내려서 멸치를 산다. 버스는 기다려준다. 시골 인심이다.

11:11 AM 드디어 방비엥이다! 피곤하다. 한편으로는 무언가 해냈다는 성취감이 든다. 스스로가 자랑스럽다. 뿌듯하다.

여기는 라오스 방비엥.
31시간의 길고 길었던 여정이 끝났다.

─────────── 한인 숙소에 짐을 푼다. 무엇보다 말이 통하니 편하다. 안내받은 방은 침대 네 개가 있는 도미토리. 나 외에는 아직 숙박객이 없다. 일단 샤워부터 한다. 수압이 세다. 아, 수압이 세다는 것만으로도 행복하다. 비누로 싹싹, 두 번이나 뽀드득뽀드득 씻는다. 개운하다. 살 것 같다.

초저녁, 어슬렁대며 숙소 주변을 거닐어본다. 아담한 동네다. 활주로로 사용했다는 공터에서, 아이들은 축구도 하고 달리기도 하며 즐겁게 뛰논다. 공터를 지나 조금 더 안쪽으로 들어가자, 여행자 거리가 나타난다. 어라, 온통 한국어다. 식당에는 '맛있다' '싸다'가 붙어있고, '꽃보다 청춘'이란 문구도 눈에 띈다. 방송의 힘이 대단하긴 대단하다. 이곳에선 우리나라 여행자들과 심심치 않게 마주친다. 여기저기서 한국어가 들려온다. 덕분에 여기가 라오스인지, 우리나라인지 헷갈린다.

조금 더 거닐자, 이번엔 남송Namsong강과 마주한다. 수심이 깊어 보이진 않는다. 물은 한없이 맑고 차다. 여행자들은 이곳에 누워 일광욕을 즐긴다. 손에는 책이 들려있다. 아날로그의 삶이 느껴진다. 그 너머로 넓게 펼쳐진 논이 보인다. 한가롭게 풀을 뜯고 있는 소 떼가 눈길을 끈다. 자전거를 탄 여행자가 옆을 지나가는데도 놀라지 않는다. 한없이 평화롭다. 사진을 찍으려고 하자, 송아지 한 마리가 사진기에 관심을 보인다. 뚫어지게 쳐다보면서 일시 멈춤을 한다. 그동안 많은 여행자와 마주쳤는지, 사진 찍힐 줄 안다. 덕분에 근사한 사진을 얻었다.

조랑말 무리가 나타난다. 이렇게 가까이에서 말을 보기는 처음이다. 덩치는 비록

작지만, 길게 뻗은 다리가 시원시원하다. 먹이를 주려고 손을 뻗어봤는데, 콧방귀다. 조랑말은 강아지가 아니다. 멀리서 내 행동을 주시하고 있던 우두머리가 슬슬 내 쪽으로 다가오더니 꺼지라는 경고의 눈빛을 보낸다. 알았어, 알았어. 그냥 갈게. 허리를 펴고 일어나 탁 튄 전경을 둘러본다. 조랑말 뒤로 거대한 병풍처럼 파댕Pha Daeng산이 우뚝 솟아있다. 늠름한 석회암 봉우리를 우두커니 바라본다. 한 폭의 수묵화처럼 청아하다.

더할 나위 없는
방비엥의 하루가 저물어간다.

블루라군Blue Lagoon으로 가기 위해 자전거를 빌렸다. 걸어가기에는 멀고, 차로 가기에는 짧은 거리다. 빌린 자전거의 상태는 상상 이상으로 좋다. 시엠레아프에서 빌렸던 자전거와는 비교되지 않는다. 아이처럼 신난다. 굵은 자갈이 박혀있는 흙길을 따라 블루라군으로 향한다. 속도를 높일 이유는 없다. 우리네 시골 풍경 같은 정겨운 모습을 감상하느라 걷다시피 천천히 달렸다. 그러는 사이, 내 앞으로 현지 아이의 자전거가 제법 속도를 내며 지나간다. 문득, 따라잡고 싶어진다. 페달을 힘껏 밟고 속도를 높인다. 때아닌 자전거 경주가 벌어진다. 아이도 덩달아 속도를 낸다. 앞서거니 뒤서거니 한참을 재밌게 달린다.

이번엔 네 명의 꼬마들이 서로 티격태격하며 저 앞에 걸어가고 있다. 그 모습이 귀엽다. 자전거를 멈추고 사진기를 꺼내 재빨리 담아본다. 그런 날 발견한 꼬마들이 동시에 포즈를 잡으며 "포토! 포토!" 한다. 동시에 내게 손을 내민다. 돈을 달란다. 당황스럽다. 당연히 돈을 줄 생각은 없다. 학용품이라도 있으면 선물로 주고 싶지만, 그마저도 챙겨오지 않았다. 미안하지만 모른 척 페달을 밟는다.

블루라군에 도착하기 전, 사기를 당했다. 애초에 사기 칠 생각은 없었는데, 나의 어리바리함이 상대가 사기를 치도록 유혹했다. 블루라군으로 가는 길에는 자그마한 라군('석호'를 뜻함)들이 여럿 있다. 그러니까 블루라군은 그 라군들 중에서 가장 유명한 라군이고, 이름이 '블루'인 셈이다. 그러한 사실을 몰랐던 나는, 라군 표지판을 보

고 당연히 블루라군이겠거니 생각했다. 이정표를 따라 한참 들어가니, 입장료를 받는 장소도 나온다. 1만 킵이란다. 하지만 너무나 허술해서 직원에게 일단 확인을 해본다. "여기가 블루라군이야?" "라군?" "그래, 라군. 여기가 블루라군 맞아?" "응. 라군이야." "사람들이 많이 안 보이네. 블루라군 맞지?" "라군 맞다니까." 어딘지 모르게 미심쩍은 기분은 들지만, 입장료를 내고 안으로 들어갔다. 물웅덩이가 있긴 한데, 아무리 봐도 크기가 너무 작다. 라군은 라군이지만, 블루라군은 아니다. 그제서야 끊임없이 '블루라군'이냐고 묻는 내게, 녀석은 '라군'이라고만 했지, 단 한 번도 '블루라군'이라고 거짓말하지 않았다는 사실을 깨닫는다. 소름. 대단한 반전이다.

재빨리 입장료를 받던 곳으로 돌아간다. 환불받을 생각이었는데, 녀석이 나를 발견하고 후다닥 풀숲 뒤로 몸을 숨긴다. 그 모습을 지켜보고 있자니, 어이가 없어서 웃음이 난다. 자전거를 세우고, 녀석을 부른다. 대답이 없다. 풀숲으로 녀석을 찾아 들어갈까 했는데, 아무것도 보이지 않는 울창한 수풀이다. 일단 기다리기로 한다.

한참 흐른 후, 녀석이 어슬렁대며 모습을 드러낸다. 내가 갔을 줄 알았나 보다. 아직도 떡하니 기다리고 있는 날 보더니 귀신이라도 본 것처럼 놀란다. "돈 줘." "뭐?" "블루라군 아니잖아." "라군이라고 했잖아." "내가 블루라군이냐고 몇 번이나 물었잖아." "난, 거짓말한 적 없어. 몰라. 그냥 가." "정확하게 말해주지 않은 건 거짓말이나 다름없어." "모른다고, 그냥 가라니까!" 녀석은 위협하듯 돌까지 던진다. 너무 놀라서 두 눈을 똥그랗게 뜨고 녀석을 째려봤다. 그제서야 녀석도 자신이 무슨 짓을 했는지 알고, 깜짝 놀라는 표정이다.

견물생심이다. 사기 칠 마음은 없었는데, 어쩌다 수중에 돈이 들어오니 욕심은 나고, 이제 그 돈을 빼앗기기는 싫은 거다. 하지만 감히 돌을 던져? 순식간에 내 두 눈에서 성난 불꽃이 튄다. 주먹을 움켜쥐고 빠르게 녀석에게 다가간다. "이 새끼가! 죽을라고!" 녀석은 뒤로 주춤거리며 도망친다. 쫓아가려다가 발걸음을 멈춘다. 아무도 오지 않는 외딴 길이다. 밖에서는 잘 보이지 않는 으슥한 풀숲. 여기에서 멈추는 게 안전하다. 좋은 공부 한다고 생각하자. 수업료라 치고 잊기로 한다.

마침내, 도착한 진짜 블루라군! 보자마자 블루라군이라는 걸 알 수 있었다. 누가 봐도 블루라군은 블루라군이다. 넓은 주차장이 있을 만큼 규모도 크다. 찾아오는 사람들도 많다. 이걸 모르고 어설픈 녀석에게 당했다니! 민망하고 부끄럽다.

입장료를 내고 안으로 들어간다. 의외로 우리나라 사람들투성이다. 매점에서 구명조끼도 빌려주고, 수영복도 판다. 치킨과 맥주도 판다. 대낮부터 술판이 벌어졌다. 깊숙한 곳에 숨겨진 비경 같은 분위기는 아니다. 그냥 유원지다. 어딘지 모르게 실망스럽다. 차라리 사기를 당했던 그 조그만 라군이 더 아늑하고 조용했다.

그래도 이왕 왔으니 물속에 뛰어들어는 봐야지. 더구나 블루라군은 '다이빙 나무'가 명물이다. 누군가 일부러 만든 것도 아닌데, 커다란 나뭇가지 두 개가 마치 다이빙대처럼 석호를 향해 뻗어있다. 낮은 곳은 높이가 3m, 높은 곳은 7m다. 올라서면 생각보다 아찔한 높이다. 일단은 지켜보기로 한다. 한 무리의 청년들이 나무 위로 올라간

다. 일단 올라가긴 했는데 막상 뛰려니 겁이 나는 모양이다. 뛰기도 전에 비명부터 지른다. 하지만 이내 용기를 내어 멋지게 다이빙에 성공한다. 그 모습을 서로의 사진기에 담으며 재밌어 한다. 웃음은 그치지 않는다.

나도 도전한다. 어려서부터 나무 위에서 뛰어내려 보고 싶었는데, 어른이 돼서야 한다. 7m 높이의 가지 끝에 서자, 미친 듯이 심장이 뛰기 시작한다. 아드레날린이 빠르게 분비된다. 두려움보다는 설렘이다. 신난다. 그래, 신난다. 순식간에 난 아이가 된다. 후다닥 앞으로 달려나간다. 그리고 비상하듯 하늘 높이 뛰어오른다. 머릿속으로는 우아하고 멋들어지게 떨어질 것 같았는데, 실제로는 1초도 안 되어 순식간에 끝나버렸다. 게다가 상상 이상으로 수면과의 충격이 굉장하다. 팔뚝과 허벅지가 시뻘겋게 달아오른다. 아프지는 않은데, 부끄럽다. 너무 흥분했던 나 자신이 창피하다.

블루라군에서 조금 올라가면 푸캄Phu Kham 동굴이 있다. 머리에 쓰는 랜턴을 하나 빌려서 출발한다. 제대로 된 안전시설 하나 없는 가파른 산길을 헉헉대며 올라가자 동굴 입구가 나온다. 안쪽은 엄청나게 넓다. 작은 와불상도 보인다. 기도를 올리는 곳이란다. 랜턴 붉빛에 의지한 채 고 님스님새 안으로 더 들어가본다. 갈수록 햇빛이 닿지 않아 깜깜해진다. 빛이 닿지 않는 곳까지 깊이 들어간 뒤, 랜턴을 꺼본다. 악! 아무것도 안 보인다. 갑자기 두려움이 밀려온다.

서둘러 발길을 돌린다.
동굴은 나와 궁합이 맞지 않는다.

———————— SNS을 통해 알게 된 동생들이 마침 방비엥에 있단다. 메신저로 서로의 위치를 파악하고, 저녁쯤에 만났다. 같은 여행자라서 그런지, 처음 보는데도 오래전부터 알던 사이처럼 반갑다. 석양이 보이는 식당에 앉아 저녁 겸 맥주를 마신다. 오랜만이다. 누군가와 함께 맥주를 마시는 건. 풍성하고 부드러운 산들바람이 내 곁을 흐른다. 기분은 점점 더 좋아진다. 시간이 어떻게 흘러가는지도 모르고 서로의 여행 이야기에 빠져든다. 닮은 부분도 많고, 비슷한 또래라 여행 후의 삶을 걱정하는 것도 비슷했다. 술 한잔을 기울이자, 친밀감은 더욱 높아진다.

내일 루앙프라방Luang Prabang으로 떠나는 동생들이 짧은 만남이 아쉬운지, 괜찮으면 함께 가자고 한다. 생각지 못한 제안이다. 한적하고 조용한 방비엥에서 며칠 더 머물고 싶은 생각 반, 모처럼 말이 통하는 동생들을 따라 루앙프라방으로 떠나고 싶은 생각 반이다. 잠시 고민했지만, 결국 함께 떠나기로 마음을 굳힌다. 이동 시간이 긴 라오스에서, 대화 상대가 있다는 건 분명 즐거운 일일 테니까.

갑자기 맞이한 방비엥의 마지막 밤을 즐기기 위해 숙소 밖으로 나간다. 밤보다는 새벽 산책을 더 즐기는 편이지만, 우연히 마주친 여행자에게서 들은 정보가 솔깃했다. 유명한 사쿠라 바Sakura Bar에서 9시부터 10시까지 공짜로 술을 나눠준단다. 사람을 불러 모으려는 상술이겠지만, 구경이나 할 생각에 발을 옮긴다.

우리나라에서는 9시가 초저녁이지만, 라오스의 9시는 한밤중이다. 거리는 이미 깊은 잠에 빠진 듯 조용하다. 어두운 거리의 끝에서 희미한 불빛이 새어 나온다. 사쿠라 바다. 한적한 밖과 달리 가게 안은 사람들로 바글바글하다. 방비엥의 여행자들은 여기에 다 모여있나 보다. 다들 소리 없이 흘러가는 밤을 붙잡고 싶은지, 취하도록 마신다. 국적도 없고 나이도 없다. 모든 걸 초월한다.

나 역시 모든 걸 내려놓는다. 아는 노래가 나오면 큰소리로 따라 부르고, 남의 시선은 아랑곳없이 춤을 춘다. 공짜 술은 한 잔밖에 마시지 못했지만, 분위기에 흠뻑 취한다.

바 한편에서는 풍선을 판다. 여행자들이 풍선을 들고는 아이처럼 해맑게 흔들며 좋아하는가 싶더니, 이내 들이마신다. 그리고는 이상한 목소리로 깔깔거리며 웃는다. 헬륨가스 같은 건가 했는데, 아니란다. '해피벌룬'이라는 아산화질소라는데, 대마초랑 비슷하게 환각 작용을 일으킨단다. 가격도 저렴해서 너도나도 풍선을 산다. 우리나라 여행자들도 풍선을 손에 들고 춤을 춘다. 어쩌면 곧 우리나라에서도 볼 수 있겠다.

여기는 우리나라 유원지가 아닐까 의심스러운,
방비엥이니까.

별이 빛나는 밤에

루앙프라방/라오스

여행은 경치를 보는 것 이상이다.
여행은 깊고
변함없이 흘러가는 생활에 대한
생각의 변화다.

미리엄 브래드

——————————— 라오스 제2의 도시, 루앙프라방으로 가는 길. 높은 산을 휘감는 험난하고도 아찔한 길이지만, 우리를 태운 미니밴은 오히려 속도를 높인다. 바로 옆 낭떠러지가 살벌한데도, 운전사는 아무것도 아니라는 듯 여유롭다. 불안해하는 건 나뿐인가? 승객 모두가 맘 편히 잠들어있다.

시선을 창밖으로 돌렸다. 조그만 집들이 아슬아슬한 도로를 따라 길게 늘어서 있다. 높은 산 위에서도 사람들은 터전을 만들고, 삶을 이어간다. 강인한 생활력이다. 아이들이 유독 눈에 많이 띈다. 그건 그렇다 치고 학교는 어디에 있는 걸까? 이리저리 둘러보지만, 보이는 건 조그만 집들뿐이다. 집 안에 수도시설이 없는지, 사람들은 집 밖에서 샤워를 한다. 남자들은 팬티만 입고, 여자들은 기다란 수건으로 몸을 가린 채다. 그 모습에서 부끄러움보다는 자유로움이 느껴진다.

휴게소에 멈춘다. 육개장, 비빔밥, 돈가스는 당연히 없다. 마땅히 먹을 만한 게 보이지 않는다. 그린 망고를 산다. 소금에 찍어 먹으면 희한하게도 더 달고 맛있다.

잠시 쉬었던 미니밴은 다시 시동을 건다. 길고 긴 여정이 다시금 이어진다. 방비엥에서 루앙프라방까지는 대략 7시간. 다들 자다 깨다를 반복하며, 어서 도착하기만을 기다린다. 모두들 지루해한다. 아주 죽으려고 한다.

다들 왜 이래, 아마추어같이.
31시간도 해봤는데 7시간은 우습다.

——————————— 루앙프라방에 도착했다. 도시 전체가 유네스코 세계문화유산으로 지정된 아담하고 예쁜 마을이다. 식민지 시절 프랑스의 영향을 받은 이국적인 건물이 눈에 많이 띄지만, 불교 도시로 유명한 만큼 진중하고 엄숙한 분위기다. 길거리마저도 사원의 일부로 느껴질 정도로 경건하다.

숙소가 밀집된 거리로 이동한다. 괜찮겠지 싶어서 예약하지 않았는데, 예상외로 방이 없다. 도미토리는 이미 일주일 치나 예약이 차있단다. 어쩔 수 없이 1인실을 알아보는데 이마저도 구하기 어렵다. 지금껏 이렇게까지 방을 못 구한 적은 없는데, 생각지도 못한 일이다. 한참을 돌아다닌 끝에야 겨우 빈방을 찾았다. 화장실도 있고

TV도 있다. 그만큼 가격은 비싸다. 하지만 망설일 여유는 없다. 이마저도 누군가에게
빼앗길 수 있다.

　짐을 풀고, 메콩강 쪽으로 산책을 나간다. 어느새 뉘엿뉘엿 해가 진다. 생각지 못한
멋진 일몰을 마주한다. 숨이 막힌다. 장렬하게 모든 걸 불태우며 서서히 사라져 가는
태양은, 언제 봐도 장엄하다.

세계에서 가장 긴 강에서 바라보는 일몰이다.
뜻밖의 선물이다.

─────────── 밤거리를 거닐었다. 방비엥이 유원지로 전락했다면, 루앙프라
방은 아직 본모습을 지키고 있는 듯하다. 이곳도 조만간 방비엥처럼 변해버리겠지.
그렇다고 여행자의 잣대를 들이대며, 변하지 말라고 할 수도 없다. 우리가 언제까지
나 70년대의 모습으로 남아있을 수만은 없는 것처럼.

루앙프라방의 골목골목은 무척이나 조용하다. 간간이 보이는 식당이나 상점에서
조차 음악 소리가 새어 나오지 않는다. 여행자들은 아기자기한 카페에 앉아 사색에
잠겨있거나 책을 읽는다. 그렇기에 거리는 더욱더 고즈넉하다.

늦은 밤. 유토피아 바bar에서 밤하늘의 별과 메콩강의 물소리를 안주 삼아 맥주를
마셨다. 한가롭고 여유롭다. 명상을 하는 것처럼 마음이 편안해지고, 가만히 있어도
즐거움이 넘친다. 신선놀음이 따로 없다. 어느 게스트하우스 앞에 적혀있던 메시지가
떠오른다. '하루 머무를 생각으로 왔다가 한 달이나 있었다.' 이해된다. 나라도 그러
고 싶다.

조용해서 심심할 것 같은데,
그 조용함이 오히려 매력으로 다가온다.

─────────── 이른 새벽에 눈을 떴다. 강가라서 쌀쌀하다. 후드티를 꺼내 입
고, 어둠이 채 가시지 않은 새벽 골목을 따라 큰 거리로 나간다. 유명한 탁발托鉢(승려
들이 식량을 구하는 수행) 행렬을 보기 위해서다. 이른 시간임에도 사람들이 많다. 시주를
나온 현지인과 그 모습을 보기 위해 나온 여행자가 뒤섞여있다. 모두들 경건한 마음
가짐으로 앉아 탁발 행렬을 기다린다.

어느덧 저 멀리서 탁발 행렬의 소리가 들려온다. 목탁 소리도 없이, 조용히 이어지
는 발걸음 소리다. 일사불란하게 움직이는 승려들의 긴 행렬은, 멀리서 보아도 장관
이다. 천천히, 느긋하게 움직일 거라 생각했는데, 아니다. 꽤나 빠르고 민첩한 발걸음
이다.

여행자들은 일제히 탁발 행렬의 뒤를 따라간다. 대부분은 조용히 따라다니는데, 일
부 여행자가 플래시까지 터뜨리며 사진을 찍는다. 관광객을 위한 퍼레이드도 아닌데.

나 역시도 단 한 장의 사진을 건지기 위해 물불 안 가린 적이 있으니까, 이해한다. 여행은 인증샷을 남기기 위함이 아니라는 걸, 언젠가는 그들도 깨닫게 되겠지.

그러면서,
진정한 여행을 배운다.

─────────── 이른 아침, 지난 저녁에 예약한 꽝시Kuang Si 폭포행 송태우에 올랐다. 도로에 차가 많지 않아 거침없이 달린다. 맞바람이 무척이나 상쾌하다. 40여 분을 달려, 꽝시 폭포 입구에 도착했다. 요란스러운 계곡 물소리를 따라 발걸음을 옮긴다. 가는 내내 크고 작은 폭포와 옥빛 물웅덩이가 곳곳에 있다. 천연 석회암 지역이라 물빛이 옥빛이란다. 많은 여행자들이 물속으로 뛰어들어 유유히 수영을 즐긴다. 나도 따라 들어갈까 하다가 망설인다. 아무래도 수영 금지일 것 같은 느낌을 지울 수 없다. 그래, 난 문화인이니까, 질서를 지키고 환경을 보호해야지.

한참을 더 걸어 올라간 후에야, 꽝시 폭포가 드디어 모습을 드러낸다. 생각했던 것보다 웅장하다. 거침없이 떨어지는 폭포가 커다란 물보라를 만들고 있다. 그 모습이 신선의 수염을 닮아서, 신선 수염 폭포라고도 불린단다. 폭포 소리에 가슴이 뻥 뚫린다. 가는 길에 친해진 여행자 한 명이, 감동을 이기지 못하고 잠시 내 어깨를 빌린다. 감동을 나눌 수 있는 누군가가 곁에 있다는 건, 행복한 일이다.

볼이 발그레해진다.
뜨거운 햇볕에 그을린 척해본다.

─────────── 야시장이 열렸다. 잡다한 중국산만 가득했던, 지금까지의 야시장과는 차원이 다르다. 라오스에서만 볼 수 있는 질 좋은 물건과 솜씨 좋은 수공예품으로 가득하다. 이런 야시장이라면 둘러보는 것만으로도 행복해진다. 그래, 이래야 구경하는 맛이 있지. 시간 가는 줄 모르고 돌고 또 돈다. 출출하다. 야시장의 하이라이트는 역시, 먹거리다. 길거리 음식인데, 뷔페처럼 먹을 수 있는 곳을 발견했다. 이미 다양한 국적의 여행자로 발 디딜 틈이 없다. 하지만 빛 좋은 개살구라고, 보기와 달리 맛은 실망스러웠다. 결국, 가장 만만한 생선구이로 허기를 달랜다.

다음 날 새벽에도 장이 열렸다. 밤이건 새벽이건, 시장은 언제나 활기가 넘친다. 밤은 밤이라서 졸리고, 새벽은 새벽이라서 졸릴 텐데, 마주친 얼굴마다 생기가 가득하다. 방전된 기운이 재충전되는 기분이다. 살다가 지치는 순간이 올 때마다, 내가 시장을 찾는 이유이기도 하다.

한마디의 말보다 위로가 되고,
보는 것만으로도 응원이 된다.

──────── 슬슬 루앙프라방을 떠날 준비를 한다. 예약한 슬리핑 버스도 다시 한 번 확인해본다. 방비엥을 거쳐 비엔티안까지 곧장 간다. 왔던 길을 그대로 되짚어 갈 생각을 하니 조금 아깝다. 여행 경로를 좀 더 치밀하게 짤 걸 그랬다. 비엔티안에서 머물지, 바로 태국으로 넘어갈지는 아직도 고민 중이다. 일단은 비엔티안에 도착해서 상황을 보기로 한다.

모든 도시에 머물 이유는
없다.

미련보다는 미지가
날 더 흔든다

비엔티안/라오스

청춘은 여행이다.
찢어진 주머니에 두 손을 내리꽂은 채,
그저 길을 떠나도 좋다.

체 게바라

밤새 달린 버스가 비엔티안 외곽의 터미널에 도착한 시간은 해가 뜨기 직전의 새벽이다. 비엔티안 중심가인 남푸Nam Phu 분수 주변까지는 뚝뚝으로 이동한다. 뚝뚝은 경쾌한 엔진 소리를 내며 빠르게 달린다. 깜깜하던 하늘이 그사이 서서히 밝아오더니, 쭉 뻗은 길 끝에서 태양이 나타난다. 지평선 위로 떠오르는 태양을 이렇게 선명하게 바라보는 건 처음이다. 눈이 시릴 것 같지만, 막상 그렇지도 않다. 한참을 바라보는데도 시야가 편안하다. 잘 찍힌 사진을 보는 것 같기도 하다.

비엔티안의 거리에도 어느새 탁발 행렬이 이어진다. 루앙프라방같이 큰 규모는 아니다. 몇몇 승려들이 모여 다니는 정노나. 일찍 일어난 수녀가 집 앞에서 보시를 한다. 매일 하는 걸까? 늦잠 자고 싶은 날도 있을 텐데. 종교를 갖는다는 건, 쉬운 일이 아니다. 승려는 답례로 기도를 해준다.

어느덧 여행자 거리에 도착한다. 오는 내내 둘러본 비엔티안은 지금까지 봐오던 라오스의 정겨움이나 예스러움은 없었다. 역시 수도는 수도다. 태국으로 넘어가는 차편을 알아본다. 밤차가 있다. 하루의 여유가 생긴 셈이다. 비엔티안에서 1박을 할까? 말까? 이제껏 스쳐온 도시들과 비슷한 느낌이라 둘러봐도 그만, 안 둘러봐도 그만인데, 건너뛰면 또 왠지 후회할 것 같아 고민스럽다. 분명, 하루는 짧다. 하지만, 하루면 충분하지 않을까?

태국으로 넘어가는 버스 티켓을 산다. 돈이 남는다. 숙박비로 따로 빼둔 돈까지 합하니 라오스를 떠나기 전에 소진해야 할 킵이 많아졌다. 라오스 돈은 라오스를 벗어나는 순간부터 휴지가 된다. 주변 나라에서는 환전도 안 해줄뿐더러, 라오스 내에서도 킵을 달러, 밧, 동으로 바꿔주지 않는다. 따라서 가지고 있는 라오스 돈은 무조건 다 쓰고 떠나야 한다.

일단은 생수부터 잔뜩 산다. 결국엔 다 마시게 되니까. 말레이시아에서 싱가포르로 넘어가는 순간, 물값이 얼마나 뛰는지 경험했다. 그동안 필요했던 물품들도 한꺼번에 구입한다. 그러고도 킵이 남는다. 마지막으로 근사하게 식사를 할까? 아니다, 먹는 건 그다지 중요하지 않다. 일단은 챙겨둔다.

여행사에서 나눠준 관광지도를 펼쳤다. 라오스에서 가장 신성시하는 불교 유적이자 국가 기념물인 탓루앙That Luang 불탑과 비엔티안에서 가장 오래된 사원인 왓시사켓Wat Sisaket. 그 외에도 국립 박물관, 시엥쿠안Xieng Khuan 부처 공원 등이 가볼 만하단다. 하지만 구미가 당기는 곳은 없다. 서울에 살면서도 경복궁이나 전쟁 기념관, 유명한 교회나 절에 가보질 않는데, 눈에 들어오지 않는 건 당연하다. 물론, 인세 노 와 보겠냐는 생각은 들지만, 가보지 않아도 아쉬울 것 같지 않다.

방비엥부터 함께 여행한 동생들에게 의견을 물어본다. 시원한 여행사에서 버티다가 시간이 되면, 버스를 타겠단다. 덜컹거리는 버스에서 제대로 잠을 못 잤다더니, 많이 피곤해 보인다. 갑자기 나까지 나른해진다. 그래, 무리하지 말자. 쉬자.

그러다 문득, 우체국이 떠오른다. 시간이 많이 남고, 돈도 엽서와 우표 살 정도는 남아있다. 여행사 직원에게 우체국의 위치를 묻는다. 다른 많은 명소들을 제치고 우체국을 물으니 특이하다는 듯 쳐다본다. 아쉽지만 정확한 위치를 모른단다. 하긴, 나도 우리 동네 우체국이 어디 있는지 잘 모르니까. 방법이 없다. 직접 찾는 수밖에. 구글맵을 켠다.

구글맵 위에 표시된 점. 내 위치다. 지도를 줄여본다. 우리나라가 보인다. 한참 떨어진 곳이다. 낯선 나라, 낯선 도시, 낯선 거리를 거닐고 있다. 위성에서 내려다보면 난 어떻게 보일까? 눈을 감고 잠시 생각해본다. 눈에도 보이지 않는 미세한 점 하나가 아주 조금씩 움직인다. 내가 아무리 거닐고 거닐어봤자 티도 안 난다.

세상은 터무니없이
넓다.

216

──────────── 구글맵이 있다면 어디든 찾아갈 수 있을 것 같았다. 하지만 지도에 나타난 우체국 자리엔, 우체국이 없었다. 하긴, 아무리 구글이라도 전 세계를 수시로 업데이트한다는 건 불가능한 일이겠지. 결국, 지나가는 사람을 아무나 붙잡고 "우체국이 있어야 하는데, 왜 우체국이 없지?"라고 물어본다. "아, 이전했어. 저쪽 골목 뒤로." 다행히 아는 사람이 있다. 가리키는 손가락 끝에 건물 하나가 걸린다. "저 건물이야?" "아니, 저 뒤편이야." 어쩌고저쩌고, 설명이 길어지는데 알아듣기가 어렵다. 일단, 방향은 알았으니 가보기로 한다. 근처에 가서 또 물어보면 되겠지.

우체국은 어렵지 않게 찾았다. 우체국 안으로 들어서자, 조그만 상점에서 엽서를 팔고 있다. 비엔티안의 풍경은 물론, 방비엥, 루앙프라방도 있다. 사진엽서다. 엽서와 우표를 사고 나니, 가지고 있던 킵을 거의 다 사용했다. 개운하다.

다시 여행사로 돌아가는 길에 낯익은 건물이 보인다. 비엔티안 중심가에 있는 승리의 문 빠뚜사이Patuxai다. 프랑스로부터의 독립을 기념하기 위한 건축물인데, 파리의 개선문을 본떠서 만들었다. 배알도 없다. 시멘트로 만든 데다가, 건물 안에 기념품 가게까지 있다. 이건 좀 아니지 않나 싶다. 다행인 건, 네 개의 아치형 입구와 천장에 힌두교 신화 속 인물들이 조각돼있다. 그 모습만큼은 라오스 고유의 모습답다.

빠뚜사이의 원형 계단을 따라 위로 올라간다. 주위에 이보다 높은 건물이 없다 보니(건축법상 제한), 넓은 시내를 한눈에 볼 수 있다. 파리의 샹젤리제를 본떠 만들었다는 라오스 판 샹젤리제 거리가 있고, 대통령 관저도 보인다. 그 너머, 메콩강을 사이에 두고 태국과 접경한 곳에 란쌍Lane Xang 왕조의 마지막 왕인 아누봉 동상이 서있다. 태국을 향해 눈을 부릅뜨고 서서, 더는 넘어오지 말라는 듯 손을 내밀고 있는 모습이 인상 깊다. 그 옆에 조성된 공원은 한국 정부와 기업의 기부로 만들어졌다.

최대한 땀이 나지 않도록 조심했는데, 처음부터 불가능한 일이었다. 여행사로 돌아오니 온몸이 땀 범벅이다. 이대로 버스를 탄다면 찝찝해서 돌아버릴지도 모른다. 여행사에 부탁해서 화장실에서 간단하게 씻어도 좋다는 허락을 받았다. 다행이다. 세면대에 물을 받고, 조그만 양치 컵으로 물을 끼얹으며 샤워를 한다. 소꿉장난 같아도, 땀을 씻어내기엔 충분하다. 뜨겁게 달아오른 발바닥도 식히고, 양치질까지 하고 나니, 더 바랄 게 없다. 개운하다.

　여행사 직원은 시간이 됐다며, 잘 가라고 배웅해준다. 이렇게 배웅한 여행자가 얼마나 될까? 문득, 난 여행사 직원은 할 수 없겠다는 생각이 든다. 아직껏 헤어짐에 익숙하지 못한 나는, TV에서 헤어지는 장면만 봐도 울컥 올라온다. 배웅하는 직원에게 고맙다는 인사를 남기고 돌아서는데, 괜스레 코끝이 찡하다.

　이제 라오스를 떠난다. 다른 나라에 비해서 라오스에 머문 기간은 짧았다. 갑자기 아쉬움이 밀려온다. 언제 또 라오스에 오게 될까? 비엔티안이라도 하루 더 머물걸, 하는 후회도 든다. 여행은 늘 이렇게 미련을 남긴다. 그 미련이 결국, 다시 돌아오게 하는 계기가 된다. 하지만 알고 있다. 내 생애 라오스는 마지막이겠지. 아직 가보지 못한 나라들이 더 많다. 너무 많다.

미련보다는 미지가
날 더 흔들어놓는다.

개 같은 코끼리

매홍손/태국

목적지에 닿아야
행복해지는 것이 아니라,
여행하는 과정에서 행복을 느낀다.

앤드류 매튜

──────────── 단언컨대, 장거리 버스는 태국이 세계 최고이다. 2층 버스에 오르니 달리는 비행기에 탄 기분이다. 자리마다 충전할 수 있는 콘센트는 기본이고, 상냥하고 친절한 승무원도 있다. 마침 2층 맨 앞자리가 비어있다. 운전석이 없어서 시야가 뻥 뚫려있고, 다른 좌석보다 공간도 넓다. 승무원에게 좌석을 바꿔달라고 부탁했다. 친절하게 웃으면서, 안 된단다. 웃는 얼굴로 거절해서, 처음엔 잘못 들었나 싶었다. "아까부터 자리가 비어있는데, 왜 안 돼요?" 물으니, "중간에 타는 승객이 있어서 안 돼요." 답한다. 이번에도 미소는 그대로다. 태국어 특유의 나긋함이 덧붙여지자 듣는 것만으로 전의가 상실된다. 온몸이 노근노근해지는 기분이다. "일단 앉아있다가, 승객이 오면 내가 직접 부탁할게요." 그제서야 알았단다. 아싸! 이코노미에서 비즈니스로 옮기는 기분이다.

육로로 국경을 넘는다. 국경 하나 건넜을 뿐인데, 희한하게도 차창 밖 풍경이 새롭게 보인다. 심지어 하늘의 달도, 별조차도 라오스에서 보던 것과 달라 보인다. 그럴 리가 없는데 말이다. 어디쯤 가고 있을까? 구글맵을 켜고, 비엔티안으로부터 이어진 도로를 따라 지도를 짚어 내려간다. 중간중간 눈에 익은 지명들이 보인다. 빠이, 매홍손, 치앙마이, 아유타야. 몇 년 전, B와 함께 갔던 곳들이다. 눈을 감고 추억에 잠긴다. 피곤하지만 쉽게 잠들 것 같지 않다.

어느새 버스는,
시간을 달려 추억 속으로 향한다.

──────────── 빠이Pai에 도착하자마자, 매홍손Mae Hong Son부터 다녀오기로 했다. 여행사에 들러 패키지를 신청했다. 매홍손으로 향하는 미니밴에 오른다. 이미 많은 여행자가 타고 있다. 간단히 인사를 나누고, 빈자리를 찾아 앉는다. 옆에 앉은 서양 남자는 자리가 불편한지 구부정한 자세인데, 나는 편하다. 아무래도 내 몸은 여행에 최적화된 사이즈인가 보다. 기뻐해야 하나?

아침부터 내린 비로 도로가 미끄러운데도 미니밴은 거침없이 달린다. 급커브가 계속해서 이어지지만, 운전사는 속도를 줄일 생각이 없다. 수시로 차선을 넘나들고,

추월도 서슴지 않는다. 의자는 덜컹거리고, 안전벨트도 없다. 두렵다. 오금이 저리고, 멀미가 난다. 맞은편에서 달려오는 차가 위험하다며 하이빔을 쏜다. 우리 차 운전사도 지지 않고 하이빔을 쏜다. 뭘 어쩌자는 건지? 서로의 경적 소리가 비명처럼 뒤엉키며 스쳐 간다. 대결을 펼치는 제다이Jedi들 같다. 나도 모르게 천장 손잡이를 꼭 쥐며, "포스가 함께하길!"을 외친다. 미니밴이 뒤집히든지, 내 속이 뒤집히든지, 결국 사달이 날 것 같다.

이번엔 덮개를 덮지 않은 트럭 한 대가 우리 앞을 빠르게 지나간다. 트럭을 개조한, 일종의 마을버스다. 짐칸에는 교복을 입은 학생들이 빼곡히 앉아있다. 잡을 곳이 마땅치 않아서 위태위태해 보이는데, 비까지 쫄딱 맞고 있다. 물에 빠진 생쥐 꼴을 하고도, 나와 눈이 마주치고는 씩 웃어 보이기까지 한다. 걱정은 보는 사람의 몫인가 보다.

매홍손으로 가는 내내, 스쿠터 여행자들과 마주친다. 빗길에 제대로 속도를 내지 못하고 있다. 저렇게 달리다가, 해 저물기 전에 매홍손에 도착이나 할 수 있으려나. 하지만 그들 역시 개의치 않는다는 듯 입가엔 웃음이 가득하다. 오히려 독특한 경험에 즐거워하는 눈치다.

그것이 삶과 여행의 차이 아닐까? 삶에서는 짜증이 날 법한 상황이라도 여행에서는 즐거움이 된다. 여행에서 삶을 배운다. 안 좋은 일이 닥쳤을 때 어떻게 대응해야 하고, 어떤 마음가짐을 가져야 하는지 알게 된다.

여행처럼 즐기면 된다.
삶도 결국 여행이니까.

잠시 날이 개자, 도로가 금세 마르기 시작한다. 미니밴은 좀 전과 같은 속도로 달리는데, 비가 멈췄다는 이유만으로 안정적으로 느껴진다. 중간중간 코끼리들이 눈에 띈다. 동물원이 아닌 곳에서 코끼리를 만나기는 처음이다. 운전사는 코끼리를 타보겠냐고 묻는다. 괜찮다고 하니 안타까운 표정을 짓는다. 코끼리를 타줘야, 코끼리가 굶지 않는단다. 일이 없으면 코끼리가 배고프단다. 먹이라도 사줄까 망설이는 사이, 코끼리는 시야에서 사라져버린다.

얼마나 더 달렸을까? 미니밴이 갑자기 도로 한쪽에 멈춰 선다. 밖을 보니, 저 멀리서 거대한 코끼리가 달려오고 있다. 오토바이를 타고 앞장서는 주인의 뒤를 강아지처럼 따라온다. 줄이라도 매달아 놓은 걸까? 자세히 살펴보지만, 줄 따위는 없다. 하긴, 줄을 매달았을 리가 없다. 행여나 코끼리가 멈추면 오토바이가 그대로 뒤집힐 테니.

"내려도 될까?" 운전사는 괜찮다며 내려보란다. 용기 내어 미니밴에서 내린다. 코끼리의 덩치는 생각보다도 훨씬 더 어마어마하다. 그대로 툭 친다면, 반대쪽 도로까지 튕겨 나갈 판이다. 코끼리가 바로 내 곁을 스쳐 지나가는 순간, 눈이 마주친다. 코끼리가. '안녕' 하고 인사를 건넨 것 같다. 슬쩍 바라본 코끼리의 피부는 한없이 거칠다. 털은 철사 같다. 그 억센 코끼리가 묵묵히 주인을 따라 달린다. 코끼리가 딴 길로 새지 않을 걸 믿는지, 주인은 뒤 한 번 돌아보지 않는다.

코끼리를 키운다는 건 어떨까?
개 같은 코끼리가 있다면 어떨까?

————————— 매홍손으로 가는 중간, 탐쁠라Tham Pla, 일명 물고기 동굴로 향했다. 패키지 코스 중 하나다. 울창한 나무들로 둘러싸인 국립공원 안으로 한참을 걸어 들어간다. 산림욕을 하며 걷다 보니 어느새 도착. 동굴 안에는 작은 웅덩이가 하나 있는데, 그 안에 무지하게 많은 잉어가 살고 있다. 먹이를 던져주자 서로 뒤엉키며 물보라를 일으킨다. 그 모습이 징그럽기까지 하다.

다시 이동한다. 이번엔 파수아Pha Sua 폭포에 들른다. 규모가 크지는 않지만, 조금 전까지 쏟아진 폭우로 폭포수가 우렁차다. 소리만으로도 가슴이 탁 트이는데, 오래 볼 만한 장관은 아니다. 지루해진 여행자들은 슬금슬금 차로 돌아간다. 충분히 구경하고 오라는데도, 눈치를 보게 되는 건 어쩔 수 없다. 패키지가 아쉬운 부분이다. 결국, 나도 돌아간다.

꼭 들러야 한다는 푸클론Phu Klon 머드 스파도 빠뜨리지 않는다. 지하 100m에서 온천이 솟아 나오는 곳이다. 온천물에 발을 담그고 앉자, 1분도 안 되어 송골송골 땀이 맺힌다. 모공이 활짝 열리고 노폐물이 쫙 빠지는 기분이다. 생각만으로도 개운해진다. 동행한 여자 여행자들은 머드 마사지를 받으러 우르르 몰려간다. 오랜 시간 기다려줘야 한다. 다들, 머드 스파를 하려고 패키지를 신청한 모양이다. 미니밴 근처에서 시간을 때우던 남자 여행자들은, 서로 눈이 마주치자 씩 하고 웃는다.

국적도, 피부색도, 생김새도 다르지만,
말하지 않아도 뭔가 통한다.

———————— 롱넥빌리지Long Neck Village의 카렌Karen족에 환상을 갖고 있었다. 현대인과 다른 모습으로 살아가는 그들을 만날 수 있다는 생각에 무척 설렜다. 그런데 막상, 단순한 구경거리로 전락해버리고, 그들 스스로가 관광 상품이 되어버린 모습을 보니 씁쓸함이 밀려온다. 사람이 사람을 구경한다는 건, 불편한 일이다.

카렌족의 여자들은 일정한 나이가 되면 목에 링을 착용한다. 얼핏 목이 길어진 것 같지만, 링의 무게를 이기지 못하고 쇄골이 내려앉아 생긴 착시 현상이란다. 산짐승에게 목을 물리지 않으려던 것이었는데, 그게 풍습이 되었다고 한다. 다른 설도 있다. 과거 노예 무역상들은 목에 링을 걸면 예쁘지 않다고 생각했고, 상품 가치가 없으니 잡아가지 않았다는 설이다. 무엇이 진실이든 간에 이제는 그만둬도 괜찮지 않을까? 스마트폰까지 사용하는 그들이 그런 풍습을 유지할 이유를 도무지 찾을 수 없다. 그럼에도 마음이 무겁지만은 않은 건, 그들이 보여준 맑은 웃음 때문이다. 그것마저 돈벌이 때문이라고, 그렇게까지 비약하고 싶지 않다

비 온 뒤라 가시거리가 멀다. 먼 곳까지 시원하게 눈에 들어온다. 여행 중에 만나는 비는 이렇듯 생각지도 못한 아름다운 선물을 주기도 한다. 불편하다고 짜증 낼 필요 없이, 오면 오는 대로, 그치면 그치는 대로, 그렇게 자연의 순리대로 즐기면 된다.

매홍손 시내로 내려온다. 멀리서 내려다볼 때는 몰랐는데, 현대식 건물들이 생각보다 많다. 세련된 카페가 가장 먼저 눈에 들어온다. 와이파이도 빵빵하다. 그런데 이상하게도 살짝 아쉽다. 하루가 멀다고 눈부시게 발전하는 모습에 응원의 박수를 보내면서도, 천천히 발전하길 바라는 속마음은, 예스러움을 간직한 정겨운 모습이 금방 사라질 것만 같은 아쉬움 때문이다.

때론 추억을 찾아 떠나는 여행도 좋다.
낡음을 찾아 계속 여행하는 이유다.

책 한 권의 무게

빠이/태국

행복하게 여행하려면
가볍게 여행해야 한다.

생텍쥐페리

─────────── ─── 빠이는 소란스럽지 않고 조용한 곳이다. 특별할 것도 없다. 그럼에도 빠이에 빠져든 여행자는 수두룩하다. 그 특별하지 않음이 특별한 곳이다. 볼수록 매력적인 곳이기도 하다. 무엇보다 아담하다. 거닐다 보면 몇 시간도 안 돼 전부 돌아볼 수 있는데, 이상하게도 아쉬워져서 왔던 길을 또다시 거닐고 거닌다. 봐도 봐도 질리지 않는다. 길에서 마주치는 아기자기한 상점들도 매력 있다. 그중에서도 자주 가던 곳은 다름 아닌 서점이다. 여행자가 많은 만큼, 그들이 팔고 간 책이 많고도 다양하다.

　빠이에서는 책을 읽으며 시간을 보내는 여행자들을 심심치 않게 만난다. 누군가는 이해하지 못할지도 모른다. 평소에도 읽을 수 있는 책을, 굳이 이 먼 곳까지 와서 읽냐고 말이다. 관점의 차이다. 여행은 대단한 게 아니다. 평소와 다름없는 하루다. 조금 더 여유롭다는 것과 언젠가는 끝나는 걸 알기에 하루하루가 아쉽다는 것. 그 정도가 다르다면 다를 뿐이다. 평소에 책을 읽고 싶은데, 사느라 바빠서 읽지 못했던 책을 읽는 것이다. 시간이 났으니, 그동안 가장 하고 싶었던 일을 해보는 것뿐이다.

　빠이의 독특함은 여행자와 현지인의 삶이 뒤엉켜 있는 데에도 있다. 장기 여행자들은 일정에 쫓기지 않고 여유롭게 시간을 보낸다. 해가 떨어지면 조그만 바bar에 모여 술잔을 기울이는 게 전부다. 먹고 자는 것만 해결된다면, 몇 달씩 게으름을 피우며 제대로 잉여를 즐긴다. 직접 요리를 해먹는 여행자도 많다. 그렇게 돈을 아껴서 하루라도 더 빠이에 머물려는 건지도 모른다.

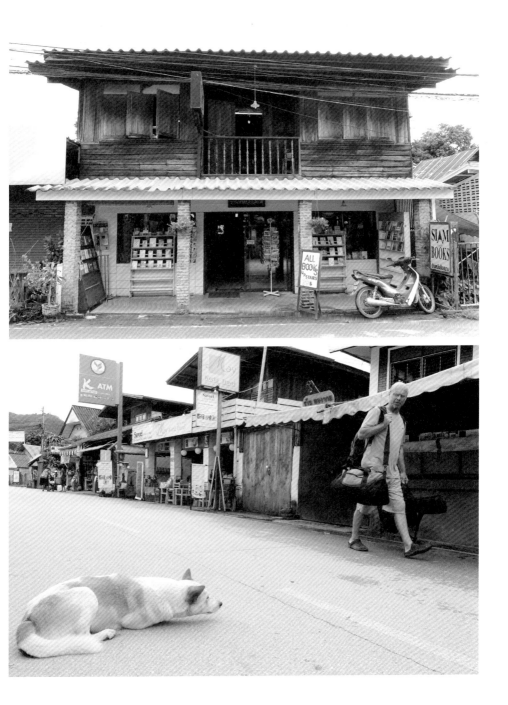

게으름과 여유로움. 빠이에서는 두 가지 모습이 공존한다. 분명 게을러 보여야 하는데, 이상하게도 여유로워 보인다. 이래서 다들 빠이가 마음에 드나 보다. 나 역시도 빠이가 마음에 든다.

> *특별할 것도 없는 빠이가 좋은 이유는 하나다.*
> *이곳에서의 시간은 분명, 천천히 흐른다.*

───────────── 밤에는 장군처럼 우렁차게, 낮에는 선비처럼 우아하게 비가 내린다. 덕분에 숙소에 머무는 시간이 많다. 숙소는 아담하고 예쁜 방갈로다. 선풍기조차 없는데 "괜찮아! 오히려 추워!"라며 자신만만해하던 주인의 말대로, 정말 선선하다. 비가 내리니 쌀쌀하기까지 하다. 세련되게 꾸며진 샤워실은, 독특하게도 지붕이 뻥 뚫려있다. 빗물이 들이오면 사연 속에서 발가벗고 씻는 듯한 자유가 느껴진다. 아울러 누군가의 시선도 느껴진다. 홱 돌아보니 도마뱀이다. 잡아서 방에 던져놓는다. 모기나 잡아주렴. 밤새 모기에 시달리긴 싫다.

SNS에 올라온 친구들의 일상을 훔쳐본다. 접속자가 많아지면 순식간에 속도가 떨어지는, 느림보 와이파이라도 감지덕지하며 쓴다. 서울은 온종일 맑음. 좋은 날씨에도 불구하고 다들 일하느라 바쁜 모양이다. 카톡으로 말을 걸려다가 그만둔다. 방해하고 싶지 않고, 방해받고 싶지 않기도 하다. 무소식이 희소식이다. 내가 대화를 나누고 싶은 시간과 상대가 원하는 시간의 길이가 물리적으로 비슷하면 좋겠다.

밀렸던 책을 읽는다. 팬티 한 장도 무겁다고 버리는 마당에, 끝까지 챙긴 책이다. 책 한 권의 무게는 물리적으로 잴 수 없어서다. 태플릿PC에 담은 책도 여러 권이지만, 책은 역시 손맛이라며 챙긴 종이 책이다. 다 읽은 뒤에는 빠이에 있는 헌책방에 팔 생각이다. 우리나라 여행자를 위해서다. 온통 외국 책만 있는 곳에서 우리나라 책을 발견하게 된다면 반갑겠지. 하지만 몇 장도 채 읽지 못하고 잠들고 만다.

> *때론, 아무것도 안 하는 하루도*
> *기억에 남는 여행이 된다.*

　　　　　　　　　　　　며칠 전만 해도 느림을 극찬했는데, 느림의 미학인 빠이가 슬슬 지루해지고 있다. 떠나야 할 때가 온 건가. 난 역시 빠름에 길들어져 있나 보다. 떠나기 전, 빠이의 외곽을 둘러보고 싶어졌다. 비가 내릴 것 같은 날씨지만, 스쿠터를 빌렸다. 부디 비가 오지 않기를 바라며.

　가장 먼저 들른 곳은 유명한 카페, 'Coffee in Love'다. 갈 마음이 있었다기보다는 우연히 마주친 카페다. 커다란 'LOVE' 조형물이 유혹이라도 하는지, 그 앞에서 사진 찍는 연인들이 많다. 그러면 사랑이 영원할 거라고 믿는 듯하다. 바보처럼.

　카페 안으로 들어가 커피를 주문했다. 시야가 탁 트여 좋다. 잘 꾸며진 정원도 아름답다. 이 카페가 유명한 이유를 알 것 같다. 생각보다 커피값도 적당하다. 모처럼 커피 한 잔의 여유를 만끽한다.

빠이캐니언Pai Canyon으로 향한다. 그랜드캐니언을 떠올리고 찾아갔는데, 이건 뭐, 협곡이라고 할 수도 없는 수준이다. 정말 이게 다냐고, 오가는 사람들에게 몇 번이나 물었다. 빠이에 가면 꼭 가봐야 하는 명소라더니. 왠지 속은 기분이다.

갑자기 내린 비로 도로 사정이 위험해졌다. 멀리까지는 갈 수 없어, 가까이에 있는 메모리얼브릿지Memorial Bridge로 간다. 메모리얼브릿지는 제2차 세계대전 당시, 미얀마로 물자 수송을 하기 위해 일본이 만든 다리인데, 콰이강의 다리처럼 유명하다. 다리는 이제 낡고 낡아서 듬성듬성 구멍까지 뚫려있다. 잠시 한눈이라도 팔면 다리가 빠질 것 같다.

빗길을 뚫고 숙소로 돌아가는 길. 사방에서 쏟아지는 빗물 총탄을 고스란히 맞으며 달린다. 전장 한복판에 들어와 있는 기분이다. 전쟁의 아픈 기억들을 고스란히 품고서 조용히 쇠락하고 있는 메모리얼브릿지가 떠오른다.

어느새 비가 멈춘다.
어느새 숙소다.

배낭을 짊어지고 여행사를 찾았다. 치앙마이Chiang Mai로 가는 차편을 알아보는데, 경비행기가 눈에 띈다. 촌구석이라고 생각했던 빠이에 비행장이 있다는 게 놀랍다. 갑자기 마음이 흔들린다. 태어나서 한 번도 경비행기를 타본 적 없다. 차편보다 가격이 몇 배는 비싸지만, 무조건 안 쓰고 아끼는 게 능사는 아니다.

결국, 치앙마이행 경비행기 티켓을 샀다. 한 푼이라도 더 아끼려 아등바등했던 시간들이 주마등같이 떠오른다. 하지만 후회는 없다. 타고 싶다고 언제든지 탈 수 있는 경비행기가 아니다.

비행장은 참 아담했다. 비행장 간이 의자에 앉아서 이륙 시간을 기다린다. 멀리서 경비행기 한 대가 내려온다. 아, 아니다. 멀리 있는 것이 아니었다. 크기가 워낙 작아서 그렇게 보였을 뿐, 지척에 있다. 만일의 사고에 대비한 소방차도 대기 중이다. 달랑 한 대. 귀엽다. 경비행기가 무사히 활주로에 닿는다.

경비행기에 올라탄다. 기장은 서양인이다. 태국이 좋아서 눌러앉았는지도 모른다. 승객든이 진은 비행기 뒤쪽에 쌓아서 움직이지 않도록 그물로 엮는 게 전부다. 어딘지 엉성해 보인다. 비행기가 흔들리기라도 하면, 영락없이 짐에 맞을 것 같다. 괜찮겠지? 제대로 이륙은 하겠지? 별일 없겠지? 방금 무사히 착륙하는 걸 봤고, 소방차도 봤는데, 걱정이 앞선다.

기우일 뿐이라고 항변하듯, 경비행기는 너무도 사뿐히 날아오른다. 긴장한 새가슴은 금세 안정을 되찾는다.

저 멀리 빠이가 조금씩 작아지더니, 이내 뒤편으로 사라진다. 안녕, 빠이. 그리고는 계속해서 산만 보인다. 창밖의 풍경은 그게 전부다. 구름 속을 통과하고, 천둥 번개가 치는 박진감은 없다. 생각보다 시시하다. 괜스레 돈이 아깝다는 생각이 든다. 애써 머릿속에서 떨쳐내려고 해도, 어림없다.

경험해야만 알 수 있다.
다시는 경비행기 안 탄다.

야간 기차의 설렘

치앙마이/태국

여정은 목적지로 향하는 과정이지만,
그 자체로 보상이다.

스티브 잡스

———————— 치앙마이가 시시하다고 느낀
건, 별반 차이가 없어서일지도 모른다. 승려들이 탁
발을 나서는 모습도, 스쿠터를 탄 여자들이 많은 것
도, 우리나라에선 쉽게 볼 수 없는 이국적인 모습이
지만, 이미 나는 실컷 본 터라 금세 시시해진다. 익숙
함이다. 시들해진 연인 관계처럼, 여행도 길어지면
길어질수록 메말라간다.

치앙마이에서 머물기보다 곧장 방콕으로 내려가
기로 했다. 이번에는 야간 기차를 탄다. 치앙마이 기
차역까지 걸어가려고, 주섬주섬 배낭을 챙겨서 나선
다. 튼튼한 두 다리로 열심히 걷기만 하면 된다. 그런
데 구글맵으로 어림잡을 땐 만만해 보였던 거리가,
막상 걷기 시작하자 생각보다 멀다. 배낭을 메고 있
는 어깨는 점점 무거워지고, 발바닥은 뜨겁고 쓰라
려온다.

얼마나 걸었을까? 재래시장이 나온다. 구글맵에
도 없는 조그만 시장이다. 호기심이 생겼다. 잠시 쉴
겸, 허기진 배도 채울 겸 시장 안으로 들어간다. 언제
봐도 시장은 활기가 넘친다. 다들 어디서 그런 에너
지가 나오는지, 상인들의 얼굴과 행동에 생기가 흐
른다. 진열된 청과에도 싱그러움이 묻어난다. 갖가지
먹거리가 즐비하지만, 손질이 쉬운 과일을 골라 담
는다. 아무리 맛이 좋아도 손이 많이 가면 빛 좋은 개
살구일 뿐이다. 특히 여행 중에는.

시장을 빠져나오면서 방향 감각을 잃었다. 지도
에는 분명 길이라고 나오는데, 실제로는 떡하니 건
물이 가로막고 있다. 지나가는 현지인을 붙잡고 기
차역까지 가는 길을 물어본다. 마침 기차역으로 가

는 중이던 한 여자가 태워주겠단다. 지레 돈이 없다고 말하자, 여자는 무안할 정도로 호탕하게 웃으며 공짜란다. 차 안은 곧 땀 냄새로 가득 찼지만, 괜찮다며 에어컨을 틀어준다. 그 작은 배려까지도 뭉클하게 다가온다.

누군가에게 이유 없이 친절을 나눈 적이 언제던가. 아무리 생각해도 기억나지 않는다. 그동안 살아왔던 내 모습을 되돌아본다. 혼자만 열심히, 남에게 피해를 주지 않으면 괜찮다고 생각했던 내 모습이 부끄러워진다.

치앙마이 기차역. 배낭을 앞뒤로 멘 여행자가 많다. 티켓을 사기 위해 이리저리 뛰어다니거나, 콘센트가 있는 기둥 가까이 자리를 잡고 앉아서 자신들의 디바이스를 충전한다. 바닥에 내려놓은 배낭을 베개 삼아 쉬는 모습도 보인다. 새롭게 만난 여행자와 인사를 나누고 정보를 교환하는 모습은, 이제 익숙하다 못해 친근하기까지 하다. 간식으로 급하게 허기를 채우는 모습도 보인다. 묘하게 동질감이 느껴진다.

기차를 기다리는 동안, 나 역시도 다른 여행자와 똑같은 모습이 된다. 이리저리 뛰어다니고, 먹을 걸 사러 다니고, 바닥에 널브러져 앉아 세상에서 가장 편한 자세로 쉰다. 수첩을 꺼내 밀렸던 일기나 떠오르는 글귀를 적는다. 여행에서 기다리는 시간은 곧 쉼이 된다.

어느덧, 정복을 입은 직원들이 기차 앞에 도열한다. 전달 사항이 오가고, 경례를 끝으로 각자의 위치로 흩어지자 드디어 기차의 출발을 알리는 방송이 흘러나온다. 출발이다. 아, 야간 기차라니, 왠지 설렌다.

자리는 침대칸이다. 한 사람이 누우면 딱 맞는 조그만 침대다. 누워본다. 허리가 쭉 펴지면서 온몸이 개운해진다. 하룻밤이 아니라 며칠 밤도 이동할 수 있을 것 같다. 베개와 이불도 있고, 개인 커튼도 있어서 독립된 공간이 만들어진다. 다른 칸들은 어떨까? 큰 배낭은 던져놓고 귀중품만 챙겨 들고 구경 나선다. 현지인들은 야간 기차를 많이 이용해봤는지, 나처럼 신기해하거나 설레는 표정이 없다.

화장실은 객차를 연결하는 공간에 있다. 생각보다 깨끗한 모습에 마음이 놓인다. 어딜 가든 여전히, 화장실은 걱정스럽다. 끝 칸은 식당이다. 들어서자마자 태국 요리 특유의 냄새가 콧구멍을 파고든다. 특히, 고수 향이 진하다. 맛있다고 먹는 사람도 많지만, 아직도 내게는 어렵기만 하다.

구경을 끝내고 자리로 돌아와 앉는다. 그 사이 기차는 달리고 달려 치앙마이에서

제법 멀어졌다. 문득 내다본 창밖으로 끝을 알 수 없는 지평선이 펼쳐지고, 그 위 하늘
은 점점 붉게 물들어간다. 덜컹덜컹. 심장 박동처럼 기차의 규칙적인 진동이 전해진
다. 어릴 적 내 가슴을 토닥거리며 재워주던 엄마의 손길 같다. 눈꺼풀이 내려온다.

　　　　　　　　　　　서서히 어둠이 깔린다.
　　　　　오랜만에 좋은 꿈을 꿀 것 같다.

예쁜 도시 이름 찾기

아유타야/태국

여행은 무엇보다도 위대하고 엄격한 학문과도 같다.

알베르 카뮈

———————————— 예쁜 이름의 도시들이 있다. 발음에서부터 신사의 품격이 느껴지는 런던London, 향기로운 재스민 향이 날 것 같은 사프란볼루Safranbolu, 진한 커피 한 잔이 떠오르는 모나코Monaco, 바람둥이 느낌의 카사블랑카Casablanca, 한 판 시원하게 붙어야 할 것 같은 오키나와Okinawa. 하지만 내가 최고로 뽑는 이름은, 몽환적이며 영롱함까지 느껴지는 영혼의 도시, 서울Seoul이다.

그리고 아유타야Ayutthaya. 이름이 예쁘다. 방콕에서 2시간 거리의 이 도시에 호기심이 생겼다. 카오산로드에서 패키지를 신청한다. 미니밴이 오기로 했는데, 신청자가 없었는지 택시 크기의 차가 나온다. 갑자기 운전기사를 둔 부잣집 아들내미가 된 것 같다. 차 안에 편하게 앉아서 거리를 바라본다. 거리를 메운 사람들, 높고 낮은 건물들, 알록달록한 택시들까지 풍경이 빠르게 흐르며 뒤섞이더니, 순식간에 뒤로 밀려난다.

아유타야에는 대략 1천여 개의 불교 유적이 남아 있다. 아유타야에 가면 하루에 아홉 개의 사원을 방문하라는 말이 있는데, 다 보려면 대략 111일이 걸린다는 계산이 나온다. 역사학자나 불교 신자가 아니고서야 그 많은 사원을 다 둘러볼 여행자가 과연 있을까? 나는 가장 이색적이고 유명한 사원들만 돌아보기로 했다.

아유타야의 유적지는 18세기 후반, 버마(현 미얀마)의 침략으로 모든 것이 불에 타 파괴된 후 재건되지 않은 채 그대로 남아있다. 아유타야의 유적 모두가 돌인 이유이기도 하다.

훼손된 유적지를 재건하는 게 맞는지, 그대로 두는 게 맞는지 잘은 모르겠다. 아무리 고증에 고증을 거쳐 옛 모습대로 재건했다 해도, 재건하는 순간 새로운 가지를 펼치게 된다. 모습은 되돌릴 수 있다고 하더라도, 더 이상 예전의 가치는 아닐 것이다. 그렇다고 훼손된 그대로 두는 것도 마음이 쓰인다. 여전히 어느 쪽이 옳은지는 모르겠다.

멀리 종 모양의 탑이 보인다. 실론Ceylon(현 스리랑카)에서 유학하고 돌아온 승려들이 명상 수업을 하던 야이차이몽콘Yaichaimongkhol 사원인데, 거북이가 더 유명하다. 손바닥만 한 거북이가 사원 주위를 어슬렁대며 돌아다닌다. 몇 마리가 전부겠지 했는데, 엄청나게 많은 거북이가 살고 있다. 속을 들여다볼 수 없을 만큼 탁한, 흙탕물에 가까운 연못에 다가서자, 수면이 파도처럼 일렁인다. 자세히 보면 모두가 거북이 등껍질이다. 긴 나무 꼬챙이에 바나나를 꽂아서 내밀자, 수십 마리의 거북이 머리가 물 밖으로 튀어나온다. 살짝 징그럽기도 하다. 연못에 빠지기라도 하면, 뼈도 못 추리겠다. 하지만 아이들은 아무 서슴 없는 듯, 겁 김 없이 더 앞으로 다가서다 괜한 걱정을 하는 걸 보면, 이미 난 어른이구나 싶다.

이번엔 길이 28m의 거대한 와불로 유명한 로까야수타람Lokaya Sutharam 사원에 들렀다. 아유타야 왕조(1351~1767)는 불상이 크면 클수록 전쟁에서 이긴다고 믿었다. 거대한 석상을 보면서 그 시대에 불교가 얼마나 강력한 세력을 떨쳤는지 가늠해본다. 지금까지도 불심은 여전한 듯, 많은 신도들이 정성껏 예불을 올리고 있다.

거대한 와불 앞에 개 한 마리가 똑같은 포즈로 누워있다. 명상을 하는 걸까? 지켜보니, 꿈에서 맛있는 뼈다귀라도 먹는지, 쩝쩝 입맛을 다신다. 옆으로 다가가 발을 탁탁 굴러본다.

지나가는 개 보듯 흘낏하더니,
꿈쩍도 하지 않는다.

아유타야의 별명은 '물의 도시'다. 보트를 타고 방콕의 젖줄인 짜오프라야Chao Phraya강을 돌기로 했다. 보트에 시동을 건다. 생각보다 빠르다. 요란

한 모터 소리에 익숙해지자 모터 소리를 걸러내고, 수면 위를 미끄러지는 물소리에 집중한다. 그제야 주변의 풍경들이 눈에 들어온다. 저 멀리서 빛나는 아름다운 불빛이 깜깜한 수면 위를 환하게 수놓는다. 수상 가옥들이다. 가까이 다가가자 그곳 사람들의 생활이 여과 없이 드러난다. 잠시 스쳐 지나갔지만, 그들과 일상이 연결된 것 같은 기분이 든다. 강변에 자리 잡은 사원들은 저마다의 고풍스러운 운치를 풍긴다. 그 사이를 꿋꿋하게 지키고 있는 성당도 보인다. 내내 불교 사원만 봐서 그런지, 은근히 반갑다.

한참을 더 달려서 차이왓타나람Chai Wat Thanaram 사원에 도착했다. 어디선가 많이 본 듯한 기시감을 느꼈는데, 캄보디아의 앙코르와트를 모델로 했단다. 그러고 보니, 얼핏얼핏 앙코르와트의 분위기가 느껴진다. 가운데의 커다란 탑은 신들이 사는 수미산을 상징하고, 그 주변 네 개의 탑은 수미산을 둘러싼 네 개의 대륙을 상징한다. 수미산을 세계의 중심으로 보는 불교적 세계관을 형상화한 것이다.

여행을 하다 보면, 전혀 관심도 없던 역사가, 종교가, 일상이 궁금해진다. 무엇을 이야기하고 싶었던 걸까? 왜 이렇게 됐을까? 단순한 호기심에 그치지 않는다. 어느덧 깊숙이 파고들어 알고 싶고, 이해하고 싶어진다.

마지막으로 프라마하탓Phra Maha That 사원에 도착했다. 아유타야의 많은 사원들 중, 가장 인상 깊게 기억되는 곳이다. 나무뿌리 사이에 낀 불상의 머리 때문이다. 뿌리와 불상 사이에는 조금의 틈도 없다. 인위적으로 만들어진 것이 아니다. 인위적으로 만들려 해도 만들 수 없는 모습이다. 일제 강점기, 일본이 우리 민족의 정기를 끊으려고 명산마다 쇠말뚝을 박았던 것처럼, 버마군 역시 아유타야의 정기를 끊어내고자 수많은 불상의 머리를 잘라냈다. 그렇게 바닥을 뒹굴던 불상 머리 하나가 나무뿌리에 감기며, 세월의 생채기가 서린 지금의 모습을 만들어냈다.

누군가는 불상의 머리를 잘랐고,
누군가는 잘려나간 불상의 머리 앞에서 기도를 올린다.

두 얼굴의 도시

파타야/태국

음식을 거부하고, 복장을 무시하고,
종교를 무서워하고, 사람을 피한다면,
차라리 집에 있는 게 낫다.

제임스 미치너

허름한 방 하나를 겨우 잡고, 침대에 쓰러지듯 눕는다. 방콕에서 파타야Pattaya까지, 생각보다 긴 이동으로 온몸에 피로가 쌓였다. 새로운 곳에 도착했다는 설렘도 뒤로 미루고, 지금은 일단 쉬고 싶다. 아무것도 하기 싫다. 천장에 매달린 선풍기의 바람이 부드럽게 온몸을 쓰다듬는다. 금세 곯아떨어진다.

얼마나 잠들었던 걸까? 창밖은 이미 어두워졌다. 축제라도 펼쳐졌는지, 요란한 음악 소리가 들린다. 낮과는 전혀 다른 모습이다. 낮에는 현모양처였다가, 밤이 되면 요부가 되는 듯하다. 한적하고 조용한 바닷가를 생각하고 왔는데, 낭패다.

북적거리는 소리에 이끌려 거리로 나가본다. 거리는 현지인과 여행자가 뒤엉켜 인산인해를 이루고 있다. 카오산로드보다 더 복잡해 보인다. 자연스레 성교를 떠올리게 하는 야한 간판들, 환각을 일으킬 것만 같은 다양한 색의 음료수들, 음란하게 말을 건네는 호객꾼들. 시선이 닿는 곳곳이 전부 자극적이다.

호객꾼 한 명이 은밀하게 다가온다. 들이미는 명함에 한글로 정확히 여성의 성기를 뜻하는 단어가 석혀있나. 그린이기 흡읍 춘단다 닭배두, 피운, 단다. 생전 들어본 적 없는 쇼를 보여주겠단다. "꺼지세요." 웃는 얼굴로 거칠게 말하니, 호객꾼은 뒤도 돌아보지 않고 다른 사냥감을 찾아간다.

조그만 클럽들은 제각기 독특한 콘셉트를 가지고 있다. 입구에서 손님을 기다리는 종업원들도 콘셉트에 맞게 의상을 차려입고, 들어오라며 손짓한다. 그 앞에서 잠깐이라도 멈칫거리면 이들의 목소리는 한층 더 커진다. 한 번 더 멈칫거리거나 시선이 잠시 머물면, 이때다 하고 빠르게 다가온다. 틈을 보여선 안 된다. 서둘러 발걸음을 옮긴다.

무심코 고개를 들었다가, 클럽 2층 유리창 가까이에서 춤추는 서양 여자를 발견했다. 몸짓은 뇌쇄적인데, 표정은 어딘지 모르게 쓸쓸해 보인다. 이곳까지 무슨 연유로 온 걸까? 피치 못할 사연이 있을 것만 같은 건, 영화를 너무 많이 봤기 때문일까? 눈을 맞추며 생각을 읽어본다. 여자는 눈을 감는다.

어느새 새벽이다.
거리의 열기는 그때까지도 식을 줄 모른다.

─────────── 일찌감치 조식을 먹고, 인공적으로 만들어진 수상 시장, 플로팅 마켓Floating Market으로 향했다. 현지인 입장료와 외국인 입장료가 다른데, 외국인이 내는 가격은 말도 안 되게 비싸다. 바가지를 씌우는 것 같아 맘이 상하지만, 그냥 돌아가긴 아쉽다. 군말 없이 내고 안으로 들어간다.

특별히 살 건 없지만, 아기자기하게 구경할 건 많다. 간혹 사고 싶은 게 있더라도, 여행 중에는 조그만 기념품마저도 짐이 되기에 참는다. 아쉬운 마음에 사진으로 남겨 본다. 물론, 주인이 손을 내저으며 못 찍게 하는 경우가 많다. 어쩔 수 없다. 누구나 자신만의 입장이라는 게 있으니까.

독특한 먹거리가 눈에 띈다. 곤충들이다. 호기심에 물방개를 산다. 가까이에서 보니, 더 징그럽다. 커다란 바퀴벌레 같기도 하다. 입술에 닿지 않도록 입을 최대한 크게 벌려서, 앞니로 반을 조심스럽게 툭, 끊어본다. 앞니로 전달되어 오는 식감이 생각보다 훨씬 더 좋지 않다. 게다가 손가락 끝에 들려있는 나머지 반 토막을 보니, 아, 괜히 먹었나 싶다. 그래도 끝까지 도전해보기로 한다. 씹고 씹다 보니, 어라? 생각보다 담백하다. 겉은 바삭한 과자 같고, 속은 촉촉한 살코기 같다. 끝 맛은 조금 쓰지만, 전혀 못 먹을 음식은 아니다. 그래도 계속 먹고 싶지는 않다.

곤충이 미래의 식량이라던데,
다이어트는 손쉽게 하게 될 것 같다.

─────────── 거대한 농눗빌리지Nong Nooch Village는 온갖 조형물과 식물이 서로 오묘한 분위기를 내며 조화롭게 가꾸어진 공원이다. 면적이 여의도의 세 배 정도라니, 정말 어마어마하다. 제대로 구경하려면 하루로는 부족할 것 같다. 볼거리도 넘쳐난다. 울타리에 갇혀있지 않은 동물들과 사진도 찍을 수 있다. 심지어 호랑이까지 있다. 물론, 목줄은 하고 있다. 그래도 맹수는 맹수. 살짝 위험해 보인다. 두렵지만 손을 내밀어 호랑이를 만져본다. 호기심이 이겼다.

여행자들이 농눗빌리지를 찾는 이유 중 하나는, 코끼리 쇼 때문이다. 조련사와 코끼리들이 한 팀을 이루어 한바탕 쇼를 펼친다. 표면적으로는 팀워크가 좋은 것 같지

만, 사실 그 이면에는 불훅Bullhook이 있다. 불훅은 팔뚝 길이의 막대기 끝에 갈고리가 달린 모양새다. 조련사는 이런 날카로운 쇠꼬챙이로 코끼리의 턱, 귀 뒤쪽, 얼굴 등 여린 부분들을 사정없이 찌르며, 교육하고 통제한다.

화려한 코끼리 쇼가 진행되는 내내, 조련사 손에 들린 불훅만 내 눈에 보였다. 언짢고 불편해하다가, 지금 내가 무엇을 하고 있는지 뒤늦게 깨달았다. 수요가 없으면 공급이 없다. 구경해보겠다고 입장권을 구입한 내가, 코끼리에게 고통을 주고 있는 장본인이다. 생각이 거기까지 미치자, 갑자기 정신이 아찔해진다. 불훅을 휘두르는 조련사에게서 내 모습이 겹쳐 보인다.

서둘러 밖으로 나온다.
안에서는 여전히 코끼리 쇼가 이어진다.

바닷가에 앉아 저물어가는 하늘을 바라본다. 주위는 금세 어둑 어둑해진다. 파타야는 분명 즐겁고 흥이 넘치는 곳임에도, 생각하면 할수록 나와는 맞지 않는다. 그런 내 생각을 굳히기라도 하려는 듯, 한 무리의 남자들이 한 손에 술병을 들고 소리를 질러대며 이리저리 몰려다닌다. 그런 그들을 먹잇감인 양 응시하는 여자도 보인다. 그 뒤는 안 봐도 뻔하다.

아무래도
떠나는 게 좋겠다.

무엇도 듣지 않을 자유

꼬란/태국

여행의 핵심은
자신이 원하는 대로 생각하고, 느끼고,
행동하는 자유.
그것도 완전한 자유다

윌리엄 해즐릿

꼬란Koh Larn은 파타야에 머무는 여행자들이 당일 코스로 다녀오는 아담한 산호섬으로, 파타야와 달리 무척이나 조용한 곳이다. 파타야에서 배를 타고 삼사십 분, 꼬란의 나반Na Ban 선착장에 도착한다. 내리자마자 소박함이 느껴진다. 선착장에서 이어지는 짧은 거리가 번화가의 전부다. 얼마나 작은 섬인지 알 만하다.

가장 먼저 스쿠터를 빌렸다. 생각보다 새것이지만, 꼼꼼하게 외관을 살핀다. 다른 사람이 고장 내놓은 걸, 덤터기 쓸 수도 있다. 확인을 마치고 선금을 건네자, 하루 치 기름을 넣어준다. 주유소도 없는 모양이다. 시동을 건다. 발바닥과 엉덩이, 핸들을 잡고 있는 손을 통해 엔진의 진동이 전해진다. 소리도 경쾌하다. 장난감을 받고 좋아하는 아이처럼 입가에 미소가 퍼진다. 천천히 달리며 스쳐 가는 풍경들을 찬찬히 눈에 담는다. 바람이 시원하다. 시공간이 천천히 흐르는 느낌이다.

스쿠터를 타고 가장 먼저 숙소로 향한다. 당일치기로 왔지만, 조용한 분위기가 마음에 들어서 하루 더 머물기로 했다. 숙소를 정하자마자, 배낭을 던져놓고 다시 스쿠터에 오른다. 해안 도로를 따라 쭉 달려본다. 달리는 내내, 옥빛 바다가 끝없이 펼쳐진다.

한참을 더 달리자, 건물 하나가 눈에 들어온다. 창문도 벽도 없이 천정과 기둥만 있는, 비만 겨우 피할 수 있는 건물이다. 창고인가 싶었는데, 나름 근사한 테이블이 갖춰진 식당이다. 고즈넉한 바닷가에 홀로 덩그러니 있는 식당이라니! 운치 있다. 주인 겸 셰프는 파타야의 유명한 호텔에서 일하다가, 그곳에서의 정신없이 바쁜 삶이 싫어서 이곳으로 왔단다. 상술인지 진실인지는 음식을 시켜보면 알게 되겠지. 때마침 배가 고파져서 몇 가지 음식을 주문해본다. 주메뉴는 각종 해산물 구이다. 팟타이도 먹고 싶었지만 아무리 찾아봐도 메뉴판에는 없다. 부탁하니, 기꺼이 만들어주겠단다. 와, 서비스도 마음에 든다. 드디어 주문한 요리가 나왔다. 잘나가던 셰프라는 말은 빈말이 아니었다. 맛이 아주 일품이다. 간단하게 맥주도 한 모금 한다. 스쿠터를 끌고 가는 한이 있더라도, 이 분위기에선 일단 마셔야 한다.

밤이 되자 꼬란에는 두꺼운 침묵이 내려앉는다. 바다 건너 파타야와는 확연하게 다른 밤이다. 돌아다니는 사람도, 이렇다 할 불빛도, 문을 연 상점도 없다. 띄엄띄엄 보이던 여행자들도 이미 빠져나가고, 사방이 조용하다.

적막하기까지 한 꼬란의 고요함이 나는 맘에 든다. 들려오는 소리라고는 드문드문 개 짖는 소리와 일정한 리듬을 타고 밀려오는 파도소리뿐이다. 그마저도 이내 의식되지 않는다. 꼬란에 온 보람이 있다. 무엇을 보거나, 맛보거나, 체험하기 위해서가 아니라, 그 무엇두 하지 않기 위함이다.

무엇도 보이지 않고 들리지 않는,
꼬란의 밤은 더욱더 깊어간다.

———————— 이른 새벽, 조용히 스쿠터를 끌고 숙소 밖으로 나왔다. 밤이라고 부르는 게 더 어울릴 법한, 농도 짙은 어둠이 깔린 해안 도로를 달려본다. 낮과는 다른 분위기가 느껴진다. 가슴이 뻥 뚫린다. 사람들이 드라이브를 즐기는 이유를 알 것 같다.

개들이 미친 듯이 따라붙는다. 나도 모르게 개들의 영역에 들어갔는지도 모른다. 두렵다. 광견병에 걸린 건 아니겠지? 다리라도 물릴까, 발판에서 슬그머니 발을 떼어 가랑이를 넓게 벌려본다. 다리가 날개가 되어 하늘 높이 날아오르면 좋겠다. 쫓아오던 개들이 점점 멀어진다. 또 다른 스쿠터를 만나면 또다시 미친 듯이 달라붙겠지.

이상하게도, 개들을 응원하고 싶어졌다. 그래, 달려라! 힘껏 달라붙어라! 나만 안 물리면 된다.

　어느덧 날이 밝아온다. 꼬란에서 가장 유명한 싸매Samae 해변에 앉아 숙소에서 챙겨온 샌드위치로 늦은 아침을 해결한다. 한입 크게 베어, 우걱우걱 씹으면서 멀리 내다본다. 수평선 저 너머에서 배가 들어오고 있다. 잠시 후, 물놀이를 즐기려는 사람들이 하나둘씩 늘어난다. 평소 같으면 금방 자리를 떴을 테지만, 슬그머니 선글라스를 써본다. T팬티에 가까운 수영복을 입고 엉덩이를 흔들며 거니는 서양인들이 시야에 들어온다. 그렇게 한참을 엉덩이를, 아니 먼 바다를 바라본다.

선착장을 다시 찾았다. 여행자가 드나드는 시간을 제외하면, 현지인의 삶을 엿볼 수 있는 흥미로운 곳이다. 어부들은 낚아온 물고기를 옮기고, 일사불란하게 그물을 손본다. 배에서 내린 큰 짐들을 옮기는 사람들도 눈에 띈다. 부둣가에서 낚싯대를 던지는 사람도 있다. 물고기가 잘 잡히는지는 의문이다. 먼바다를 바라보며 사랑을 속삭이는 연인들도 보인다.

나와 눈이 마주친 아이들이 천진하게 웃는다. 아이에게 가만히 손을 내밀어 본다. 낯선 아저씨를 보면 소리 지르라는 교육은, 애당초 받아본 적 없는 아이들이다. 내 손을 바라보던 아이가 덥석 내 손을 때린다. 그리고는 또다시 까르르 웃는다.

모두의 얼굴에 미소가 가득하다. 이들이 진심으로 부러워진다. 분명, 이들보다 많이 벌고, 좋은 집에 살고, 배부르게 먹는데도, 무엇이 내 웃음을 빼앗아갔는지 모르겠다. 돌이켜보면 웃지 않은 날들이 웃는 날보다 훨씬 더 많은 삶이다.

나두 이제는,
웃고 싶다.

다시 깨어나는
여행 세포

방콕/태국

여행하지 않은 사람에겐
이 세상은 한 페이지만 읽은 책과 같다.

아우구스티누스

———————— 지독한 몸살감기에 걸리고 말았다. 무식하게 틀어대는 에어컨 때문이다. 며칠째 침대에 누워서 골골대고 있다. 코가 막혀서 제대로 숨쉬기도 어렵다. 화장실로 가서 물로 코를 푼다. 코가 헐어버려서 휴지로는 어렵다. 그래도 꼬박꼬박 밥은 먹는다. 병을 키울 생각이 아니라면 어떻게든 먹어야 한다. 비타민이 풍부하고 자극이 적은 과일로 끼니를 해결하고, 물도 평소보다 많이 마신다. 자주 씻기도 한다. 찬물로 씻고 나면 온몸이 덜덜덜 떨리지만, 어쩔 수 없다. 숙소에 뜨거운 물이 나오지 않는다. 한국으로 돌아가면, 여독으로 크게 한 번 아플 거라고 예상했는데, 미리 온 것 같다. 덕분에 방콕으로 돌아와서 아무것도 못 하고, 진정한 '방콕' 중이다

너무 아파서 여행을 멈출까 싶은 생각이 또 든다. 하지만 이내 고개를 흔든다. 꼭 가보고 싶던 나라가 바로 코앞에 있다. 황금빛으로 물든 나라, 미얀마다. 말레이시아에서 만난 M은 미얀마가 정말 좋았다고 했다. 그 이야기를 듣고 나서 꼭 가보리라 마음먹었다.

미얀마는 비자 면제 국가는 아니지만, 다행히 방콕에서 비자를 받을 수 있다. 잘 생각해보면 당연한 사실이다. 우리나라의 미얀마 대사관에서 비자를 받을 수 있다면, 태국의 미얀마 대사관에서도 비자를 받을 수 있다. 언어가 잘 통하지 않아 어려울 뿐. 방콕에서 미얀마 비자 받는 법을 검색해본다. 웬만한 가이드북보다 더 자세하게 블로그에 올라와 있다. 미얀마 대사관까지 가는 방법도 찾았다. 어렵지 않다. 갑자기 심장이 쿵 하고 울린다. 서서히 피가 끓어오르는 게 느껴진다. 축 처져있던 온몸에 기가 돌고, 움

츠려있던 근육들은 힘껏 기지개를 켠다. 몸살 기운은 여전하지만, 이상하게 몸이 가볍다. 기분이 좋다. 여행 세포다. 여행 세포가 다시 깨어나고 있다.

아픈 몸이 순식간에 나은 건 아니다. 그렇다고 몸이 다 나을 때까지 기다리고 있을 수는 없어서, 식은땀을 흘리면서 힘들게 미얀마 대사관까지 찾아갔다. 비자가 바로 나오는 것도 아니라, 미리미리 신청해놓아야 한다. 미루면 방콕에서 머무는 시간만 길어질 뿐이다.

한적할 거라 생각한 미얀마 대사관은 비자를 받으려는 사람들로 북적거렸다. 신청서를 받아서 작성하는데, 이런, 모르는 단어가 많다. 평소 사용하지 않던 단어라 헷갈린다. 방법은 없다. 창피함을 무릅쓰고 주위에 물어본다. 금발의 서양인이 타겟이다. 나의 좋지 않은 영어 발음 때문인지, 의사소통에 난항을 겪었다. 같은 여행자라 그나마 다행이다. 하지만 영어로 설명하는 것을 비영어권의 내가 알아듣기란 쉽지 않다. 단어 하나 때문에 질문은 꼬리에 꼬리를 물고, 결국 지쳐버린 금발의 서양인은 더는 시간을 내줄 수 없겠던지 다른 곳으로 가버린다. 다른 사람을 찾아서 다시 묻고, 대답하고, 답답해하고, 도망치기를 반복하면서, 어렵게 신청서를 다 채웠다.

아, 눈물이 날 것 같다. 다행히 접수 마감 전에 마칠 수 있었다. 비자 신청은 오전에만 가능하고, 찾는 것도 정해주는 날짜의 정해진 시간에만 찾을 수 있다. 맞춰 가지 않으면 다음으로 연기된단다. 비자를 받는 데 필요한 서류는 여권, 여권 복사본, 증명사진 두 장, 대사관에서 기입한 신청서가 전부다. 수중에 있던 증명사진은 10년 전 사진인데, 외국인이라 쉽게 구별할 수 없는지, 아니면 내가 최강 동안이라서 그런지, 아무런 문제 없이 접수가 이루어졌다. 다행이다.

이제 몸살을 떨쳐내는 일만
남았다.

———————— 며칠째, 한식당에서 김치찌개만 먹었다. 아플 땐 한식이 최고다. 먹을 때마다 기운이 조금씩 회복되는 느낌이다. "사실, 전 여행한 지 한 달이 넘었어요." 옆 테이블에서 들려오는 목소리다. 의자 깊숙이 등을 기대고 거만한 표정으로 남

자가 말한다. 군대도 안 갔다 온 듯한 앳된 얼굴이다. 그깟 한 달 가지고 유세 떠는 거야? "우와! 그럼 혹시 여기서 뭘 먹어야 하는지 아세요?" 앞에 앉아있던 두 여자가 반응한다. 어라? 이게 먹힌다. 한껏 예쁘게 화장을 하고, 하늘거리는 원피스를 입은 여자들이 남자의 곁으로 바싹 달라붙는다. 딱 봐도 방콕으로 휴가 온 관광객이다.

그들의 대화를 듣다 보니 나도 모르게 피식 웃음이 난다. 어디 보자, 난 몇 달째 여행 중인 거지? 나도 여행자의 허세를 한번 부려볼까? "저희가 여기를 가려고 하는데, 어떻게 가야 해요?" 여자들이 남자에게 가이드북을 내민다. 가이드북에는 포스트잇이 잔뜩 붙어있다. 고시 공부라도 하는 것처럼 열심히도 준비했다. "아, 거기요? 그런데 거기 좀 별로예요." 남자가 대답한다. 아, 허세 작렬! "내가 괜찮은 곳 아는데, 가실래요?" 슬쩍 여자들의 눈치를 살피며 말한다. "아, 들어본 곳이네요? 거기, 괜찮아요?" 여자들이 관심을 보이자 남자는 잔뜩 들떠서 설명을 시작한다. 자신만이 알고 있는 곳이라도 되는 양 거만함이 하늘을 찌른다.

나 같으면, 저 밥맛 떨어지는 말투 때문에라도, '필요 없으니 우리끼리 알아서 갈게요.'라고 할 텐데, 꽤나 인내심이 강한 모양이다. 중간중간 "어머?" "진짜요?" 추임새까지 남발하며 남자의 기분을 한층 띄워준다. 그래, 그게 더 현명해 보인다.

듣는 내내 계속 웃음이 나왔다. 여행을 오래 했다는 것만으로 저렇게 잘난 척할 수 있는 걸까? 그러다 문득, 나를 돌아본다. 나도 여행을 이야기할 때, 저런 거만함을 보이는 걸까? 내가 경험한 게 진리인 양, 전부인 양 굴고 있는 건 아닐까?

숙소로 돌아와, 지금까지의 여행 기록을 꺼내서 본다. 나만 알고 있는 노하우를 적어놓은 곳에서 허세의 말투가 느껴진다.

아, 나도 다를 게
없구나.

───────── 어느 정도 기운을 차리게 되어, 간단한 패키지를 신청했다. 위험한 기찻길 옆으로 열린 시장과 수상 시장, 그리고 반딧불이까지 볼 수 있는 저렴하면서도 인기 많은 패키지다.

위험한 기찻길은 재미는 있는데, 순식간에 끝나버렸다. 사기당한 것 같은 허무한 기분이다. 수상 시장은 살 만한 것은 없지만, 그곳에서 본 일몰만큼은 정말 아름다웠다. 마지막 반딧불이 투어는 고작 한두 마리 본 것이 다였다. 시즌이 아니라지만, 그래도 어딘지 모르게 실망스럽다. 가이드는 우기에 반딧불이를 많이 볼 수 있다면서, 그때 꼭 다시 한 번 오란다. 장난하나. 그거 보려고 다시 방콕에 오라고? 자연스럽게 눈을 한 번 흘겨본다. 그래도 다행히, 수상 레스토랑의 불빛들이 반딧불이 못지않게 영롱하게 빛나고 있다. 소박하면서도 근사한 야경이다.

하루가 마무리된다.
방콕에서의 일정도 끝을 향해 간다.

────────────── 신 니행민금이니 머기도 많이 자랐다. 전체적으로 덥수룩한 느낌이다. 먹는 것, 자는 것, 모두 현지에서 어렵지 않게 해결하는데, 머리만큼은 쉽지 않다. 그런 내 성격을 잘 알기 때문에 여행 시작 전, 일부러 머리를 아주 짧게 잘랐다. 오랫동안 내 헤어를 담당해준 A는 "언제 돌아오려고 이렇게 짧게 잘라요?"라고 물었다. 걱정과 응원이 뒤섞여있는 물음이다. "머리를 다시 자를 때 즈음"이라고 웃으며 대답했는데, 어쩌면 그 약속을 지키지 못할지도 모르겠다. 아직도 가보고 싶은 나라가 무궁무진하다. 그래도 머리만큼은 돌아가 A에게 자르고 싶다. 이 여행의 끝에 돌아가야 할 곳이, 날 반겨줄 사람이 있다는 사실만으로도 마음이 따뜻해진다.

신청했던 비자를 받기 위해 미얀마 대사관으로 향했다. 비자는 별다른 문제 없이 나왔다. 혹시나 해서 미루고 있던 미얀마행 항공편을 바로 예약한다. 우리나라에서 출발한다면 엄청나게 비싸지만, 방콕에서 미얀마의 양곤Yangon까지는 꽤 저렴하다. 항공편을 예약하면서 가장 신경 쓴 부분은 체류 일정이다. 돌아오는 요일에 따라 항공료가 천차만별이라서다. 수요일에 돌아오면 10만 원인데, 목요일이면 100%가 뛰어서 20만 원이 되는 경우가 허다하다. 하루를 포기하고 10만 원을 아낄 것인가? 10만 원을 더 쓰더라도 하루를 더 머물 것인가? 고민스럽다. 적은 비용에 오래 머무는 일정으로 겨우 맞춰서 티켓을 구입한다.

안녕, 방콕.
안녕, 미얀마.

갑자기 생긴 돈다발

양곤/미얀마

익숙한 삶에서 벗어나
현지인과 만나는 여행은
생각의 근육을 단련하는 비법이다.

이노누에 히로유키

짧은 비행 끝에, 양곤 공항에 도착했다. 미얀마의 시간은 태국보다 30분 늦다. 1시간이 아닌 30분 차이라니, 낯설고 흥미롭다. 이뿐만이 아니다. 치마를 입은 남자들이 눈에 띈다. 미얀마 전통 의상인 론지Longy로 긴 수건을 허리에 두른 모습이다. 론지는 주머니가 따로 없어서, 지갑이나 휴대폰을 허리춤에 끼워 넣어야 한다. 쉽게 빠질 것 같은데, 얼마나 단단하게 졸라맸는지 그런 일은 자주 없는 모양이다. 젊은이들은 론지보다 청바지를 많이 입는다고 하지만, 내가 보기에 아직까지는 론지를 입은 사람들이 훨씬 더 많다.

당장 버스 탈 때 필요한 미얀마 짯Kyat이 없다. 태국에서 남긴 밧을 환전하러 가보지만, 밧을 받지 않는다. 이웃 나라의 돈이라 받을 줄 알았는데, 낭패다. 발품을 팔아서 겨우 한 곳을 발견했다. 환율이 좋은 편은 아니지만, 어쩔 수 없다. 가지고 있던 모든 밧을 바꾼다. 환전한 짯은 거의 다발 수준이다. 엄청나다. 갑자기 큰 부자라도 된 기분이다.

미얀마의 짯은 다른 나라에 비해 쉽게 계산된다. 100짯이면 약 100원. 버스요금이 약 200짯, 200원에 버스를 탈 수 있으니 저렴하다.

드디어 공항을 빠져나왔다. 밖으로 나오니, 세 여자가 양산을 쓰고 서있다. 택시를 기다리나 했는데, 트럭을 개조한 버스가 다가오자 재빨리 올라탄다. 일종의 마을버스 같다. 달려가서 다짜고짜 "센마잉 Sel Maing?"이라고 물어본다. 어서 타란다. 여자들은 안쪽으로 옮겨 앉으며 자리를 내어준다. 내릴 곳이 되자 알려주기까지 한다. 뭐지, 이 친절함은? 분명 기분은 좋지만, 어딘지 모르게 어색하다. 친절을 받는 데 익숙하지 않은 탓이다. 어렵게 고맙다는 답례를 건네자 까르륵 웃는다. 사춘기 소녀들 같다. 이런. 덩달아 내 얼굴도 붉어진다.

'센마잉'이라 불리는 시장 앞에 내려서 여행자 거리로 가는 버스를 기다린다. 그런데 문제가 생겼다. 버스 번호를 읽을 수 없다. 예상과 달리 버스 안내판에 아라비아 숫자가 아니라 미얀마 고유의 숫자가 붙어있다. 그러니까, '152'가 아니라 '백오십이'라고 적혀있는 셈이다. 서둘러 주위에 도움을 청한다. 제법 똑똑하게 생긴 학생을 붙잡고 묻자, 돌아오는 영어가 매우 유창하다. 오호, 이렇게 영어를 잘하다니. 놀랍다.

버스에 올라타자, 온몸에 문신을 한 남자들이 일제히 힐끗거리며 나를 쳐다본다. 괜히 시비라도 붙을까 봐 최대한 눈을 마주치지 않으려고 노력한다. 하지만 버스가 꿀렁대는 바람에 중심을 잃고 그만 어깨를 세차게 부딪치고 말았다. 어라? 불같이 화낼 거라고 예상했던 남자들이 오히려 수줍어한다. 미안하다며 방긋 웃기까지 한다. 미얀마에 온 지 몇 시간도 안 되었는데, 어리둥절한 상황이 여러 번이다.

미얀마의 첫인상은 '미소'다. 마주쳤던 미얀마 사람들 모두 다 웃음에 관대했다. 나이를 떠나서 모두 천진난만한 아이의 얼굴을 하고 있다. 그 얼굴을 보는 순간, 마음 한구석이 사르르 녹아내린다. 맑고 깨끗함에 눈물이 날 것만 같다.

버스에서 내려 숙소까지 걷는다. 만만한 거리는 아니지만, 다른 방법이 없다. 택시도 보이지 않고, 버스를 갈아타자니 역시나 번호를 읽을 수 없다. 타는 듯한 더위에 지쳐갈 때 즈음, 겨우 숙소를 찾았다. 살았다. 미얀마의 첫 숙소다. 크게 기대를 안 했는데, 야무지게 꾸며놓아 정감 간다. 침구도 깨끗하고, 무엇보다 수압이 강하다. 뜨거운 물은 빨래를 삶아도 될 정도로 뜨겁다. 매우 만족스럽다. 이런 곳이라면, 한 달이라도 머물 수 있을 것 같다.

짐을 풀고, 샤워를 하고, 빨래를 한다.
침대에 누워 길었던 하루를 마무리한다.

──────── 양곤을 삥 둘러 달리는 순환 전차를 탔다. 일본에서 중고로 수

입해왔는지 JR이란 글자가 그대로 보인다. 속도는 무척 느리다. 한 바퀴 다 도는 데, 3 시간 정도 걸리는 느림보 전차다. 창밖으로 미얀마 사람들의 일상을 엿볼 수 있을 거라 기대했는데, 농경지가 대부분이다. 두근대던 마음은 어느새 시들해지고, 졸음이 밀려온다.

양곤 하면 쉐다곤 파고다Shwedagon Pagoda지만, 일부러 찾아가고 싶은 마음은 없다. 아무리 대단한 곳이라도 마음에 내키지 않으면 시시한 곳일 뿐이다. 그럼에도 내 발걸음은 파고다를 향하고 있다. 워낙 유명해서 안 가보면 손해 볼 것 같은 기분이 들었기 때문이다. 적당한 다른 곳을 찾지 못한 이유도 있다.

쉐다곤 파고다까지는 걷기로 한다. 웬만한 거리는 걷는 게 좋다. 그만큼 천천히 많은 것을 볼 수 있어서다. 거리엔 차도, 사람도 많지 않다. 한가한 산책로를 걷는 기분이다. 길을 걷다 보면 다양한 물통과 마주치게 되는데, 시골에서나 봄 직한 항아리도 있고, 꼭지가 달린 신식 생수통도 있다. 행인들이 목을 축일 수 있도록 놓아둔 '예오'다. 미얀마 사람들의 따뜻한 인심이 느껴진다.

잘 가꿔진 공원을 가로지르자, 둘레 426m, 높이 100m의 쉐다곤 파고다가 웅장한 모습을 드러낸다. 미얀마를 대표하는 건축물답게 규모가 어마어마하다. 이들의 신앙심이 얼마나 큰지 알 것 같다. 황금으로 장식된 불탑과 불상들의 무게가 무려 54톤이나 된다고 하니, 양곤이 과거에 얼마나 번창했었는지 보여준다. 불탑의 꼭대기에는 다이아몬드를 포함한 8천여 개의 보석들이 박혀있고, 부처의 유품과 머리카락이 안치되어있단다. 길 건너편에 멈춰 서서 한참을 바라본다. 종교 건축물은 독특한 아우라를 풍긴다. 종교가 다르더라도 경건한 마음가짐이 생기는 이유다.

슬슬 안으로 들어가본다. 신발은 물론, 양말까지 벗어야 한다. 아, 그런데 입장료를 내란다. 언제 다시 올 수 있을지도 모르는데, 몇 푼 안 되는 입장료를 아끼겠다고 돌아선다면, 멍청한 짓일지도 모른다. 하지만 잠시 망설이다가 발걸음을 돌린다. 현지인들이 나를 스쳐서 안으로 들어간다. 기도가 일상인 그들의 모습. 그들에게 이곳은 성스러운 곳이다. 구경하겠다며 기웃거리는 것이 오히려 실례 아닐까.

숙소로 다시 되돌아가는 길. 쉐다곤 파고다의 출입문 근처에는 사람들이 시주하는 먹이 때문에 몰려드는 새들과 방생하기 위해 갇혀있는 새들이 뒤섞여있다.

> *풀어주기 위해 가둬둔다는 건, 아이러니하다.*
> *그들의 신앙심이라니, 있는 그대로 받아들이기로 한다.*

───────────── 양곤의 골목을 돌아다닌다. 건물들이 생각보다 높고 큰데, 또 무척 낡았다. 그 언밸런스가 주는 독특한 매력이 있어서, 사진을 찍으면 뜻밖에 근사한 분위기가 담긴다. 나로선 양곤의 낡은 거리가 마음에 들 수밖에 없다. 높은 층수에도 불구하고 건물에는 엘리베이터가 없는 듯하다. 발코니에서 바구니를 내려 물건을 사는 아줌마들이 종종 눈에 띈다. 삶의 지혜는 역시, 귀차니즘에서 시작된다.

잠시 더위를 식히기 위해 카페에 들어갔다. 시원한 에어컨 바람을 쏘며 컨디션을 회복하는 사이 전기가 나갔다. 전력이 부족한 미얀마에서는 종종 일어나는 일이다. 이미 알고 있어서 당황스럽지는 않다. 전기가 들어오기까지 느긋하게 기다려보려 했지만, 더위를 이기지 못하고 결국 밖으로 나온다.

걸음은 양곤강으로 향한다. 판소단 페리 터미널Pansodan Ferry Terminal이 가장 먼저 눈에 들어온다. 강 건너편과 연결하는 바지선이 쉼 없이 오간다. 30분에 한 대꼴이

다. 강 하나를 사이에 두고 있을 뿐인데, 건너편은 시골 냄새가 물씬 풍긴단다. 호기심이 일지만, 금방이라도 해가 넘어갈 것 같은 시간이라 마음을 접는다. 대신 뉘엿뉘엿 저물어가는 일몰을 오래도록 감상한다. 일몰은 언제 보아도 가슴 뭉클한 풍광이다.

날이 저물자, 꼬치로 유명한 19번가로 향했다. 숙소와는 가까운 거리다. 꼬치 하나가 1천 짯, 커다란 생선은 3천 짯 정도다. 무엇보다 맘에 드는 가격은 500짯 하는 생맥주다. 베트남과 캄보디아에 이어 세 번째로 만족스러운 생맥주다.

시원하게 하루를 매듭짓는다.
여행 내내 술이다.

───────────── 숙소에서 만달레이Mandalay행 버스 티켓을 구입했는데, 숙소 앞까지 픽업 오지는 않는단다. 택시를 불러주겠다고 하지만, 왠지 손해 보는 느낌이다. 구글맵으로 살펴보니, 버스터미널이 공항 근처에 있다. 공항에서 양곤 시내까지 버스로 들어왔던 기억을 더듬어본다. 터미널까지 버스로 갈 수 있을 것 같지만, 이상하게 망설여진다. 여전히 읽을 수 없는 미얀마의 버스 번호가 두렵다. 그래, 안전하게 택시를 이용하자. 하지만 버스로는 200짯 하는 거리를 7천 짯에 가려니 너무 아깝다. 택시를 같이 탈 사람을 찾기 위해, 로비 게시판에 내 이름과 시간을 적어놓는다. 한 명이라도 있다면 요금은 반값이 되고. 세 명이 더 있다면 4분의 1로 줄어든다.

하지만 신청하는 사람은
아무도 없었다.

게스트하우스
살인사건

만달레이/미얀마

모든 여행자가 그러했듯이,
난 내가 기억하는 것보다 많은 걸 봤으며,
내가 본 것보다 더 많은 걸 기억한다.

벤자민 디즈렐리

─────── 밤새 달린 버스는 예상 도착 시간인 새벽 4시를 가뿐히 넘기고, 아침 6시가 다 되어서야 만달레이에 날 내려놓았다. 도착 시간이 이렇게 정확하지 않다는 건 출발 시간도 정확하지 않다는 의미이고, 여행자에게는 매우 불안한 일이다.

버스에서 내리자, 택시와 오토바이가 무섭게 몰려든다. 그래, 이런 환대가 없으면 섭섭하지. 호객꾼들과 여행자들이 뒤엉켜 복작거린다. 보기만 해도 정신이 없다. 일단 대기실로 발걸음을 돌려서, 사람들이 어느 정도 빠져나갈 때를 기다려보기로 한다. 호객꾼들은 그런 나를 유심히 살핀다. 얌전히 기다리는 모양새다. 모른 척하며 천천히 커피까지 타 마셨더니, 그제서야 시간 낭비라고, 판단했는지 다른 승객을 찾아서 가버린다.

그러는 사이 아주 환하게 날이 밝았다. 밝은 빛이 세상을 밝히자 낯선 도시가 주는 두려움도 사라진다. 고작 몇 시간 차이인데, 버스터미널은 아까와 달리 무척이나 부산하다.

슬슬 일어날 찰나, 누군가가 내게 다가온다. 그때까지 끈질기게 기다리고 있던 호객꾼이다. 대단하다. 끈기가 가상하여 타기로 한다. 목적지까지 요금을 물었더니, 3천 짯이란다. 양심적인 가격과 선한 인상에 흥정 없이 오토바이에 올라탔다. 커다란 배낭 때문에 순간 오토바이가 휘청거린다. 어째 불안한데? 괜찮냐고 물으니, 걱정하지 말란다. 오토바이가 간신히 중심을 잡자, 힘차게 시동이 걸린다.

올해 갓 대학에 들어간 그는 아르바이트로 학비를 충당한단다. 열심히 사는 모습을 보니 가슴 한구석이 짠하다. 뭐라도 챙겨주고 싶다. 아침이나 제대로 먹었을까? 밥이라도 사 먹으라고 돈을 더 줄까? 그러다 문득 나 역시도 끼니를 거른 상태라는 걸 깨닫는다. 이런, 누가 누굴 챙기는 거지? 결국, 말기로 했다.

운전 중이던 그가 갑자기 팔을 뻗어 한쪽을 가리킨다. 미얀마의 마지막 왕조가 살던 만달레이 왕궁이란다. 어찌나 거대한지 오토바이를 타고 달리는데도 한참을 지나간다.

마침내 숙소에 도착했다. 도미토리인데, 제대로 된 방이 아니다. 복도에 매트리스를 깔아놓고, 모기장을 쳐놓은 게 전부다. 가격은 7천 짯. 미얀마에선 그나마 저렴한 편이라 선택했는데, 최악이다. 하지만 미얀마의 숙소가 가난한 배낭여행자에게 얼마나 비싼지 알기에, 더 알아보지 않고 머물기로 한다. 안 봐도 뻔하다. 그래, 개운하게 씻을 수 있다면 그것만으로도 충분하다. 평생 살 집을 구하는 것도 아니고, 고작해야 하루 이틀 머물 숙소 아닌가.

처음으로 방 아닌 방에서 잔다.
노숙 아닌 노숙하는 기분이다.

──────── 만달레이는 미얀마에서 두 번째로 큰 도시이자 미얀마 마지막 왕조의 궁전이 있는 곳이다. 마지막 왕인 티바우Thibaw는 영국과의 전쟁에서 패한 후, 인도의 작은 어촌에 감금되었다. 그의 나이 60세에 타지에서 쓸쓸히 사망하였고, 백여 년이 흐른 지금도 왕의 유해는 돌아오지 못하고 있다. 여행자들은 이런 아픈 사연이 있는 왕궁을 보러 만달레이에 오지만, 나는 만달레이 남쪽 타웅타만Taung Thaman 호수를 가로지르는 우베인U Bein 다리가 더 보고 싶었다.

우베인 다리는 길이가 무려 1.2km에 달하는 세계에서 가장 긴 나무다리이다. 약 150년 전, 수도를 이곳 아마라뿌라Amarapura로 옮겨오면서 이전 왕궁에서 사용한 목재를 해체하여 왕궁을 건설했는데, 그때 남은 목재로 이 다리를 만들었단다. 당시 다리를 건설한 시장의 이름이 바로 우베인이다. 공사비가 모자라 사재까지 털어 만든 이 다리는 지금까지도 현지인들과 승려들이 이용하고 있다고 한다.

숙소에서 우베인 다리까지는 약 13km. 아무래도 걷는 건 무리다. 오토바이는 하루에 1만~1만5천 짯. 기사가 딸려도 가격은 똑같단다. 안전을 생각한다면 동승하는 것이 좋겠지만, 땀내 나는 남자 뒤에 앉고 싶은 마음은 별로 없다. 고민 끝에 결국 만만한 자전거를 빌리기로 했다. 오토바이 가격의 10분의 1. 가격도 착하다. 자전거를 타고 숙소를 나선다. 그런데 생각보다 자전거 상태가 좋지 않다. 삐걱대는 소리는 기본이고, 페달은 어찌나 빽빽한지 제대로 돌아가지도 않는다. 마치 브레이크를 잡고 페달을 돌리는 기분이다. 그래도 걷는 것보다는 낫다.

속도가 여간해선 나지 않는 자전거 덕에, 예상치 못했던 다양한 풍경들과 마주한다. 무엇보다 돌불상을 만드는 거리가 인상 깊다. 새하얀 돌가루가 거리 가득 휘날리는 모습이 안개 같기도 하고, 눈보라 같기도 하다. 우베인 다리로 가는 여러 갈래의 길 중, 이 길을 선택한 것은 정말이지 행운이다. 신대륙을 발견한 탐험가가 된 기분이다.

하지만, 숨쉬기는 힘들다. 마스크 없이 지나가기가 어렵다. 금세 콧구멍 속이 새하얘질 것 같다. 결국, 자전거에서 내려 옷 소매로 코를 막고 조심스럽게 숨을 쉰다. 이처럼 힘든 작업 환경 속에서 묵묵히 불상을 깎는 현지인들의 모습이 대단해 보이기도 하고, 짠하기도 하다. 사진기를 꺼내 조심스럽게 일상을 담아본다. 힘들게만 보였는데, 나를 보고는 씨익 웃는다. 다행이다.

해를 보고 시간을 가늠해본다. 해가 지려면 아직 멀었다. 우베인 다리에 도착하기 전, 야다나르본Yadanarbon 대학을 잠시 구경하고 와도 괜찮을 듯싶다. 강물을 거슬러 올라가는 연어처럼, 힘차게 페달을 밟는다. 오토바이를 탄 많은 젊은이들이 날 스쳐가며 앞장선다. 옛날 같으면 불량스럽게 보였을 모습이지만, 지금 나이에 보니 한없이 푸르고 싱그럽게 보인다. 아, 청춘이로다. 젊음이 부럽다면, 난 늙은 걸까?

야다나르본 대학은 작지도 크지도 않은 학교였다. 그곳에서 마주친 학생들은 하나같이 밝은 웃음을 띠고 있다. 사진기를 꺼내 든 낯선 외국인을 경계하는 학생도 몇 있었지만, 대부분은 활짝 웃어준다. 과연 행복 지수가 높은 나라의 대학생답다. 미소에 인색하지 않은 모습 때문에, 예뻐 보이기까지 한다.

저물녘에 도착한 우베인 다리는 최고였다. 낡은 나무다리일 뿐인데 눈을 뗄 수 없을 정도로 아름답다. 지금까지도 사람들이 건너다니는 다리다. 낡았다는 이유로 제 역할을 못 하는 다리가 아니다. 자꾸 늙어간다고 생각하며 우울해하진 말아야겠다.

길고 긴 우베인 다리를 건너는 동안, 날은 완전히 저물어가고 있다. 거대한 타웅타만 호숫가에 죽은 나무가 한 그루 서있다. 그 나뭇가지에 걸쳐 흐르는 태양이 시리도록 황홀하다. 유유자적 강에 몸을 담그고 낚시를 하는 사람들. 다리 아래에서 공을 차며 뛰노는 아이들. 모든 모습이 한 폭의 그림처럼 평화롭고 정겹다. 세상 어딘가에 아직 이런 곳이 존재하고 있다는 사실에 고맙다. 발걸음이 떨어지지 않는다. 오랫동안 우베인 다리 위에 머문다.

시간이 천천히 흐른다.
눈에 담긴 풍경이 더욱 선명해진다.

———————— 숙소에 흉흉한 소문이 하나 돈다. 숙소 아들이 돈 때문에 엄마를 죽였다는 것이다. 유산으로 떵떵거리며 몇 년을 살았지만, 범죄 사실이 뒤늦게 발각되어 지금은 감옥에 가있단다. 그런데, 돈으로 사법부를 매수하여, 고작 5년형을 선고받고, 2년째 복역 중이라나. 옆자리의 일본 여행자가 택시 운전사에게 듣고 해준 이야기다. 등골이 다 섬뜩하다. 그러다 문득, 숙소마다 숨겨진 이야기를 엮어서 책으로 내도 괜찮겠다는 생각이 스친다.

작가는 작가다.
직업은 어쩔 수 없나 보다.

———————— 새벽 2시 40분. 자는 둥 마는 둥 하고 눈을 뜬다. 날씨가 제법 쌀쌀하다. 씻는 건 포기하고 주섬주섬 배낭을 챙겨 멘다. 새벽 4시에는 시뽀Hsipaw행 기차에 타야 한다. 새벽 거리가 어두컴컴한 나머지 으스스하기까지 하다. 오토바이가 요란한 소리를 내며 달려오면 은근히 두렵다. 펀치기는 아니겠지? 자꾸만 뒤돌아보게 된다. 도로 안쪽으로 바싹 붙어서 걷는다. 귀신보다 사람이 더 무섭다. 머릿속에 떠오른 갖가지 끔찍한 상상들이 나를 더욱 두렵게 만든다.

266

무사히 기차역에 도착했다. 제법 사람들이 많고, 여행자들도 많이 눈에 띈다. 너무 이른 아침이고, 다들 졸린 표정이라 말을 걸지는 않았지만, 나 말고 다른 여행자가 있다는 사실만으로도 마음이 안정된다.

미얀마는 오랜 기간 이어진 군부의 집권으로 국제사회로부터 경제제재를 받아왔다.(2016년 이후 경제제재는 대부분 풀렸다.) 그 때문에 100년이 넘는 기차를 고치고 또 고쳐가며 사용했다고 한다. 박물관에서나 볼 법한 기차의 외관을 보며, 시간이 거꾸로 흐르는 듯한 착각마저 든다. 여행자들에게는 한 번쯤 타보고 싶은 놀이기구 정도로 여겨지지만, 현지인들에게는 없어서는 안 될 중요한 교통수단이다. 한반도의 세 배에 달하는 미얀마 국토를 구석구석, 저렴하게 연결해주기 때문이다. 기찻길의 총 길이만 해도 7,700km나 된다고 하니, 끝에서 끝까지 기차로만 여행해도 꽤 근사할 것 같다.

드디어 기차에 오른다. 가격이 가장 저렴한 일반석을 택했더니, 딱딱한 나무 의자다. 이렇게 불편한 의자에 얼마나 오랫동안 앉아 가야 하는 걸까? 사뭇 긴장된다. 기차는 예정했던 출발 시간보다 1시간 20분이나 늦게 출발한다. 미안한 기색도 없는지, 이래도 되나 싶을 속도로 느리게 간다. 시간이 오래 걸리는 이유를 이제 알겠다. 기차가 슬슬 힘을 내자, 이번에는 좌우로 심하게 흔들거린다. 이대로 탈선을 하는 건 아닌가 걱정된다. 과장이 아니다. 진짜 그런 생각이 든다. 그래도 창밖으로 스쳐 가는 풍경은 아름답다. 창문을 열고 고개를 내밀어 본다. 산뜻한 바람이 느껴진다.

일정한 진동에 스르르 눈이 감긴다.
요람에서처럼 졸음이 밀려온다.

여행의 목적

시뽀/미얀마

길을 떠나기 전,
여행자는 여행에서 달성할 목적과
동기를 가지고 있어야 한다.

조지 산타야나

시뽀행 기차는 한 번에 산을 넘지 못하고, 지그재그로 오가면서 산을 오른다. 커다란 요람을 탄 기분이다. 산을 넘고 나자 좌우로 크게 기우뚱거리며 달린다. 옆으로 쓰러지는 게 아닌가 걱정스러울 정도다. 그런데 이번에는 위아래로 덜컹대며 춤을 춘다. 야생마에 올라탄 기분이다. 이러다가 탈선이라도 하는 게 아닐까 싶다.

만달레이에서 시뽀로 가는 길목에는, 높이가 102m로 세계에서 두 번째로 높다는 고테익Goteik 철교가 있다. 이렇게 덜컹거리는 기차로 고테익 철교를 건너가다가는 절벽 아래로 추락할 것만 같다. 생각만으로도 아찔하다.

고테익 역에 도착하기 전, 기차는 핀우린Pyin U Lwin 역에 멈춰 서더니 생각보다 오랫동안 정차한다. 일찍 도착한 건지, 원래 이렇게 느긋한 건지 알 길이 없다. 그런데 갑자기 덜컹! 객차를 몇 량 더 붙인다. 이어 붙일 객차를 가져오느라 시간이 걸렸나 보다. 잠시 후, 핀우린 역 곳곳에서 시간을 보내던 승객들이 우르르 올라탄다. 순식간에 기차 안은 다시 복작거린다.

기차가 출발한다. 기찻길 옆에서 놀고 있던 아이들이 밝게 웃으면서 손을 흔든다. 몇몇은 기차를 따라 달리기까지 한다. 기차가 워낙 느린 까닭에 아이들에게도 따라잡힌다. 그 바람에 나와 눈이 마주친 아이는, 까르르 웃고는 수줍은 표정을 감추려는지 더욱 열심히 달린다. 그 모습이 너무나 순박하다. 기차에서 내려 아이들과 함께 달리고 싶다.

고테익 철교를 눈앞에 둔 기차는, 비장한 각오라

도 하는 듯 잠시 멈춰 선다. 좌우로 심하게 흔들거리던 진동도 서서히 가라앉는다. 고 테익 철교의 모습은, 오래전 서부극에서 종종 보던 그것이다. 미술 시간에 수수깡을 엮어서 만든 다리와도 닮았다. 얼핏 봐도 그 높이가 굉장하다. 긴장감이 감돈다. 덜컹! 기차가 다시 움직인다. 기차는 지금까지와 비교도 할 수 없을 정도로 더욱 느리게 움 직인다. 진동도 거의 없다. 그렇게 매우 조심스럽게 고테익 철교를 건넌다.

만달레이에서 시뽀로 갈 때는 왼쪽 좌석에 앉아야 기차가 꺾이는 모습을 볼 수 있 다. 다행히 좌석이 남아서 빈자리를 옮겨 다니며 풍경을 감상했다. 창밖으로 상체를 길게 쭉 내밀고 철교 아래를 내려다본다. 아, 아찔하다. 짜릿하다. 하늘 위를 달리는 기분 같기도 하고, 아주 길고 긴 롤러코스터를 탄 기분 같기도 하다. 고테익 철교 입구 에서 입장료를 받아도 될 것 같다. 그 수입으로 보수공사를 하면, 좀 더 오랫동안 고테 익 철교를 만날 수 있지 않을까.

고테익 철교를 건너자마자 기차는 다시 속도를 냈다. 속도가 올라갈수록, 기차가 상하좌우로 미친 듯이 흔들리더니 결국 사단이 났다. 객차 사이가 벌어지면서 화장 실에 연결되는 호스가 끊어진 것이다. 금세 비릿한 물 냄새가 밀려온다. 기차는 그대 로 멈춰 서고, 직원들이 기차 안팎으로 오가며 이리저리 살핀다. 직원들을 따라가 보 니, 생각보다 고장이 큰 듯하다. 얼핏 봐도 기차 바퀴에 연결된 피스톤 같은 게 부러진 모양이다. 시뽀까지 무사히 갈 수나 있을까? 기차에서 밤새야 하는 건 아니겠지? 이 런저런 걱정이 밀려오지만, 이 순간을 있는 그대로 즐기기로 한다. 이런 게 여행 아닌 가? 그러는 사이, 어느덧 해가 진다.

기차 안에 있던 여행자들은 삼삼오오 모여서 계획을 세운다. 나 역시, 이번엔 적극 적으로 참여해서 의견을 낸다. 시뽀까지 남은 거리는 10킬로 남짓. 여럿이 함께 걸어 간다면 충분히 가볼 만한 거리다. 그러다가 중간에 차를 만나면 태워달라고 해보자. 나의 의견에 여행자들은 수긍하는 눈치다.

"그러지 말고, 차 잡아줄게." 곁에서 듣고 있던 직원이 말한다. 마침, 퇴근 시간이라 시뽀로 돌아가는 차량이 좀 있다며, 연락해본단다.

배낭을 메고 기차에서 내린다. 역이 아닌 곳에서 내려보기는 처음이다. 논을 가로 지르며 앞으로 나아간다. 마침내, 큰 도로가 나왔다. 안내해준 직원은 끝까지 책임감 있게 차를 잡아준다. 승용차도 있고, 트럭도 있다. 대부분, 모른 척하지 않고 태워준

다. 여행자들은 짝을 지어서 차에 올라탄다. 나 역시, 해가 완전히 떨어지기 전에 차를 얻어 탔다. 운전자가 어디서 왔는지 묻는다. 한국이라고 대답하자 큰 관심을 보인다. "안녕하세요"라며 한국어로 인사까지 한다. 우리나라 드라마를 즐겨 본단다. 아! 우리나라 대단하다!

시뽀는 생각보다 훨씬 더 작고 아담했다. 특별할 것 없는 마을이지만, 아담함이 매력이 되어 발길을 끈다. 워낙 작아서 숙소도 많지 않은데, 그나마 찾아 들어간 숙소엔 빈방이 없다. 가로등 하나 없는 거리는 어둡기만 하다. 어떻게 하지? 배낭을 메고 다시 숙소를 나서려는 순간, 매니저가 붙잡는다. '룸쉐어'를 알아볼 테니 기다려보란다. 룸쉐어. 방 하나를 낯선 사람과 함께 사용해야 한다. 생각해보면 도미토리와 크게 다를 것도 없는데, 살짝 긴장된다. 어두운 거리보다야 안전하겠지 하며 그러겠다고 했다. 그렇게 20분 정도 기다렸을까? 이리저리 뛰어다니던 매니저가 다시 나타났다. 다행히도 도미토리에 한 자리가 났단다. 살짝 긴장하고 있던 터라, 맥이 탁 풀린다. 다행히 도미토리는 생각보다 훨씬 더 넓고 아늑했다.

밤이 깊다.
대충 씻고 눕는다.

─────────── 숙소 근처에 조그만 식당이 있다. 이곳에서는 다섯 살 정도로 보이는 아이가 수첩과 볼펜을 들고 다니며 주문을 받는다. 글씨나 제대로 알까 싶은데, 능숙하게 주문을 받는다. 슬쩍 수첩을 훔쳐보니, 이미 메뉴가 인쇄돼있는 주문서에 숫자만 적고 있다. 메뉴를 읽을 수 있는 건지, 메뉴의 순서를 외우고 있는 건지는 모르겠지만, 기특하면서도 귀엽다. "맥주는 하나만 시킬 거예요?"라고 묻는 걸 보니, 장사 수완이 보통이 아니다. 야무지다.

밥을 먹으며 주위를 둘러본다. 어라, 여자들과 아이들은 모두가 수면 바지를 입고 있다. 그러고 보니, 점퍼를 입고 있는 사람들도 있다. 산간 지방이라 기온이 낮은 건 알겠는데, 그래도 한겨울에 입을 법한 옷이라니. 현지인에게 이 정도의 날씨는 겨울처럼 느껴지나 보다.

────────── 짙은 어둠을 뚫고 새벽 시장으로 향했다. 사야 할 건 없다. 늘 그렇듯이 구경이다. 시장까지 가는 길이 너무도 어둡다. 드문드문 서있는 희미한 가로등만으로는 어둠을 쫓아낼 수 없다. 그럼에도 거리는 아름답다. 새벽 안개와 뒤섞여 몽환적인 분위기를 연출한다.

한참을 더 걷자, 어둠 너머로 물소리가 들린다. 독타와디Dokhtawaddy강 근처에서 열리는 새벽 시장에 가까워졌다는 신호다. 골목을 돌자 상인들이 켜놓은 불빛이 별빛처럼 반짝거리며 펼쳐진다. 하지만 그 불빛은 장사에 도움을 주기에는 너무나 미미하다. 사람 얼굴은 고사하고 물건도 제대로 볼 수 없는 밝기다. 그럼에도 장사는 활기차게 이루어진다. 어두컴컴한 새벽 시장을 한 바퀴 둘러보고, 미리 봐뒀던 과일을 샀다. 흙이 잔뜩 묻어있는 것 같지만 제대로 볼 수가 없다. 다들, 어둠에 익숙한 걸까? 아니면 내가 평소, 필요 이상으로 밝음을 찾았는지도 모른다.

세상에는 밝음뿐만 아니라,
어둠도 필요한데 말이다.

────────── "이곳에 한국인이 또 머물고 있니?" 조식을 먹기 전, 혹시나 하는 마음에 매니저에게 물었다. 방을 구하지 못해 난감했던 어젯밤을 생각하면, 룸쉐어를 할 여행 친구가 필요할 것 같아서다. 이대로라면 아무런 대책 없이 노숙하게 될 처지에 있다. 여행 경로만 서로 잘 조율할 수 있다면 나쁘지 않다.

"한국인? 한 명 더 있지." 매니저의 짧은 대답. 기대하지 않고 있다가 내 귀를 의심한다. "어? 정말?" "응. 정말." 반가움이 밀려온다. 인사라도 나눌 생각에, 일어나면 꼭 알려달라고 부탁해둔다. 여행 경로가 달라서 함께할 수 없다고 해도, 차 한잔 마시면서 여행 정보를 나누는 것만으로도 좋다. 샤워를 마치고 돌아오는데, 짧은 단발의 귀

여운 여자가 나를 보고 인사한다. 우리나라 사람이다.

Q와 겹치는 여행 경로를 살펴본다. 바간Bagan과 인레Inle 호수다. 어, 나도 그런데. 반갑다. 일단 오늘은 자전거를 빌려서 시뽀의 먼 곳까지 돌아볼 생각이란다. 와! 자전거를 좋아하는 것도 나랑 잘 맞는다. 특별히 가려는 유적지는 없단다. 그냥 현지인의 일상이 궁금한단다. 그 부분도 나랑 맞는다.

하지만 룸쉐어를 해보자고 하기에는 다소 망설여진다. 낯선 남자와 한방에서 보내는 건데, 괜찮을까? 우선은, 자전거라도 같이 타보기로 한다. 하루 정도 같이 다녀도 괜찮겠냐고 물으니, 상관없단다. 혼자보다는 둘이 다니는 게 더 재미있단다.

자전거를 타고 돌아다니면서 많은 대화를 나눴다. 오랜만에 수다스러워지는 기분이다. Q는 무척이나 밝은 성격이고, 무엇보다 상대를 존중해준다. 좋은 여행 친구가 될 것 같다. 대화 도중, 자연스럽게 미얀마의 비싼 숙박비에 대한 이야기가 나왔다. 지금이다! "나도, 바간이랑 인레 호수로 가는데, 괜찮다면 함께 이동할래? 룸쉐어도 하고." 혹시라도 오해할까, 최대한 담백한 말투로, 아무런 사심도 없이 들리도록 덤덤하게 물었다. 조마조마했던 나와 달리, Q는 "그래요."라며 흔쾌히 대답한다.

평범한 경험은 아니다. 낯선 여자랑 같은 방을 쓰자고 묻는 것도, 낯선 남자에게 선뜻 쓰겠다고 하는 것도. 하지만 정말 희한하게도, 배낭여행 중에는 아무렇지도 않게 느껴진다. 여행이 사람을 순수하게 만드는 걸까? "같은 여행자끼리 서로 도와야죠." Q는 별일 아니라는 듯 덧붙인다.

나보다 한참이나 어리지만,
여행에서만큼은 분명 선배다.

자전거를 멈춰 세운 Q는 아무 농가에나 성큼성큼 들어간다. 멈칫하며 눈치를 살피는 나와는 다르다. 성격의 차이라기보다도, 성별의 차이가 아닐까 싶다. 어느 여성 여행자의 에세이가 기억난다. 거리낌 없이 아이를 끌어안고 볼을 비비고, 너무도 쉽게 현지인 집에 초대되어 함께 식사를 나누는 모습. 그렇게 다가가지 않는다면 여행이 아니라는 충고도 덧붙였다. 누군들 그런 여행을 안 하고 싶을까? 남자라는 편견과 선입견 때문에, 쉽지 않은 일이다. 아이를 안아본다는 건 엄두도 없다. 늘 경계의 대상이다. 이런 경험을 몇 번 하다 보면, 결국, 위축될 수밖에 없다.

　농가로 향한 Q는 대학생(?) 정도의 여자에게 다가가 사진을 찍어도 되냐고 묻는다. 넉살도 좋다. 수줍어하면서도 거절은 안 한다. 그 모습이 신기하기까지 하다. 이쯤 되니, 같은 여자끼리의 동질감 같은 걸까, 아니면 Q만의 능력인 걸까 궁금해진다. 이번엔 여자의 엄마에게 사진기를 돌린다. 손사래를 치며 거절하면서도 얼굴은 웃고 있다. 화장을 안 해서란다. 아, 여자는 여자구나. 어느새 Q는 엄마와 나란히 앉아서 이것저것 묻기도 하고, 틈틈이 사진기를 들이민다. 정말 찍고 싶은 모양이다. 그 노력에 박수를 보낸다. 엄마도 어느새 익숙해졌는지, 아님 포기했는지 Q의 사진기를 피하지 않는다. 만족할 만큼 사진을 찍은 Q는 이제 아빠를 공략한다. 내심 기다리고 있었는지, 어색해하면서도 빼지는 않는다. 다소 긴장된 모습이지만, 전문 모델 못지않은 자연스러움이 배어난다. Q가 그러는 동안, 난 애꿎은 사진기를 만지작거렸다. 인물 사진은 원래 잘 안 찍지만, 사람들과 허물없이 어울리는 Q의 모습만은 부럽다.

　자전거를 타고 한참을 더 깊이 들어가자 조그만 학교가 보인다. 시뽀 샨빌리지 Shan Village 어린이 학교다. 운동장이라고 해봐야 공터 수준인데, 그 안에서 뛰노는 아이들의 모습이 무척이나 밝다. 나를 발견한 아이들이 주춤거리더니 교실로 뛰어들어간다. 슬그머니 운동장을 가로질러 교실로 가본다. 커다란 칠판 하나, 벽에 붙어있는 알파벳이 전부인 소박한 교실이다. 갑자기 한 아이가 날 가리키자, 다른 아이들의 고개가 일제히 내게로 향한다. 수업에 방해될까, 서둘러 밖으로 나오지만, 이미 늦었다. 호기심 많은 아이들이 선생님을 대동하고 밖으로 뛰쳐나온다. 선생님과 함께이니, 낯선 이방인이 무섭지는 않나 보다.

　교장으로 보이는 여자가 다가와 일사불란하게 아이들을 진정시킨다. 그리고는 내게 묻는다. "어디서 왔어요?" "한국이요." "오오, 반가워요." 그러더니, 다짜고짜 아이들에게 춤과 노래를 시킨다. 어라? 이건 무슨 상황이지? 갑자기 관광객을 위한 쇼가 펼쳐진다. 보고 있기도 뭐하고, 그렇다고 자리를 벗어나자니 그렇고, 어색한 상황이다. "자아, 이 노래도 들어봐요. 얘들아. 우리 샨족의 노래 알지? 다 함께 불러보자!" 영어 노래부터 샨족의 전통 노래까지 목청껏 부르면서, 율동까지 곁들인다. 보는 내내 마음이 불편하다. 결국, 한참을 더 부르고 나서야 끝이 난다. 교장은 멀뚱멀뚱 날 바라

본다. 돈을 달라고 하려는 건가? 아이들을 앵벌이로 이용하는 건가? 그래도 학교잖아. 학교라면 이래서는 안 되는 거잖아. 온갖 생각들이 머릿속을 복잡하게 만든다.

　"우리 아이들 잘하죠?" 교장이 웃으며 묻고, 아이들은 올망졸망한 눈으로 내 대답을 기다린다. "아, 네. 아이들이 정말 노래를 잘하네요."라고 대답하자, 교장은 아이보다도 더 천진난만하게 웃는다. 그게 전부다. 아이들의 머리를 일일이 쓰다듬어주면서 내 대답을 통역해줄 뿐이다. "이 아저씨도 우리가 노래를 잘했다고 하는구나. 모두들 열심히 잘해주었어요." 시종일관 밝게 웃고 있던 아이들이 더 크게 웃는다. 내 칭찬이 마음에 들었는지, 앞다투어 손을 내밀며 나를 만져보려고도 한다. 자랑하고 싶은 마음. 칭찬받고 싶은 마음. 그게 전부였다. 그 방식이 어설프리만치 순수했기에, 내가 이해하지 못했을 뿐이다. 머리 한 번 쓰다듬어주고, 잘했다고 칭찬 한 번 해주면 될 것을, 부끄러운 오해만 했다.

찌든 때가 잔뜩 묻은 어른은,
'앵벌이'라는 단어만 떠올렸다.

──────────── 바간에 가려면 만달레이에서 밤 10시에 출발하는 야간 버스를 타야 한다. 출발 시간까지 만달레이에 도착하지 못하면, 하루를 고스란히 손해 볼 수밖에 없다. 그런데 고테익 철교를 경험해보지 못한 Q는 기차를 타고 싶어 했다. 느려터진 기차로는 그 시간까지 갈 수 없는데도 말이다. 하지만 기차를 한 번 더 타기로 한다. 그래, 재미있는 놀이기구는 여러 번 타도 재미있는 법이니까. 대신에, 고테익 철교를 건넌 뒤에는, 곧바로 버스로 갈아탈 계획이다. 그렇게 하면 저녁 7시면 만달레이에 도착한다.

Q에게 어느 방향으로 앉아야 좋은 풍경을 감상할 수 있는지 알려주고는, 기분이 좋아졌다. 여행자들이 서로의 경험을 왜 공유하려는지 새삼 알 것 같다. 자랑이 아니다. 그 자체가 즐거움이기 때문이다.

역시, Q는 고테익 철교를 좋아했다. 철교를 건너는 내내 신나 했다. 느림보 기차는 감동의 여운이 사라질 때까지 철교 위를 걷는 듯 움직인다. 뒤늦게 정신을 차린 Q는 기차 안을 분주히 돌아다니며 사진을 찍는다. 아이같이 해맑은 모습이다.

Q가 보여준 사진들은 나와 같은 장소에서 찍었지만, 전혀 다른 느낌이다. 같은 곳을 바라보면서도 서로가 얼마나 다른 시각으로 세상을 바라보는지 알 것 같다. Q의 사진 속 인물들은 알 수 없는 표정으로 수많은 이야기를 하고 있다. Q의 모든 사진이 마음에 든다.

사진 속 인물들의 눈동자 너머로
Q의 모습이 보인다.

비포 선셋
비포 선라이즈

바간/미얀마

일 년 중 한 번은
한 번도 가보지 못한 곳으로 가라.

달라이 라마

──────── 세계 3대 불교 유적지 중 하나인, 천 년의 역사를 고스란히 간직하고 있는 바간으로 향한다. 아주 먼 옛날, 마르코 폴로가 동방견문록에 기록하기를, '가장 아름다운 건축물이 있는 도시'라고 한 곳이다. 광활한 대지 위에 천 년 전부터 짓기 시작한 사탑은 한때 수만 개까지 있었다고 전해진다. 오랜 세월이 흐르면서 많은 사탑이 유실되고 현재는 이천여 개의 사탑만이 남아있지만, 그 수만으로도 충분히 웅장함을 느낄 수 있다.

바간에 도착한 시간은 새벽 3시 반. 이른 시간인데도 승합차 기사들이 나와서, 역시나 요란하게 호객행위를 한다. 가장 인상 좋게 생긴 아저씨와 흥정은 끝내고, 승합차로 갈아탄다.

도시 전체가 유네스코 문화재 보호 구역인 바간은, 외곽에서 바간으로 들어가는 경계에서 입장료를 받는다. 일종의 도시 입장료인 셈인데, 이 시간에도 매표소가 열려있다는 것이 놀랍다. 입장권을 구매하지 않았다는 여행자를 간혹 만나지만, 걸리면 몇 배의 벌금을 물어야 한다.

첫 번째 찾아간 숙소는 이미 방이 다 찼단다. 두 번째 찾아간 숙소는 가격이 너무 비싸다. 숙소를 알아보는 동안, 날 태우고 온 승합차는 얌전히 기다려준다. 함께 탄 여행자들도 남 일 같지 않은지, 군말 없이 기다린다. 고맙다. 세 번째 숙소까지 찾아간 끝에 드디어, 마음에 드는 방을 찾았다.

그 사이 꽤 많은 시간이 흘렀겠지 했는데,
이런, 아직도 새벽이다.

—————————— 체크인은 정오부터 가능하단다. 지금 체크인하면 하루 치 숙박료를 더 내야 한다는 말이다. Q는 고민거리도 아니라는 듯, 로비에 자리 잡고 앉는다. 하지만 그냥 때우기에는 남은 시간이 너무 많다. 배낭을 맡기고 새벽의 바간으로 산책을 나선다. 로비 한편에는, 우리와 같은 생각인 여행자가 많은지 다양한 크기의 배낭들이 차곡차곡 쌓여있다.

바간의 명물, 황금빛 불탑이란 뜻을 가진 쉐산도 파고다Shwesandaw Pagoda의 일출을 감상하기로 한다. 구글맵으로 방향을 잡고 걷는데, 어둠이 깔린 탓에 바간이 얼마나 큰지, 얼마나 걸어야 하는지 감조차 오지 않는다. 이쯤이면 도착했겠지 싶어 지도를 보면 채 반도 오지 않았다. 슬슬 다리가 아파오지만, 포기하고 돌아갈 정도는 아니다. 중간중간 응원이라도 하듯, 전기 오토바이를 탄 여행자들이 손을 흔들며 지나간다. 내심 태워주길 바라지만 그럴 생각은 눈곱만치도 없는 듯, 다들 제 갈 길로 바삐 달려나간다.

마침내 쉐산도 파고다에 도착했다. 하도 오래 걸어서 발바닥이 느껍다. 바간의 여러 파고다 중 조망이 가장 뛰어난 쉐산도 파고다는, 일출을 보기 위해 몰려든 여행자들로 이미 북적거린다. 하나같이 설레는 표정이다. 쉐산도 파고다의 가파른 계단을 한참 오르면 동서남북으로 끝없이 펼쳐진 광야를 볼 수 있다. 그래서 일몰 명소로도 유명하다. 먼저 도착한 여행자들 사이에 적당히 자리를 잡고 앉아서 멀리 동쪽 하늘을 바라본다. 아직은 아무것도 보이지 않는다. 깜깜한 어둠 속에서 한참을 기다린다.

드디어 서서히 하늘이 붉어진다. 그제야 조금씩 주변의 불탑들이 눈에 들어오기 시작한다. 점점 더 밝아지더니 대지 저편에서 붉은 태양이 웅장하게 모습을 드러낸다. 이내 순식간에 치솟아 오른 태양은 대지까지도 붉게 물들인다. 광활한 바간의 실체가 눈앞에 나타난다. 이렇게 넓을 수가! 크고 작은 파고다들이 셀 수 없이 세워져 있다. 흥분을 감추지 못하고 자리에서 벌떡 일어난다. 장관이다. 타임머신을 타고 수천 년 전으로 돌아온 것만 같다.

저 멀리, 수십 개의 열기구가 동시에 떠오른다. 거리가 멀어서 소용없을 텐데도, 열기구를 향해 손을 흔들고 인사를 건넨다. 여기저기서 요란한 셔터 소리가 들린다. 아름다운 모습을 사진에 담기 위한 경쟁이 치열하다. 그래도 조급할 필요는 없다. 감상할 시간은 충분하니까.

거대한 카메라를 들고 있는 여행자에게 기꺼이 자리를 양보한다. 오가는 미소.

여행은 치열함마저도
너그럽게 만든다.

—————————— 숙소로 돌아와 체크인했다. Q와 공식적으로 방을 함께 쓰는 첫 날이기도 하다. 침대는 트윈 베드다. 예전엔, 더블룸과 트윈룸을 헷갈렸다. 아무리 외 워도 매번 헷갈려서, '트윈룸은 1인용 침대가 쌍둥이처럼 있고, 더블룸은 몸짓이 두 배인 커다란 침대가 하나 있다.'고 나만의 방식으로 구분하기도 했다. Q에게 원하는 침대를 먼저 고르라고 하고, 씻는 것도 먼저 씻으라고 했다. 믹스 도미토리로 이미 숙 달되어서 그런지, 별다른 감정은 느껴지지 않는다.

씻고 자야 하는데, 졸음이 밀려온다.
코 골면 안 되는데, 이미 곯아떨어진다.

—————————— 외국인은 바간에서 오토바이를 빌릴 수 없단다. 대신, 에코 자 전거라고 불리는 전기 오토바이를 빌릴 수 있는데 오토바이라기보다는 자전거 수준 이다. 속도도 안 나고, 힘도 부족하다. 하지만 어쩔 수 없다. 자전거보다는 빠르니 빌 리기로 한다.

내리쬐는 뜨거운 태양을 뚫고 바간을 돌아다닌다. 딱히 목적지가 있는 건 아니다. 전기 오토바이의 배터리가 닳기 전까지만 돌아다닐 생각이다. 길은 생각보다 좋지 않 다. 닦여지지 않은 흙길이라 엉덩이가 들썩들썩 춤을 춘다. 바퀴가 헛돌거나 미끄러 지기 일쑤다. 조심한다고 했는데, 결국 한 번은 고꾸라지고 말았다. 허벅지가 심하게 쓸려서 피까지 난다. 그나마 다행인 것은 뒤에 타고 있던 Q가 크게 다치지 않았다는 사실이다. 그것만으로도 어찌나 감사하던지. 괜찮냐는 말보다 다치지 않아서 고맙다 는 말을 더 많이 한 것 같다.

그런데 한 가지 문제가 생겼다. 전기 오토바이의 앞부분이 조금 깨졌다. 작동에는 문제가 없지만, 깐깐하게 외관을 살펴보면 살짝 티가 나서 아무래도 변상을 하게 될 것 같다. 처음부터 이실직고해야 당연한데, 가난한 여행자는 그만 악마의 속삭임에 빠지고 말았다. 반납할 때 눈치채면 물어주고, 눈치채지 못하면 그냥 모른 척하자. 일 단 마음을 그렇게 먹고, 더 이상은 고민하지 않기로 했다. 여행하는 동안 깨달은 지혜 가 있다면, 걱정은 오래 하지 말라는 것. 반납할 때의 일은 그때 가서 생각하면 된다.

바간의 넓은 광야를 달리는 느낌은 멀리서 감상하던 것과는 사뭇 다르다. 불심이 없는 나에게는 아무리 달리고 달려도 같은 풍경이 반복되는 느낌이다. 같은 곳을 맴돌고 있다는 착각마저 든다. 수천 개나 있다는 파고다를 열 개도 채 안 들렀는데, 이미 다 본 것 같다. 결국, 바간 돌아보기를 멈추고, 눈에 띄는 식당으로 들어갔다. 서서히 저물어가는 하루를 시원한 맥주와 함께 만끽한다.

살짝 알딸딸한 기분으로 일몰을 감상하러 나선다. 바간의 일몰은 바간의 일출만큼이나 아름답다. 하지만 사진으로 보나, 실제로 보나 일출과 일몰을 분간하기 어렵다. 수천 개의 파고다처럼, 일출과 일몰 중에서 하나만 봐도 충분할 것 같다. 시작과 끝이라는 전혀 다른 시간 속으로 들어왔음에도, 조금은 식상한 느낌을 지울 수 없다.

깜깜한 밤. 드디어 전기 오토바이를 반납한다. 주인은 오토바이 외관을 살펴보지만, 날이 어두운 탓에 깨진 부분을 발견하지 못했다. 다음 날 아침에 본다면 숙소까지 쫓아올지도 모른다. 아무래도 조마조마한 마음으로 잠을 설칠 것 같다.

한 가지 놀라운 사실을 알았다. 죄를 짓고도 편히 잘 수 있다는 사실이다. 그것도 아주 달게 잤다. 차분하게 조식을 먹고, 간밤에 널어놓은 빨래도 걷고, 꼼꼼하게 배낭까지 싼다. 이제, 인레 호수를 향해 떠난다. 로비에 앉아 픽업 버스를 기다리는 동안, 전기 오토바이의 외관을 뒤늦게 확인한 주인이 달려오는 상상을 해본다. 이대로 멱살이라도 잡히는 게 아닐까, 갑자기 불안감이 밀려온다. 간밤에 걱정 없이 푹 자놓고, 이제서야 걱정을 하는 게 좀 어이없지만, 한 번 시작된 걱정은 점점 더 커져서, 내 의지로는 멈출 수 없게 됐다. 아, 역시, 사람은 죄짓고는 못산다. 지금이라도 늦지 않았다. 솔직하게 이야기하고 변상을 하자. 주머니에서 주섬주섬 돈을 꺼내본다. 이 정도면 충분할까?

그 순간, 누군가가 나를 다급하게 부른다. 이런, 주인인가? 막 변상하려던 참이라고 말하면 믿어줄까? 어쩌지? 심장이 마구 뛴다. 어라! 주인이 아니다. 어느새 도착한 버스 운전사가 날 부르는 소리다. 어서 타라고 손짓을 한다. 어쩌지? 변상해야 하는데. 잠시 망설이다가 배낭을 단단히 메고 버스를 향해 달린다.

난 분명,
착한 여행자는 아니다.

바다인 듯
바다 아닌
바다 같은 호수

냐웅쉐/미얀마

소중한 걸 깨닫는 곳은
컴퓨터 앞이 아니라
언제나 파란 하늘 아래다.

다카하시 아유무

─────────── 인레 호수가 있는 냐웅쉐Ny-aungshwe로 가는 길. 버스는 굽이굽이 아찔한 산길을 속도도 줄이지 않고 곡에 하듯 달린다. 절벽 아래로 굴러떨어질 것 같아 무섭지만, 요리조리 잘 달리는 운전사의 실력을 믿어보기로 한다.

달리는 내내 미얀마 노래가 흘러나온다. 우리나라 70년대 유행하던 뽕짝과 비슷하다. 내용은 알 수 없지만, 간드러진 여가수의 노랫소리가 내 귀를 유린한다. 스피커 옆자리라서 더 시끄럽다. 결국, 참다못해 꺼달라고 해보지만, 잠시 끄는가 싶더니 이내 다시 켠다. 여가수는 더욱 신나서 내 귀를 가지고 논다. 괴롭다. 머리가 지끈지끈 아파온다.

구글맵을 켜고 미리 냐웅쉐에 도착해본다. 사람들이 왜 냐웅쉐 지역보다 인레 호수를 더 많이 말하는지 알 것 같다. 냐웅쉐보다 몇 배나 큰 호수. 길이가 22km, 폭이 11km나 되는 거대한 호수라서 실제로 보면 바다처럼 보이기도 한다니, 기대된다.

버스에서 G를 만났다. 와세다 대학에 다니는 일본인이다. 일본인은 영어 발음이 엉망이라는 말도 이젠 옛말이다. 어찌나 능숙하게 혀를 굴리던지, 짧은 내 영어가 오히려 부끄럽다. 그나마 비영어권 사람끼리는 단어만으로도 충분히 대화가 통하기 때문에, G와의 대화는 끊기지 않았다. 이렇게 또 한 명의 여행 친구가 생겼다.

여행을 하다 보면, 다양한 나라의 여행자를 만나게 된다. 그중에서도 일본인들은 '작가'라는 내 소개에 남다른 반응을 보인다. 누구라도 예외 없이 "쓰고이(대단하네요)"라며 부러워한다. G도 마찬가지였다.

"왜 그렇게 놀라고 부러워해? 난 가난할 작가일 뿐이야."라고 하면, 하나같이 고개를 갸웃거린다. "작가라면서요? 왜 배고파요?" "에? 당연하잖아. 작가니까." "작가가 가난해요? 왜요?" "당연하지. 작가니까." 책 시장의 규모가 달라서인가? 문화가 달라서인가? 대화가 이어지지 않는다. 작가를 바라보는 시선이 확연히 다르다. 일본에서는 작가가 되면 하던 일을 때려치운단다. 그런 G의 이야기는 날 더 우울하게 만든다. "작가가 돼도, 먹고살 일은 따로 찾아봐야 하고, 글을 쓸 시간을 만들려면 잠을 줄여야 해." 내 설명을 끝내 이해하지 못하는 눈치다. 소주가 몹시 마시고 싶어진다.

G는 이미 냐웅쉐에서 머물 숙소를 예약했다고 한다. 검색에 검색을 거듭한 결과, 가격으로 보나 시설로 보나 가장 낫다는 말에, 군말 없이 G를 따라 내렸다. 쌍둥이 자매가 운영한다는 숙소는 매우 청결했다. 화장실도 방 안에 딸려있어서 편하고, 냉장고까지 있어서 시원한 맥주를 넣어두고 마실 수도 있다. 생수를 매일 두 개씩 주니 차가운 물도 실컷 마실 수 있다. 수건, 비누, 샴푸, 칫솔, 면도기까지 모두 공짜다. 5천 짯 상당의 조식도 포함돼있다. G의 선택에 박수를 보낸다.

짐을 풀자마자 다음 날에 할 인레 호수 보트 투어를 신청했다. 기다란 보트를 빌리는 가격은 2만5천 짯. Q와 G. 그리고 G가 이미 알고 있는 두 명이 함께 신청하니 비용은 5분의 1로 줄어든다. 쉐어가 이렇게 좋다. 투어 시작 시간은 새벽 물안개와 일출을 볼 수 있는 이른 새벽부터, 조식을 먹고 천천히 움직이는 시간까지 마음대로 정할 수 있다. 의견은 금방 모아졌다. 다들 잠은 충분히 자겠단다. 나도 이견은 없다. 새벽잠은 없지만, 여행에서는 다수의 뜻을 따르는 것이 때론 예의다. 그리고 무엇보다, 여행하는 동안 일출이란 일출은 지겹게도 많이 봤다. 모처럼의 여유 있는 아침을 누리는 것도 나쁘지 않겠다. 인레 호수에서의 일출을 미루고, 조식을 택한다.

다음 날 아침, 느긋하게 조식을 먹고, 개운하게 샤워도 마치고 보트 투어를 위해 나선다. 얼마 떨어지지 않은 선착장까지는 걸어서 이동한다. 바나나처럼 기다랗게 생긴 보트들이 다닥다닥 붙어있다. 그중에 우리가 예약한 보트가 있다. 보트의 폭은 한 사람씩 일렬로 앉아야 할 만큼 좁다. 가장 좋은 앞자리는 여자들에게 양보하고, 남자들은 모터가 있는 뒤쪽으로 앉는다. 매너 좋다. 드디어 보트는 서서히 선착장을 벗어난다. 설레던 마음도 잠시, 모터 소리가 너무 큰 나머지 귀가 다 아프다. 인레 호수에서는 보트 투어를 하지 말고, 트레킹을 하라던 어느 여행자의 권유가 떠오른다. 배를 타려거든, 노 젓는 보트를 타고 조용히 인레 호수를 맛보라고 했던 이유를 뒤늦게 실감한다. 그러거나 말거나, 보트는 더욱 요란한 소리를 내며 본격적인 질주를 시작한다. 체감 속도가 엄청나다. 맞바람이 무척이나 쌀쌀해서 슬슬 한기가 올라온다. 출발하기 전, 담요를 하나씩 나눠준 이유를 알 것 같다. 냄새 나서 한쪽으로 치워뒀는데, 슬그머니 꺼내 덮는다.

보트는 좁은 수로를 따라 한참을 미끄러진다. 놀라운 것은, 아직 인레 호수에 도착하지도 않았다는 사실이다. 냐웅쉐에서 인레 호수까지는 생각보다 먼 거리다. 그렇게 한참을 더 가서야 수로는 끝이 난다. 긴 터널을 빠져나와 환한 세상과 마주하는 순간 같다. 수로 끝에서 마주한 인레 호수의 풍경은 어마어마하다. 너무나 넓어서 바다로 착각한다는 말이 사실이다. 심지어 갈매기도 살고 있다. 신기하다. 정말 바다 같다.

기다리고 있던 어부들이 보트 쪽으로 부리나케 몰려든다. '호수의 아들'이란 의미의 인타Intha족이다. 평생을 물 위에서 살아가는 인타족은 물고기를 잡는 방식이 독특하다. 커다란 그물을 물속에 넣고 삼삼장으로 찌르는, 엽서에서만 보던 전통적인 방식이다. 인타족이 포즈를 취한다. 사진을 찍으면 돈을 줘야 한다. 일종의 모델료다. 몇몇 여행자가 돈을 건네자 지금까지는 맛보기에 불과했다는 듯, 더욱 다양한 고난도의 포즈를 취한다. 나도 돈을 주고 찍을까? 잠시 망설이는 사이, 보트는 다시 움직인다. 나의 우유부단함이 좋은 사진을 놓치게 한 거 아닌가 씁쓸해진다.

하지만 기우였다. 호수 중간까지 오자, 호수를 터전으로 살아가는 진짜 인타족들의 모습이 보인다. 모두 다 전통 방식으로 고기를 잡고 있다. 한 명도 아니고 수십 명이다. 연출된 모습과는 비교도 할 수 없는 생동감이 넘친다. 사진기를 꺼내 들고 찍는다. 그들이 나를 돌아보더니 활짝 웃는다. 손까지 흔든다. 그리고는 아무 일 없었다는 듯 다시 제 할 일에 집중한다. 아, 왠지 고맙다.

수상 마을에 도착했다. 그곳에서 생활하는 현지인들에게 피해가 가지 않도록 모터를 끄고 조용히 움직인다. 요란한 모터 소리가 사라지자 순식간에 적막이 흐른다. 세상이 이렇게 조용했나 싶다. 이름 모를 새들의 노랫소리도 들린다. 정겹다.

좁은 보트 위에서의 시간이 조금 지루해질 즈음, 뜬금없이 쇼핑을 유도한다. 스카프 가게, 은 제품 가게, 목공예 가게, 다양한 기념품 가게를 이리저리 끌려다닌다. 인레 호수 투어인지, 쇼핑 투어인지 헷갈릴 정도다. 구매 의사가 없는 나와 G는, 가게에

들를 때마다 일찌감치 일행에서 빠져나와 근처를 산책했다. 집에서 기르는 가축들도 구경하고, 동네 아이들과도 인사를 나눴다. 나름대로 즐거운 시간이다. 상점 직원들의 실망한 눈빛을 애써 외면해본다.

거대한 인레 호수에서 벗어나 한참을 더 거슬러 올라가면 인데인Indein 마을이다. 보트에서 내려 땅을 밟는다. 오랜만에 땅을 밟는 기분이다. 물 위에 잠시 있었는데도 이런데, 인레 호수를 삶의 터전으로 살아가는 현지인들은 어떨까? 상상조차 되지 않는다. 대나무 가득한 인데인 마을의 입구를 지나 한참을 걸어 들어가자, 가파른 언덕 위의 인데인 유적이 보인다. 낡고 오래된 것을 넘어서, 무너져가고 있다. 제대로 관리되지 않는 모습이 안타깝다. 아무리 뛰어난 건축 기술이라도, 시간의 흐름까지는 복원할 수 없는 걸까? 쓸쓸해지는 기분을 쉽사리 떨칠 수 없다. 고산지대에 사는 소수민족들은 아직도 이곳에 예의를 갖추고 절을 한다고 하지만, 내 눈에는 한쪽에서 음료수를 마시며 더위를 식히는 현지인들만 보였다. 어쩌면 유적이 무너져가는 데는 다 그만한 이유가 있는지도 모른다. 다시 보트에 오른다.

호수 구석구석을 돌아다니던 보트가 호수 중심에 섬처럼 떠있는 파웅도우Phaung Daw Oo 파고다에 도착했다. 보트에서 내리기도 전에, 근처의 작은 배들이 무섭게 몰려온다. 한 아이가 고사리 같은 손으로 과일을 내밀며 사달라는 눈빛을 보낸다. 두 배를 받는지, 세 배를 받는지, 정가로 받는지 알 수 없다. 가격이 적당하다고 생각되면 사면 된다. 하지만 아이는 달랐다. 아빠로 보이는 어른과 함께 타고 와서는, '돈 주세요.'를 주문처럼 외우고 있다. 물건을 파는 게 아니었다. 손사래를 쳐도 같은 말만 반복할 뿐이다. 같이 탄 어른은 배가 서로 떨어지지 않도록 계속해서 노를 젓고 있다. 그모습에 갑자기 화가 치민다. 어른이 돼가지고 아이에게 뭘 시키고 있는 거야! "돈 주세요." 아이는 멈추지 않는다. 아이에게 화를 내서는 안 된다. 이 화는 어른을 향한 화여야만 한다. 허리를 숙여서 아이와 눈을 맞춘다.

"지금 네가 하는 그 말은 나쁜 말이야. 그 말을 해서는 안 돼. 넌 예쁘잖아. 예쁘게 자라야지. 나중에 커서 지금을 돌아보면 지워버리고 싶을 만큼 부끄러울 거야. 스스로를 믿어. 뭐든지 마음먹으면 할 수 있다는 사실을." 아이가 영어를 할 리 없다. 그래서 한국어로 진심을 다해 말했다. 미얀마어로 이야기했어도 이해하기 어려운 말이다. 어렵다. 정말 어려운 말이다. 그런데, 끊임없이 '돈 주세요.'를 외치던 아이가 가만히 입을 다문다. 그리고는 내 눈을 뚫어지게 바라본다. 아이의 눈가에 눈물이 고인다. 그 모습에 나 역시 적잖이 놀란다. 소리치지 않아도, 윽박지르지 않아도, 심지어 알아듣지 못하는 다른 언어로 이야기해도, 아이는 알아듣는다. 붙어있던 배가 떨어진다. 어른은 노를 저어 다른 곳으로 향한다. 아이는 한동안 나를 바라본다.

아이는 귀가 아닌,
마음으로 듣는다.

──────── 냐웅쉐에서의 마지막 밤이다. 미얀마에서의 마지막 밤이기도 하다. 정확히 하룻밤을 더 야간 버스 안에서 머물 계획이지만, 마지막 밤이나 다름없다. 함께 보트 투어를 했던 사람들과 저녁을 먹기로 했다. 시장에 가서 다양한 먹거리로 한 상 차려서 먹었다. 맥주도 빼놓을 수 없다.

숙소로 돌아오는 길, 휘영청한 보름달을 바라보니 감정이 말랑말랑해진다. G도 같은 기분인지, 개인적인 이야기를 꺼낸다. "4년간 만난 남자 친구가 있어. 이번 여행을 하는 동안 자연스럽게 멀어지고, 결국 헤어졌지. 그저께 일이야. 그리고 오늘은 내 생일이었어. 그런데, 기분이 그렇게 울적하지 않아. 괜찮은 하루였거든." 가만히 서서 G의 얼굴을 바라본다. 아무렇지도 않은 얼굴이지만, 눈빛은 조금 쓸쓸해 보였다.

"노래 불러줄까?" "노래?" "생일이잖아. 아직 12시 안 넘었어." 분명 술기운이다. 내일 아침이면 창피해서 이불을 걷어찰지도 모른다. 그럼에도 노래를 시작한다. G를 길에 세워두고, 생일 축하 노래를 부른다. G도 이내 그 순간을 즐긴다. 짧은 생일 축하가 끝나자 G는 고맙다는 말과 함께, 여행하는 내내 자신을 웃게 해주었다며, 그 역시도 고맙단다. 나 역시도 덕분에 기억에 남는 추억이 많이 생겼다고 말해주고 싶었다. 하지만, 침묵하기로 한다. 숙소로 돌아오는 길. 우리는 일정한 거리를 두고 묵묵히 걸었다. 보름달이 참 맑고 밝다.

오해는 부족함에서도 생기지만,
과함에서도 생겨난다.

인터넷 속도가 빠른 카페로 향한다. 베트남까지 이동하는 비행기 티켓을 예매해야 한다. 슬슬 미얀마를 떠나야 할 시간이다. 냐웅쉐에서 양곤으로 이동한 뒤, 비행기를 타고 태국의 방콕으로 건너간다. 그리고 다시 베트남의 호찌민까지, 무려 3개국을 무박으로 건너뛰는 여행 경로를 세워본다. 가장 저렴하면서도, 시간도 야무지게 아낄 수 있는 계획이다.

우선 냐웅쉐에서 야간 버스를 타고 양곤에 가면 새벽 6시 도착이다. 버스터미널에서 공항까지 택시를 타면 늦어도 6시 30분에는 도착한다. 방콕행 비행기 이륙 시간이 아침 8시 30분이니, 중간에 지체되는 일이 있더라도 큰 어려움은 없을 듯싶다. 방콕 돈므앙Don Mueang 공항에 도착해서, 무료 셔틀을 타고 다시 수완나품 공항으로 이동하는 데 대략 45분. 호찌민행 비행기는 오후 3시다. 호찌민에 도착해서 여행자 거리까지 이동, 숙소를 잡아도 충분히 해가 떠있을 시간이다.

"가능할까요?" 계획을 들은 Q가 걱정한다. "이론상으로는 가능하잖아." 한껏 여유 있는 표정을 지으며 대답해보시만, 불안한 건 사실이다. "건투를 빌어요." Q가 커피잔을 들어 내민다. "고마워, 너도." 들고 있던 주스 잔을 부딪친다. Q는 미얀마 남쪽까지 계속 여행하겠단다. 이제 Q와도 헤어질 시간이 다가온다.

불안한 예감은 틀린 적이 없다던가? 나의 빈틈없고 야무진 계획은 냐웅쉐에서부터 삐걱거렸다. 양곤행 야간 버스가 무려 2시간이나 늦게 온 것이다. 이러다가는 태국행 비행기 티켓은 물론, 베트남행 비행기 티켓까지도 고스란히 날려버리게 될 상황이다. 아, 불안하다. 서둘러 야간 버스에 오르지만, 조급해하는 건 나뿐이다. 아, 잊고 있었다. 여기는 미얀마다.

버스 운전사에게 왜 이렇게 늦었냐는 항의 대신, 양곤에서 8시 30분 비행기를 타야 하니 절대로 늦으면 안 된다고 부탁해본다. 빙그레 웃으면서 알았단다. 여유로운 웃음에 한결 마음이 놓인다. 그래, 도착만 제시간에 해준다면 만사 오케이다. 불안한 마음이 완전히 사라지는 건 아니다. 양곤까지 가는 내내, 구글맵으로 현재 위치를 확인해본다. 적어도 내가 어디만큼 가고 있는지, 위치라도 파악해야 마음이 편하다.

손가락으로 구글맵을 늘렸다가 줄였다가를 반복한다. 방문한 곳을 나타내는 노란색 별들이 지도 위에서 반짝반짝 빛난다. 참 많이도 돌아다녔네. 생각보다 많은 별들. 그 수만큼 추억이 쌓이고, 그 추억은 무엇과도 바꿀 수 없는 나만의 보석이 됐다. 미얀마, 라오스, 태국, 캄보디아, 말레이시아, 싱가포르, 인도네시아……. 별자리를 만들어 가듯, 별들을 이어가며 지도를 이리저리 움직여본다.

인도네시아 끝에 붙어있는 필리핀이 눈에 들어온다. 수천 개의 섬으로 이루어진 나라. 그중 가장 큰 루손Luzon 섬에 반짝거리는 별들이 유난히 눈에 띈다. 내 생애 첫 배낭여행의 흔적들이다. 여행의 '여'자도 모르던 시절. 가벼운 배낭이 필요한지도 몰라서, 책가방을 메고 돌아다니던 여행 초짜 시절이다. 지금 생각하면 참 무식하지만, 당시에는 힘든지도 모르고 마냥 즐거웠다. 그때를 추억하자 어느새 입꼬리가 슬그머니 올라간다. 고개를 돌려 창밖을 바라본다. 어두컴컴한 밤하늘에 별들이 반짝거린다.

어느덧 나의 기억은 별들을 따라,
필리핀 루손섬으로 날아간다.

바닐라향 마닐라

마닐라/필리핀

문을 나서면
여행의 가장 어려운 관문을 지난 셈이다.

네덜란드 속담

마닐라Manila에는 1년 가까이 머물렀다. 마닐라의 구석구석을 모두 정복하려는 듯, 참 많이도 돌아다녔다. 서울에서는 안 하는 짓인데, 마닐라에서는 왜 자꾸만 밖으로 나갔는지 모르겠다.

여행과 생활의 차이 아닐까? 아무리 오래 머물러도 결국, 마닐라는 여행이고 서울은 생활이다. 여행에서는 돌아다니지 않으면 왠지 손해라는 생각이 드니까.

마닐라에 머무는 동안, 가장 많이 갔던 곳은 쇼핑의 천국, 마카티Makati 지역이다. 무언가를 사러 간 적은 별로 없다. 필리핀은 총기 소지가 가능한 국가라, 건물에 들어가려면 입구에서 소지품 검사를 받아야 한다. 보안 요원이 금속 탐시기로 가방 안을 이리저리 휘젓는다. 거의 모든 건물이 그렇고, 지하철 탈 때도 마찬가지다. 사생활 침해 같지만, 모두의 안전을 위해서라니 기꺼이 따랐다. 무슨 일이 일어날까 살짝 긴장된 적도 있었지만, 점점 익숙해졌다.

또 다른 쇼핑의 메카, 그린힐스Green Hills는 우리나라의 동대문 시장 같은 분위기다. 짝퉁이 많은데, 명품 가방뿐만 아니라 나이키, 아디다스 같은 스포츠 브랜드도 있다. 그곳에선 누구나 한 번쯤 짝퉁을 사게 된다. 나도 짝퉁 프라다 구두를 샀다. 짝퉁을 봐도 짝퉁인지 모르고, 명품을 봐도 명품인지 모르면서, 덜컥 지갑을 열었던 그때의 허영심에 씁쓸한 기분이 든다.

말라테Malate에 있는 산안드레스San Andreas 마켓도 자주 갔던 곳이다. 우리나라에서는 값비싼 열대과일이 무진장 착한 가격이라 원 없이 사 먹었다.

292

마카파갈 씨사이드Macapagal Seaside 마켓은 노량진 수산시장과 비슷하게, 해산물을 골라서 식당으로 가지고 가면 요리해준다. 어느 나라든 해산물 요리의 맛은 비슷하다. 특히 구이는 더 그렇다. 익숙한 맛에 배가 터지도록 먹게 된다. 소주라도 한 잔 곁들이면 딱인데, 소주 구하기가 쉽진 않아서 아쉬웠다.

이곳에도 역시 호객꾼이 있다. 그중에서도 특히 트랜스젠더가 기억에 남는다. 사진기 앞에서도 숨지 않고, 오히려 활짝 웃으며 예쁜 포즈까지 취한다. 트랜스젠더라면 조롱하고 눈살을 찌푸리는 사람들이 많은 우리나라와 비교하면, 이들이 '다름'에 대해 어떤 생각과 시선을 가지고 있는지 알 수 있다.

젊음의 거리로 불리는 이스트우드Eastwood는 예쁜 카페와 바가 즐비하다. 다른 지역보다 물가는 조금 비싼 편이지만, 대신에 분위기가 좋아서 젊은이들이 많이 찾는다. 다정한 연인들의 모습도 자주 눈에 띈다. 서로를 바라보는 눈빛, 서로를 어루만지는 손길, 편안하게 서로에게 기대어 안겨있는 모습을 보며, 사랑 앞에서는 누구나 똑같은 모습이라고 생각했다.

젊은이들이 모이는 곳으로는, 마닐라 베이Manila Bay도 빼놓을 수 없다. 작은 만灣으로 해가 떨어질 때 그 진가를 발휘하는 사랑스러운 곳이다. 가슴이 답답하고, 탁 트인 바다가 보고 싶은 날이면 찾아가곤 했다. 기다란 만을 따라 즐비한 야외 바에 앉아서 해가 저물기를 기다렸고, 석양을 바라보며 맥주를 마시면 영화 속 주인공이 된 것 같은 착각도 들었다.

마닐라 베이의 스타시티Star City라는 놀이동산에서 생애 가장 무서운 롤러코스터를 경험해보기도 했다. 좌석 안전바가 헐렁거리는 통에, 롤러코스터가 좌우로 꺾일 때마다 바퀴 하나가 뜨고, 덩달아 레일의 지지대까지 들썩거리는 느낌이었다. 몰랐으면 몰라도, 알고 나서는 섣불리 다시 탈 수 없는, 무시무시한 스릴이다.

마닐라 외곽의 안티폴로Antipolo산은 마닐라 시내를 전망할 수 있어 유명하다. 사람들은 주로 야경을 보러 가지만, 나는 낮에 갔다. 화려한 불빛을 걷어낸 마닐라의 민낯을 볼 수 있어서 좋았다. 견고한 건물들과 금방이라도 무너질 것 같은 낡은 건물이 뒤엉켜있는 모습은 나에게 많은 생각을 하게 했다.

'성벽 도시'를 뜻하는 인트라무로스Intramuros는 성벽 길이가 약 4.5km에 달하는 거대한 도시다. 스페인 식민지 시절인 16세기 말에 세워진 이래로, 스페인 지배계급이 살던 성벽 안쪽은 300년 넘게 필리핀 현지인들의 출입이 통제되었다고 한다. 적으로부터의 침략을 막기 위해 성벽을 쌓았다고 하는데, 적이란 누구를 말하는 걸까? 스페인이 아닌, 또 다른 침략자일까? 아니면 빼앗긴 나라를 되찾으려는 필리핀 현지인들일까? 결국, 스스로 성벽을 쌓고 그 안에 갇혀버린 모습이다. 안전을 이유로 창살 없는 감옥을 짓고, 스스로 그 안으로 들어가는 현대인과 닮았다면, 비약이 너무 심한 걸까?

마닐라에 머물던 시절의 나는, 매일매일 반복되는 작은 여행을 멈추지 않았다. 이름도 모르는 소소한 거리부터, 하도 많이 가서 아무런 감흥도 없는 곳까지. 하지만 작은 여행으로는 채워지지 않는 갈증이 있었다.

갈증의 원인을 모르고,
돌아다니기만 했는지도 모른다.

────────── 대부분의 첫 배낭여행은 많은 계획과 준비로 시작하는 데 반해, 내 경우에는 너무도 즉흥적이었다. 평소 친하게 지내던 T가 마닐라에 머물던 나에게 '필리핀 가이드북'을 빌려달라며 찾아왔다. 루손섬을 크게 한 바퀴 도는 배낭여행을 떠난단다. 배낭여행. 그 단어가 운명처럼 가슴을 꿰뚫었다. 심장이 멈춘 듯했다. 아무런 소리도 들리지 않고, 나도 가고 싶다는 생각만 맴돌았다. 거두절미하고 같이 가자고 소리쳤다.

"네? 지금 바로 떠날 건데요? 준비할 수 있어요?" 준비랄게 뭐 있나? 평소 가지고 다니던 가방 안에 옷이랑 세면도구를 쑤셔 넣는다. 핸드폰과 지갑. 그것만으로 준비 끝! T를 따라나선다. "우선 바기오Baguio로 갈 거에요." "좋아, 좋아. 그다음은?" "아직 생각 안 했는데요? 가이드북 빌리면 정하려고 했죠." 그렇구나. 너도 나만큼이나 즉흥적인 녀석이구나. 따라다니기만 하면 될 줄 알았는데, 왠지 고생스러울 것 같다. 그럼에도 불구하고 신이 난다.

다행히 늦지 않게 바기오행 버스에 올라탈 수 있었다. 지정 좌석이 아닌 데다 빈자리가 많다. 맨 뒷자리로 달려간다. 아무도 탐내지 않는 자리인데도, 행여나 뺏길까 봐

좁은 통로를 우당탕 뛰어간다. 자리에 앉자마자 웃음이 흘러나온다. 수학여행을 떠나는 중학생들처럼, 우리는 한껏 들떠있다.

승객을 모두 태운 버스는 서서히 마닐라를 벗어났다. 도로 사정은 급격히 나빠지고, 수시로 끼어드는 차들로 버스는 제대로 속도를 내지 못한다. 속도가 떨어지자 점점 지루해졌다. "대체 언제 도착하는 거야? 벌써 4시간이나 달린 것 같은데." T에게 투정을 부린다. "보통 7시간 정도 걸린대요. 늦으면 10시간도 걸리고." 뭐라고? 마닐라에서 바기오까지 대략 250km. 서울에서 강릉 정도의 거리를 그렇게나 오래 걸려서 가야 한다니, 벌써부터 허리가 아파온다.

버스는 아무리 달리고 달려도 바기오에 도착할 기미를 보이지 않는다. 아이처럼 투덜대고 싶었지만, 분위기를 망치고 싶지 않아서 속으로 삼킨다. 배낭여행이 이렇게 힘든 건가? 생각을 다시 해보고 싶다. 하지만 혼자 마닐라로 되돌아갈 엄두도 나지 않았다.

배낭여행에 있어서 나는,
첫걸음을 떼는 아기일 뿐이다.

거리에서 잠들다

바기오/필리핀

휴대할 수 있는 것만 소유하고,
기억을 배낭으로 삼아라.

알렉산드라 솔제니친

늦었다고 해야 할까? 이르다고 해야 할까? 밤도 새벽도 아닌 시간에 바기오에 도착했다. 평지가 많은 마닐라와 달리, 해발 1,500m 고산지대인 바기오에는 언덕이 많다. 과거, 미군들의 산악 휴양지로 건설되었다는데, 우리나라의 가을 날씨처럼 선선하다.

허기가 밀려왔다. 어슬렁대며 돌아다녔지만, 문을 연 식당은 없다. 허기는 더욱 심해진다. 하루에 한 알만 먹으면 배가 채워지는 신약이 개발되면 좋겠다. 식도락가들은 코웃음 치겠지만, 배가 고프니 별의별 생각이 다 든다.

얼마나 헤맸을까? 기적처럼 저 멀리 문을 연 식당이 보인다. 버스터미널부터 버넘Burnham 공원 근처까지 걸어온 후다. 마침, 문을 닫으려고 했던 주인은 난처한 표정을 짓는다. 재료들을 거의 다 써버려서 제대로 된 요리를 내올 수도 없단다. 그렇다고 물러날 순 없다. 뭐라도 좋으니, 먹을 만한 걸 만들어달라고 졸랐다. 주인은 결국, 우리의 몰골이 불쌍해 보였는지, 잠깐만 기다리란다. 간단한 샌드위치가 나왔다. 하나에 30페소란다. 역시 장사꾼은 장사꾼이다. 생각보다 비싸지만, 어쩔 수 없다. 억지로 만들어달라고 한 건 우리니까. 최대한 천천히 먹었다. 해 뜰 때까지 시간을 때워서 숙박비라도 아낄 심산이다.

필요 없는 지출도 막을 겸, 여행 계획을 세우기 시작했다. 여행을 떠난 지 반나절을 훌쩍 지나서 말이다. 여행 초짜라서, 어디서부터 어떻게 계획을 세워야 하는지 좀처럼 감을 잡을 수 없다. 여행 경로도 못 정하겠고, 여행 기간이 얼마나 될지도 예상할 수 없고, 교통비, 숙박비, 식비는 얼마씩 생각해야 하는지 가늠조차 못 하겠다. 결국 자포자기다. 어이가 없기도 하고, 뭐 이런 바보가 있나 싶어서 실실 웃음이 흘러나온다. 아, 몰라. 어떻게든 되겠지. 결론은 '무조건 아끼자.'였다. 교통비는 어쩔 수 없어도, 식비만큼은 길거리 음식을 먹으며 최대한 줄이고, 잠도 무조건 저렴한 숙소를 이용하기로 했다.

조금만 더 버티면 날이 밝을 것 같은데, 주인은 서둘러 마감하고 싶은 눈치다. 기다리다 지친 주인이 다가와 정중히 '나가'라고 했다. 쳇! 아쉽지만 주섬주섬 가방을 챙겨 들고 식당을 나선다. 거리로 나오자마자 어디로 갈지 고민된다. 숙소를 잡기엔 돈이 아깝고, 밤거리를 즐기기엔 상당히 어두컴컴하다. 금방이라도 범죄자들의 표적이 될 것만 같아 안전한 곳을 찾기로 했다. 경찰서나 성당 같은 곳. 지도를 살펴보니, 근처에 바기오 대성당이 눈에 띈다.

어둠을 뚫고 걷는데, 가방이 십자가인 양 무겁게 어깨를 짓눌렀다. 금세 등에 땀이 찬다. 무슨 가방을 이따위로 만들었담. 통풍이라고는 하나도 안 되잖아. 어깨끈도 너무 얇아서 아프다고. 그때는 '여행용 배낭'이 따로 있는 줄도 몰랐다.

마침내 도착한 성당은 잠겨있다. 그래도 성당 근처에 머물기로 했다. 적어도 신의 영역에서만큼은 범죄자의 타깃이 되지 않겠지. 성당 뒤편으로 돌아가 보니 벤치가 있다. 짊어지고 있던 가방을 떼어놓듯 내려놓았다. 정말 홀가분하다. 가방을 베개 삼아 누웠다. 날이 밝기까지 남은 한두 시간 동안, 잠깐이라도 눈을 붙이기로 했다. 다행히 노숙하기 적당한 날씨다. 하지만 이상하게도, 미치도록 피곤한데 잠이 오지 않는다. 결국, 10분도 되지 않아 자리를 털고 일어난다.

커다란 예수 동상 아래로 가서 기도를 올린다. '겁을 상실한 여행자가 여행을 시작하려 합니다. 돈 아끼겠다고 첫날부터 노숙을 합니다. 부디 아침 이슬에 입이 돌아가지 않게 하시고, 범죄자의 표적으로부터 보호해주옵소서. 부디, 갑작스러운 폭우는 거둬주시고, 평소보다 이른 아침을 허락하사, 따스한 햇살을 서둘러 맞이할 수 있도록 축복을 내려주옵소서.'

장난 같지만,
진지한 기도다.

─────────── 몰골이 말이 아니었다. 얼굴엔 온통 먼지가 달라붙었고, 콧구멍 은 시꺼멨다. 익숙하지 않은 배낭을 종일 메고 걸어서인지, 온몸이 누군가에게 얻어 맞은 것처럼 아팠다. 일단 씻기로 하고, 바기오 대학University of Baguio으로 향한다. 대학교에 가면 개방된 화장실 정도는 있지 않을까? 하며.

가는 길에 CCRClean Comfort Room이란 간판이 시야에 잡힌다. 밖에서 볼 땐 공 중화장실 같은데, 간단히 씻을 수 있는 곳이다. 물론 유료지만, 다행히 비싸지는 않다. 안으로 들어가 간단히 샤워를 한다. 양치까지 끝내자 날아갈 것처럼 개운하다. 그제 서야 얼굴에 미소가 흐른다. 살 것 같다.

발걸음은 여전히 대학으로 향했다. 여행에 앞서 청춘의 기운을 받고 싶었는지도 모른다. 중학교로 보이는 작은 학교를 지나친다. 아직 수업 전인지, 복도에 나와 뛰노 는 아이들이 많다. 낯선 외국인을 발견한 아이들이 반갑게 손을 흔든다. 어디든 아이 들은 해맑다고 생각하려던 찰나, 몇몇 녀석들이 가운뎃손가락을 세워 내밀며 깔깔댔 다. 싹수없는 녀석들도 어딜 가나 꼭 있다.

바기오 대학은 생각보다 아담했다. 적당한 크기의 건물들이 옹기종기 모여있는 모양새다. 본능에 이끌리듯 구내식당이 있다는 건물로 들어간다. 허기가 밀려온다. 구내식당을 선택한 건 정말 탁월한 선택이었다. 맛도 맛이지만, 무엇보다 가격이 착했다. 마음 같아서는 며칠 분의 식량을 싸가고 싶을 정도다.

식사를 마치고 나와, 자판기에서 음료수를 하나 뽑아 들고 주위를 둘러본다. 많은 청춘들이 바쁘게 오가고 모두의 얼굴에는 밝은 웃음이 가득하다. 그 모습을 보고 있는 것만으로도 내 마음이 다 밝아지는 느낌이다. 마음이 편해져서일까? 어느덧 스르르 눈이 감긴다. 아무래도 잠을 좀 자야 할 것 같다. 고작해야 하룻밤 제대로 못 잤을 뿐인데, 쓰러지기 직전이다. 졸음은 극에 달했다. 정신력으로 겨우겨우 버텨보지만, 도저히 이길 재간이 없다. 어디든, 잘 만한 곳을 찾기로 했다.

바기오의 명물, 존헤이 캠프John Hay Camp 안에는 커다란 나무가 가득하다. 선선하게 불어오는 바람을 맞으며 걸으니 산림욕을 하는 기분이다. 걷고 있는데도 스르르 눈이 감겼다. 그대로 땅바닥에 누워 자버리고 싶다. 거지처럼 잘 것이냐 말 것이냐, 갈등이 최고조로 달했을 때, 커다란 나무 위에 지어진 오두막이 눈에 들어왔다. 저기다! 드디어 잘 곳을 찾았다!

사람들의 시선을 완벽하게 차단할 수 있는 높은 위치, 사방에서 뿜어져 나오는 싱그러운 피톤치드, 뜨거운 태양을 피할 수 있는 지붕과 더위를 식혀줄 선선한 바람까지. 최적이다. 오두막 위로 올라가서 누가 먼저랄 것도 없이 벌러덩 눕는다.

얼마나 잤을까? 누군가 깨우는 소리에 눈을 떴다. 눈앞에는 못마땅한 표정의 관리인이 서있다. 아! 걸렸구나. 서둘러 가방을 챙겨서 일어났다. 차라리 안 잘 걸 그랬다. 어설프게 잔 탓에 피곤만 더했다.

꿀맛 같던 단잠이 아쉬워 자꾸만 뒤를 돌아보며
주춤주춤 오두막을 내려간다.

———————— 더 이상 돌아다닐 수 없을 정도가 돼서야 걸음을 멈췄다. 바기오에서 볼 만한 것들은 다 보고, 갈 만한 곳은 다 가본 것 같다. 그러는 사이 날이 저

문다. 남은 선택권은 두 가지. 바기오에서 숙소를 잡고 더 머물지, 다음 여행지로 정한 바나웨Banaue로 이동할지. 바나웨는 루손섬 중앙을 가로지르는 코르디예라Cordillera산맥 한가운데의 지역으로, 세계 8대 불가사의 중 하나인 라이스테라스Rice Terraces(산을 깎아 만든 계단식 논)로 유명하다. 잠은 버스에서도 충분히 잘 수 있기 때문에, 어차피 답은 정해져 있었다. "바기오에서 바나웨로 직접 갈 수는 없고, 본톡Bontoc에서 갈아타야 한다는데요?" "그럼 본톡에 도착해서 1박을 할까?" 나쁘지 않은 생각이다. 그렇다면, 가자, 본톡으로!

무언가 탈 생각조차 하지 못하고 버스터미널까지 터벅터벅 걸어갔는데, 도착했을 땐 이미 본톡행 막차가 끊겨있었다. 하지만 택시를 타고 부랴부랴 왔더라도 버스는 놓칠 수밖에 없는 운명이었다. 막차가 아침 10시란다. 무슨 막차가 아침 10시야! 도로 사정이 좋지 않아서, 아침 10시에는 출발해야 해가 떨어지기 전에 도착한단다. 바기오에서 1박을 하는 수밖에 별다른 도리가 없어 보인다.

숙소를 찾아 헤매던 중, 바기오에서 넝어 닌수 흥이끼는 우리나라 사람을 만났다. "본톡요? 거긴 너무 작아서 별로 볼 게 없는데요." 최종 목적지는 바나웨라고 말하자, 그가 말했다. "어? 그럼 바나웨로 바로 가는 버스가 있어요. 저도 주말에 다녀왔는데요. 지금 가면 탈 수 있을 거예요."

뭐? 그럼, 가이드북은 뭐야? 여행 중에 가장 믿을 수 없는 건, 가이드북이 아닐까 싶다. 하긴, 세상은 너무도 빠르게 변하고 있으니, 가이드북이 그 속도를 따라간다는 건 쉽지 않겠지. 탈고하는 순간에도, 교정교열을 하는 순간에도, 인쇄를 하는 순간에도, 서점에 진열되는 순간에도, 배송을 하는 순간에도, 세상은 변하니까.

서둘러 다시 터미널로 향한다. 생각해보니, 본톡행만 확인했지 바나웨행은 물어볼 생각도 못 했다. 머리가 나쁘면 몸이 고생한다는 게 딱 이런 경우다.

힘들다.
하지만 힘드니까 여행이다.

기억에서 지워야 할 기억

바나웨/필리핀

여행한다는 것은
완전히 말 그대로 사는 것이다.
현재를 위해 과거와 미래를 잊는 것이다.
그것은 가슴을 열어 숨을 쉬는 것이고,
모든 걸 즐기는 것이다.

알렉상드르 뒤마

──────────────── 바나웨행 버스는 에어컨이 없
는 구식 버스였다. 피곤해 죽겠는데 더워서 잘 수가
없다. 졸려 죽겠는데, 잠들지 못하는 것만큼 사람을
미치게 하는 일도 없다. 꼬불꼬불 산길을 돌고 도느
라, 속이 울렁거린다. 현지인들은 아랑곳하지 않고
잘도 잔다. 누군가 내 머리를 힘껏 내려쳐 기절이라
도 시켜주면 좋겠다.

마침내! 바나웨에 도착! 버스는 바나웨로 들어가
는 길목에 승객들을 내려주고, 유유히 떠났다. 버스에
서 얼마나 시달렸는지 반나절 만에 10년은 늙어버린
것 같다. 허리를 펴고, 고개를 들어 주위를 살펴본다.
작은 탄성이 저절로 흘러나온다. 바나웨의 정겨운 풍
성늘이 하나씩 눈에 들어온다. 푸르스름한 새벽하늘
이 낮게 펼쳐져 있고, 산허리에 걸린 구름은 아직 잠
든 채였다. 풀잎마다 싱그러운 이슬이 맺혀있고, 집집
마다 솟아있는 굴뚝에서는 장작 타는 냄새와 밥 짓는
냄새가 코끝을 자극하며 새어 나온다. 흙냄새, 나무
냄새도 공기 중에 뒤엉켜있다. 시골 냄새였다.

산비탈에 아슬아슬하게 지어진 건물들이 눈에 띈
다. 애당초 설계도 따위는 없는지, 각목과 나무판을
얼기설기하게 얹어놓았다. 정말 괜찮을 걸까? 큰비
라도 내리면 영락없이 무너질 것 같다. 하지만 그렇
게 위태롭게 보여도 생각보다 견고하단다.

호기심에 하룻밤 묵어보기로 한다. 밖에서 보는
것과는 달리, 안은 야무졌다. 산속이라 에어컨이 없
어도 시원하고, 침대도 포근하다. 아! 얼마만에 누워
보는지! 여행을 시작하고 처음으로 제대로 된 숙소
다. 방을 나와, 삐걱거리는 복도를 따라 거닐었다. 산

비탈에 지어진 집이라, 복도 아래는 아찔한 절벽이다. 한밤중에 화장실을 가다가 실족사할지도 모른다고 생각하니, 머리카락이 곤두선다.

화장실은 어디지? 모처럼의 휴식으로 생체리듬이 돌아오는지, 아랫배가 살살 아프다. 건물을 통틀어 화장실은 단 하나, 3층 복도 끝에 있는 조그만 화장실이 전부였다. 불도 들어오지 않는다. 그래, 뭘 더 바라겠어. 체념하고 자리를 잡고 앉는데, 세찬 바람이 기다렸다는 듯 찰싹, 엉덩이를 때린다. 악! 외마디 비명이 메아리치듯 울려 퍼졌다. 놀랍게도 아래가 뻥 뚫려있다. 수십 미터 아래로 개천이 보인다. 아, 죽을 뻔했네. 황당한 나머지 헛웃음이 자꾸만 터져 나온다. 아마도 화장실 밖에선 웬 미친놈이 앉아있나 싶을 거다.

절대로 개천에서 물놀이하지 않겠다.
다짐했다.

———————————— 바나웨의 명물, 라이스테라스를 구경하기로 했다. 뷰포인트까지는 걸어서 갈 수 없다며, 트라이시클 운전사들이 주위로 몰려든다. 너무도 정열적이라서 덜컥 겁부터 난다. 이리로 피해도 쫓아오고, 저리로 피해도 쫓아온다. 대단히 집요하다. 어영부영 흥정이 시작되었는데, 부르는 가격이 제각각이다. 정신 바짝 차리지 않으면 바가지 쓰기 십상인 듯하다. 한 운전사가 자신만 아는 뷰포인트가 있다면서 차별화 전략을 펼쳤다. 먹고사는 건 어딜 가나 치열하다.

많은 운전사 중 녀석을 선택한 건, 순진한 눈망울에 마음이 놓여서다. 해맑간 얼굴을 하고는 1인당 1천 페소를 내란다. 물론 바가지다. 하지만 너무도 착한 얼굴이라서 그대로 다 줄 뻔했다. 녀석에게 등을 돌렸더니, 당황한 녀석이 따라와 가격을 깎는다. 대꾸도 하지 않고 다른 운전사를 찾았다. 시늉이 아니라 진짜 다른 운전사를 찾을 생각이었다. 초조해진 녀석이 계속해서 요금을 내린다. 5분도 안 돼서 200페소까지 떨어졌다. 1천 페소에서 200페소라. 문득 정상적인 요금이 얼마인가 궁금해졌다.

200페소라면 만족할 만한 금액이다. 제대로 된 뷰포인트가 아니라면 돈을 주지 않겠다며 으름장을 놓았다. 녀석은 능글맞게 웃으며 "오케이, 오케이." 한다. 아직 어려 보이는데, 아이를 상대로 너무 빡빡하게 구는 건가? 미안한 마음이 든다. 협상을 끝낸 녀석은 그 200페소를 벌기 위해 상당히 애를 썼다. 간밤에 내린 비로 땅이 질어져 바퀴가 헛도는데도, 밀고 끌면서 어떻게든 산으로 올라갔다. 내려서 도와주마 했지만, 녀석은 끝끝내 거절했다.

뷰포인트에 도착했을 때, 녀석은 온통 진흙 범벅이 되어있었다. 왠지 모를 측은함에 미안한 마음까지 들려고 하는데, 어라? 뷰포인트라고 데려다준 곳에는 기념품을 파는 상점들만 잔뜩 몰려있다. 산꼭대기에 이런 상점이 있다는 것도 놀랍지만, 속았다는 기분을 씻을 수 없다. "여기가 뷰포인트라고?" "응. 맞아." "이게 어떻게 뷰포인트야? 내가 말하는 뷰포인트는 이런 게 아니라고!" 언성을 높이자 녀석은 잠시 내 눈치를 살핀다. 200페소는 아직 내 수중에 있다. 녀석이 이를 드러내며 웃는다. "잠시 쉬고, 이따가 더 높이 올라갈 거야. 거기가 진짜 뷰포인트야." 뒷북을 때린다. 아이를 상대로 화를 낼 수도 없고, 정신 차리고 있는 수밖에 없겠다. 녀석은 잠깐 기름을 좀 넣을 테니, 상점에 들어가 구경을 하란다. 상점엔 '바니웨'라고 적힌 비니 말고는 마땅히 손이 가는 게 없다. 우리나라 겨울에나 쓸 수 있을 정도로 두꺼운 비니다. 산속이라 아침저녁으로는 추운 모양인가 본데, 내 눈에는 이해할 수 없는 두께일 뿐이다.

10여 분 후, 어슬렁대며 나타난 녀석은 무엇을 샀냐며 능청스럽게 묻는다. 아무것도 사지 않았다고 하자 당황해한다. 상점과 뒷거래를 하는지, 직접 기념품들을 들고 나와 사라고까지 한다. "잔말 말고 시동 걸어라." 요지부동인 내 모습에 녀석은 결국 기운 빠진 모습으로 시동을 건다. 축 처진 모습을 보며 조금은 측은한 감정이 일었지만, 어쩌겠는가. 동정심에 호소해 물건을 팔고 사는 건 내키지 않는다.

한참을 더 산속을 헤집고 달리는데도, 녀석이 추천하는 뷰포인트들은 모두가 다 실망스러웠다. 특별할 것 하나 없이 그저 시야가 확 트인 곳일 뿐이다. 녀석은 그런 내 표정을 읽었는지, "왜? 여기가 싫어? 멋있잖아."라며 느물거리며 웃는다. 성질 같았으면 나불대는 주둥이를 한 대 갈겼을 텐데, 꾹 참았다. 대신, 내려가서 절대로 돈을 다 주지 않겠다고 다짐한다.

녀석은 조그만 민속촌 같은 곳으로 우리를 데려갔다. 옛 모습 그대로를 보존해놓은 건축물로 겨우 구색을 갖춘 곳이다. 고대 유물로 보이는 석상도 보여줬는데, 믿음이 가지 않는다. 그나마 다행인 것은, 그곳에서 바라보는 경관은 매우 만족스럽다는 점이다. 뷰포인트 하나는 건진 셈이다.

끝없이 펼쳐지는 라이스테라스를 조망하며 잠시 숨을 멈춘다. 라이스테라스를 한 줄로 연결하면 지구를 반 바퀴나 감쌀 수 있다니, '신에게로 가는 계단'이란 별명이 생긴 이유를 알겠다. 산들거리는 바람이 코끝을 살짝 건드리며 날아간다. 녀석에게 휘둘리고 이리저리 끌려다니며 받은 스트레스가 조금은 해소되는 듯하다.

"배고프지 않아요?" 녀석은 괜찮은 식당을 알고 있다며 가자고 했다. "혹시 네 형이 하는 식당이니?" 한국어로 물었더니 멀뚱거리며 쳐다본다. 식당에 가면 분명 바가지를 씌울 것 같다. 괜찮으니 이제 그만 내려가자고 했더니 실망하는 눈치다. 내려오자마자 녀석은 돈을 달라고 했다. 상황이 역전됐다. 주긴 주겠지만, 다음에 올 여행자들을 위해서라도 호락호락하게 주고 싶지 않다.

"환상의 뷰포인트에 데려다준다며? 그 웃기지도 않는 곳이 환상의 뷰포인트야? 그래놓고 돈을 달라고?" 무섭게 녀석을 몰아붙인다. 생각보다 거칠게 나온 말투에 나 스스로도 놀랐다. 해코지라도 당하는 게 아닐까 슬쩍 겁도 난다. 하지만 일단 큰소리를 쳤기에 물러설 수는 없다. "생각만큼 좋은 뷰포인트는 아니었어. 그러니 깎아줘." 아, 차라리 제값 주고 호되게 호통치는 게 더 폼날 뻔했는데 깎아달라니, 내가 말해놓고도 옹졸해 보인다.

"알았어요. 반으로 깎아줄 테니, 빨리 돈이나 줘요." 어라? 안 된다고 할 줄 알았는데, 순순히 수긍하고 포기한다. 반으로 줄어든 돈을 낚아채듯 가져간 녀석은 뒤도 보지 않고 자리를 떠났다. 내가 그렇게 무서웠나? 일이 서툴 뿐이지 악한 마음은 없었을 텐데, 열심히 살려고 하는 아이를 너무 곡해해서 본 건 아닐까? 괜스레 마음이 편치 않다.

하지만 그때! "내 핸드폰!" 날카로운 비명이 들렸다. 녀석이 떠나고 얼마 되지 않아서다. 돌아보니 T가 창백한 얼굴로 허둥지둥 가방 속을 헤집고 있다. 지갑도 없어졌단다. 녀석 짓이다. 뷰포인트에 도착할 때마다 트라이시클에 무거운 가방을 두고 내렸는데, 그때 훔친 게 분명하다. 어쩐지 돈을 깎아도 순순히 받아들이더라니. 미친 듯이 녀석을 찾았다. 지나가는 트라이시클들을 멈춰 세우며 녀석의 인상착의를 설명한다. 녀석과 찍었던 사진을 보여줘 봐도, 아무도 녀석을 보거나 아는 사람이 없다. 다들 알면서도 말해주지 않는 기색이 역력하다. 갑자기 거대한 도둑들의 소굴로 들어온

307

것처럼, 모두가 한통속으로 보인다.

"아, 몰라. 그냥 포기할래요." T가 쓴웃음을 짓는다. 해탈한 모습이다. "그래도 되겠어?" "괜찮아요. 다행히 돈이 그렇게 많지는 않았어요. 그런데 참, 형은 대단해요. 이런 상황에서도 꽤 침착하던데요." 난 잃어버린 물건이 없기 때문이라고는, 차마 사실대로 말할 순 없다. 괜스레 T에게 미안해졌다. 찾는 걸 포기하는 게, 혹시 나 때문은 아닐까? 혼자였다면, 밤을 새워서라도 찾지 않았을까? 혹시, 내 눈치를 보는 건가? 괜찮으니까, 계속 찾아보자고 권하지만, "아니에요. 피곤하기도 하고, 날도 이미 저물었고, 배도 고프고, 그냥 잊을래요."라며 미소 짓는다.

그래, 현명한 생각이다. 여행 중에 생긴 안 좋은 일들은 빨리 잊는 게 좋다. 계속 생각한다고 해도, 속만 상할 뿐이다. 맛있는 걸 먹어도 그 맛을 모르고, 좋은 걸 봐도 좋은지 모른다. 앞으로의 여행까지 망칠 수는 없다. 여행에서의 하루하루는 소중하니까, 다시 오지 않을 그 하루하루를 최선을 다해 즐겨야 한다.

그러고 보면, 삶도 미친가지다. 삶을 여행처럼 연전적으로 지내지 못하는 건, 삶은 여행에 비해 매우 길다고 생각하기 때문은 아닐까? 끝이 있다는 건 알고 있지만, 눈에 보이지 않는 끝은 사람을 한없이 나태하게 만든다.

삶을.
여행처럼 살고 싶다.

아이 앞에서 어른은
죄인이 된다
본톡/필리핀

여행 중에서 자신 속으로의 여행이
가장 좋은 여행이다.

셜리 맥레인

─────────── 흔들거리는 낡은 버스에 몸을 싣고 본톡으로 향했다. 최종 목적지는 사가다Sagada이다. 본톡은 일종의 간이역으로, 끝에서 끝까지 3시간 남짓이면 둘러볼 수 있는 조그만 마을이다. 1시간 간격으로 있는 사가다행 지프니Jeepney(트럭을 개조하여 만든 승합차)를 예약하고, 잠시 짬을 내어 본톡을 둘러본다.

가장 먼저 작은 학교가 눈에 들어온다. 운동장에서 뛰놀고 있던 아이가 호기심이 생겼는지, 살며시 내 옆으로 다가왔다. 반갑다며 손을 내미니, 부끄러워하면서도 내 손을 잡는다. 꼬질꼬질하게 때가 끼고, 아이 손이라기엔 조금은 거칠고 투박하지만, 고사리같이 여리고 앙증맞은 손이다. 수줍게 올려놓은 손으로 따뜻한 온기가 느껴진다.

한참 동안, 아이는 천진난만한 눈망울로 내 곁에 머물렀다. 너무도 순수하고 해맑은 아이의 모습에 그만, 왈칵하고 눈물이 쏟아질 것 같다. 천사가 내 곁에 내려와 앉은 건 아닐까? 그런 내 모습에 아이는 고개를 갸웃거린다.

"왜 울려고 해요?" "네가 너무 착하고 예뻐서." "그린데 왜 안 울어요?" "울며 어른이 아니거든." 아이는 아까보다 더 이해할 수 없다는 눈빛이다. "울고 싶으면 울어요." "이젠 우는 법을 잊어버렸어." "알려 드릴까요?" "그래." "솔직하면 돼요. 그냥, 솔직하면 되는 거예요."

감정을 감추고 솔직함과 멀어져서 살았다. 가슴이 늘 무겁고 딱딱한 느낌이었다. 점점 숨통을 조여오고, 어느새 날 지치고 무기력하게 만들었다. 그래, 아이처럼 시원하게 울어버리고 싶다. 할 수 있다면 정말이지 그러고 싶다. 하지만, 이젠 어떻게 해도 쉽지 않다.

너무도 멀리, 이미 때가 탄 어른이 되어버렸다.

살아오면서 얼마나 더럽혀진 걸까? 살아가는 게 죄다. 행여나 나의 더러움이 아이를 더럽힐까, 서둘러 자리를 털고 일어난다. 아이는 끝까지 밝게 웃으며 손을 흔들어 준다.

아이 앞에서 어른은
한없이 죄인이 된다.

311

　　　　　　　"우와! 진짜 돼지예요!" 박물관에 옛날 화장실을 재현해놓았는데, 화장실 안에 진짜 돼지가 있는 똥돼지 화장실이다. 정말로 똥을 먹는지 사료를 먹는지 알 길은 없지만, 진짜 돼지를 갖다놓아 적잖은 충격이다.

　　"악!" 나도 모르게 비명을 질렀다. 이번엔 사람이다. 산악 민족의 생활을 재현해놓은 곳에 원주민 복장을 한 진짜 사람이 있다. 나 같은 사람이 종종 있는지, 내 비명을 듣고도 쳐다보지도 않는다. 조금은 진정된 마음으로 아무리 손을 흔들어봐도, 내게 눈을 맞추거나 웃어주지 않는다. 묵묵히 나무를 깎으며 제 역할을 충실히 할 뿐, 살아 있는 마네킹 같다. 사람이 사람을 구경하는 느낌이 들어서 이내 마음이 불편해졌다. 이뿐만이 아니다. 아토Ato라는 전통 가옥에도 사람이 있다. 이쯤 되니 박물관인지 귀신의 집인지 분간이 되지 않는다. 이상하고 야릇한 긴장감은 박물관을 나올 때까지 계속해서 이어졌다.

　　　　　　　　　　　박물관을 나서며 돌아보니 헛것이 보인다.
　　　　　　　　　　　사람들이 돼지와 함께 배웅을 하는.

미안해요, 다쳐서

사가다/필리핀

여행은 적어도
세 가지의 유익함을 가져다준다.
하나는 타향에 대한 지식이고,
다른 하나는 고향에 대한 애착이며,
마지막 하나는 자신에 대한 발견이다.

브하그완

──────── 늦은 밤에 도착한 사가다는 유난히 차갑고 쓸쓸했다. 절벽에 관을 매다는 관습인 행잉코핀스Hanging Coffins와 깊은 동굴, 폭포로 유명한 사가다는 해발 1,500m의 산속에 자리 잡은 작은 마을이다. 교통편이 불편함에도 여행자들이 찾는 이유는, 왠지 슬픈 전설 하나쯤은 간직하고 있을 것 같은 사가다만의 묘한 매력 때문 아닐까?

비수기라 숙박료는 저렴했다. 방 하나에 200페소. 조용한 사가다의 밤과 무척이나 어울리는 방이다. 가격이 저렴하기에 우리는 1인 1실로 투숙했다. 오늘 밤만큼은 눈치 보지 않고 좋아하는 음악을 실컷 들으면서 잠들 수 있겠다. 모처럼 혼자만의 여유와 사치를 누려본다.

여유롭다. 살면서 이런 여유를 두려워했던 적이 있었다. 여유와 잉여를 구분하지 못하던 때다. 잉여 인간이 되는 게 두려웠고, 바쁘게 살지 않으면 쓸모없어지는 기분이 들었다. 그런 기분은 늘 우울함을 가져왔다. 무언가 하지 않으면 불안했고, 그렇게 살아왔다.

잠시 쉬어도 괜찮은 걸,
너무 늦게 깨달았다.

──────── 요란한 오토바이 소리에 번쩍 눈을 뜬다. 벌써 아침이다. 더운 나라답게 하루의 시작이 무척 이르다. 굳게 닫았던 창문을 열자 상쾌한 공기가 품에 안기듯 들어온다. 창밖으로 내다본 거리

는 지난밤과는 전혀 다른 모습이다. 너무도 활기찬 모습에 내가 다 들뜬다. 좋아! 오늘 하루도 씩씩하게 시작이다.

동굴 트레킹에 나섰다. 여행자들이 많이 찾는다는 수마깅Sumaguing 동굴로 트레킹을 신청하고 가이드를 기다렸다. 30분 정도 지났을까? 지프니 한 대가 먼지를 일으키며 도착한다.

마침내 모습을 드러낸 동굴은 최소한의 안전시설만 갖추었을 뿐, 어둠을 밝히는 등조차도 없다. 날것 그대로의 모습에 살짝 긴장이 된다. "동굴 안에서는 조심히 걸어요. 바닥이 무척 미끄럽고 딱딱해서 넘어지면 바로 부상입니다." 가이드는 본격적인 동굴 트레킹에 앞서 주의사항을 전달한다. 무척 진지한 표정으로 깊은 구덩이에 빠지면 쥐도 새도 모르게 사라질 수 있으니, 절대 자신을 놓쳐서는 안 된다고 으름장을 놓는다. 알았어. 겁 그만 주고, 출발하자고.

가이드를 따라 동굴 안으로 들어간다. 생각보다 넓고 높다. 그 거대함에 저절로 탄성이 터진다. 들어갈수록 빛이 점점 줄어들더니, 어느새 앞을 볼 수 없을 정도로 껌껌해진다. 가이드는 챙겨 온 가스랜턴 두 개에 불을 붙였다. 하나는 앞장선 자신이 들고, 나머지 하나는 맨 뒤에 오는 내게 들도록 한다. 미끄러운 동굴 안에서 랜턴을 들고 제대로 걸을 수 있을까.

"운동화 없어요?" 가이드가 묻는다. 약속이나 한 듯, 모두가 슬리퍼를 신고 있었다. 트레킹의 '트'자도 모르고 신청한 거라, 경험도 없고, 정보도 없었다. "차라리 맨발로 걷는 게 덜 미끄러워요. 여긴 발바닥에 상처를 낼 만한 것이 없으니, 안심하고 벗어요." 가이드의 안내에 따라 슬리퍼를 벗었다. 발에 닿는 동굴 촉감은 생각보다 차갑고 미끈거린다. 이상야릇하다.

가이드의 말은 사실이었다. 동굴 안은 무서울 정도로 미끄럽다. 최대한 조심조심 걸었는데도, 결국 사고가 터졌다. 눈앞에서 걷고 있던 T가 순식간에 사라지는 듯싶더니, 바닥에 철퍼덕 꼬꾸라졌다. 발목을 접질렀는지 좀처럼 일어나지 못한다. "괜찮아?" "모르겠어요. 아픈 것 같기도 하고, 괜찮은 것 같기도 하고." "이끼 때문인가? 뭐가 이렇게 미끄러워?" 안쓰러운 마음에 괜한 동굴 바닥을 원망했다.

랜턴을 바닥에 비춰 보니, 시꺼먼 무언가가 쫙 퍼져있다. 분명, 이끼는 아니다. "그거, 박쥐 똥이에요." 덤덤하게 내뱉는 가이드의 설명에 소름이 돋는다. 똥? 똥이라고?

아! 똥밭을 뒹굴고 있었구나. 높은 천장까지 가스랜턴의 불빛이 닿지 않아서 직접 눈으로 확인할 순 없지만, 저 위에는 박쥐들이 빼곡히 매달려있단다. 이러다가 머리 위로 똥이 떨어질까 무섭다.

"형. 나 아무래도." T의 표정이 어둡다. 생각보다 심하게 접질른 모양이다. 방법이 없다. 건강이 우선이다. 트레킹을 멈추기로 했다. 숙소로 돌아와 파스를 붙이고 압박붕대를 감아주었다. "그래도 운이 좋잖아요. 저렴한 숙소에 묵는 동안 다쳐서." T가 겸연쩍게 웃는다. 그래, 다행이다. 이렇게 아름다운 곳에 머무는 동안 다쳐서. 무리할 필요는 없다. 이참에 푹 쉬자.

상관없다.
어차피 정해진 일정도 없으니까.

사려 깊은 배려
라왁/필리핀

여행이란
사는 장소를 바꿔주는 것이 아니라,
생각과 편견을 바꿔주는 것이다.

아나톨 프랑스

———— ———— 여행 중에는 크고 작은 곤란한 상황이 끊임없이 벌어진다. 그중, 늦은 밤에 도착해 숙소 잡는 것만큼 곤란한 상황도 없다. 라왁Laoag에 도착했을 땐 이미 밤이 깊은 시각이었다. 서둘러 숙소를 찾아야 하는데, 숙소가 어디에 있는지는 물론이고 버스에서 내린 위치조차 헤아릴 수 없다. 일단, 눈에 띄는 트라이시클을 잡아본다. 가장 가까운 숙소로 데려다 달라고 했지만, 못 알아듣는 눈치다. 두 손을 모아 귀 옆에 포개고 자는 시늉을 하니, 그제야 밝게 웃으며 "오케이"를 연신 외친다.

도착한 곳은 PTAMPhilippines Travel & Amuse-ment Co. Ltd.이라는 리조트였다. 외관만으로 입이 떡 벌어진다. 재벌 2세나 머묵까 싶게 화려한 곳이다. 필리핀 대통령도 휴가를 온다니 말 다했다. 당연히 숙박비는 엄청나다. 정녕 트라이시클 운전사는 우리의 몰골이 이곳에 어울린다고 생각했던 걸까?

아, 어쩌지? 망설이고 있는데 리조트의 매니저가 먼저 다가와 무슨 일이냐고 묻는다. 얼굴이 화끈거린다. "죄송한데요, 근처에 다른 저렴한 숙소는 없을까요?" 먼저 꼬리를 내렸다. "해변을 따라가면 조금 저렴한 방갈로가 있습니다만, 그렇게 저렴한 편은 아닙니다." 이미 자정을 넘긴 시간이었다. 방갈로까지 얼마나 걸릴지도 모르고, 방이 있는지도 알 수 없고, 가격도 정확하지 않는데, 가는 게 과연 옳은 결정인가 싶다. 하지만 여기에 계속 머물 수도 없어서 자리를 털고 움직이기로 했다. "네? 가시려고요? 너무 늦어서 지금 밖으로 나가는 건 위험합니다." 매니저가 주의를 준다. 이때까지만 해도 손님을 잡기 위한 상술이라고만 생각했다. "많이 위험해요?" "생각보다 훨씬 어둡거든요." "치안이 나쁜가요?" "조심하는 게 좋죠." 아, 어쩌란 말인지. "이렇게 하는 건 어떻습니까? 저희 로비엔 아늑한 의자가 많이 있습니다. 누군가를 기다리는 장소로 제격이죠. 간혹 피곤하신 분들은 기다리다 잠들기도 하는데, 저희는 절대 깨우지는 않습니다." 말을 마친 매니저는 눈짓으로 로비의 긴 의자를 가리켰다. 로비에서 자라는 말이다. "정말? 그래도 괜찮아요?" "물론입니다. 그런 용도로 있는 로비니까요." 따뜻한 배려가 무척이나 고맙다. 생각지도 못했던 최고급 노숙이다. 로비에 배낭을 벗어 던지고 가장 먼저 화장실로 향한다. 아, 따뜻한 물이 콸콸 나온다. 얼마 만에 느껴보는 따뜻함인지. 손만 씻으려 했는데, 나도 모르게 손이 팔뚝으로 올라가더니 어깨, 겨드랑이를 지나고 가슴, 배까지 내려와 온몸을 구석구석 씻고 만다. 다 씻고 나서는 태연하게 로비로 돌아와 슬쩍 눕는다. 아, 좋다. 하루의 피로가 이렇게 사라지는구나.

아무도 뭐라고 하지 않는다.
마음이 놓이자 스르르 눈이 감긴다.

───────── 웅성거리는 소리에 눈을 떴다. 어디지? 아, 로비. 이른 시간인데도 많은 사람들이 오간다. 부끄러움이 밀려든다. 술에 취해 길바닥에 쓰러져 자다가 일어난 기분이다. 서둘러 배낭을 챙겨 빠져나가려는데, 매니저가 불러 세운다. "기다리시는 분을 결국은 못 만나셨나 봅니다." 다정한 미소를 짓는다. 아, 정말 고맙다. 서둘러 사라져주는 게 고마움에 대한 보답이다. 하지만 매니저는 정말 별일 아니라는 듯 말을 덧붙인다. "야간 근무자들이 퇴근 시 이용하는 셔틀버스가 있습니다. 시내까지 편하게 가실 수 있을 겁니다. 물론, 무료입니다." 무료라는 말을 한껏 강조한다. 따뜻한 배려에 눈물이 날 지경이다. 언젠가 꼭 다시 찾아오기로 마음먹었다. 매니저는 날 기억할 수 있을까?

살짝 윙크를 날리곤 모른 척할 것 같다.
바로 지금처럼.

라와 시내는 싱킹 벨타워Sinking Bell Tower 근처의 상권 정도가 볼거리의 전부였다. 1783년에 세워진 싱킹 벨타워는 여전히 예배를 알리는 종을 울리고 있다. 도시 한복판에 아무런 보호 장치 없이 위태위태하게 서있는 모습이 안쓰럽다. 언젠가는 그 종소리를 듣지 못할 것 같다. 그래서일까? 오랜 세월 제 할 일을 하고 있는 낡은 싱킹 벨타워를 힘껏 응원하고 싶다.

싱킹 벨타워가 잘 보이는 식당에서 점심을 먹었다. 간판도 없는 조그만 식당이다. 에어컨도 없고, 시원한 음료도 없다. 그럼에도 이 식당을 선택한 건 T의 강력한 요청 때문이다. 처음엔 왜 그러나 싶었다. 하지만 식당의 딸을 보고는 그 이유를 알았다. 무척 예뻤다. 그래, 너도 남자구나. 일단 주문부터 한 뒤, T는 은근슬쩍 지도를 꺼내 들고 자연스럽게 딸에게 다가갔다. 이것저것 묻는 모습이 내 눈에는 '아가씨, 번호 좀 딸게요.'로 보인다. 뭐 어떤가? 선남선녀가 대화 좀 하겠다는데. 충분히 이해할 수 있다.

둘을 지켜보는 눈은 나뿐만이 아니었다. 주방에서 둘을 뚫어져라 쳐다보던 엄마가 있었다. "그만해라. 엄마 눈빛이 예사롭지 않아." 슬쩍 한국어로 T에게 주의를 준다. "그냥 길 물어보는 건데 왜요?" 말려도 소용이 없다. 이미 하트로 두 눈이 변해버린 T는 물러날 기미가 없다.

얼마 후, 말없이 지켜만 보고 있던 엄마가 슬그머니 다가와 둘 사이에 끼어든다. 한바탕 소동이 날 줄 알았는데, 의외의 말이 나온다. "내 딸 마음에 들어? 그럼 데리고 가." 마시던 물을 내뿜을 뻔했다. 당황하는 건 T도 마찬가지다. 짓궂은 농담이라고 하기에는, 엄마의 표정이 너무도 진지하다. '감사합니다. 잘 살게요.'라고 하면, 당장이라도 결혼식 날을 잡을 기세다. 주책 맞은 엄마를 말린 건, 딸이다. 빨개진 얼굴로 엄마를 주방으로 데려가더니 더 이상 T에게 다가오지 않는다. 멋쩍어진 T는 자리로 돌아와 앉았다.

창피해서 얼굴을 들 수 없다.
그래도 밥은 끝까지 먹는다.

알몸 야간 수영

파긋풋/필리핀

여행과 변화를 사랑하는 사람은
생명이 있는 사람이다.

리하르트 바그너

파굿풋Pagudpud의 바다는 비릿한 냄새로 먼저 자신의 존재를 알렸다. 냄새를 따라 한참을 더 걷자 바다가 제 모습을 드러낸다. 언제나처럼 가슴이 뻥 뚫린다.

"어떻게 할까요?" "뭘?" "숙소 말이에요. 여기도 생각보다 비싼데요?" 매번 숙소가 말썽이다. 파굿풋에는 해변을 따라 통나무로 지어놓은 근사한 방갈로가 많다. "내가 낼게." 그동안 잘 아껴왔으니 하루쯤은 맘껏 쓰고 싶다. 돈이란 결국 돌고 돈다고 하지 않는가. 쓸 땐 과감하게 쓰는 것이 아끼는 것만큼 중요하다. "그럼, 저녁은 내가 쏩니다." T가 이미 얇아질 대로 얇아진 지갑을 흔들며 유쾌하게 웃는다.

방갈로는 아늑했다. 따뜻한 물도 잘 나온다. 흙먼지로 말라붙은 기도를 샤워를 하며 촉촉이 적셨더니 따끔대던 목이 조금은 나아진 기분이다.

딱지처럼 굳은 먼지들이 하나둘 떨어져 나간다.
새롭게 다시 태어나는 기분이다.

밤에 찾은 바닷가는 텅텅 비어있다. 해변을 통째로 빌린 듯 한적하다. 전부 내 것인 양 이리저리 괴성을 지르며 뛰어다닌다. 그것만으로도 충분히 자유롭지만, 더 자유롭고 싶은 욕망이 들끓는다. 모든 걸 훌훌 벗어 던지고 자연과 하나가 되면 어떨까? 그래서 세상 어딘가에는 누드 비치가 있나 보다. "다 벗고 수영 한 번 할래?" "에이, 누가 보면 어쩌려고요?" 그렇게 말하고 머뭇거린다. 싫은 내색은 아니다. "우리뿐인데 누가 본다고 그래? 자! 자연으로 돌아가자고!"

말 끝나기가 무섭게 내가 먼저 달랑 하나뿐인 수영복을 벗어버렸다. 살랑거리는 물결이 가랑이 사이를 어루만지며 지나간다. 오묘한 전율이 온몸을 휘감는다. "오오! 이거, 기분이 야릇한데요." 어느새 나를 따라 알몸이 된 T가 재미있다는 듯 웃는다. 고작 수영복 하나 더 벗었을 뿐인데, 자연과 딱 맞아떨어진 느낌이다. 대자연과 융합되어 하나가 된 기분. 황홀하다. 이래서 알몸으로 수영을 하는구나! 한 마리의 돌고래가 되어 깊은 바닷속으로 맘껏 헤엄쳤다.

해변으로 올라와 알몸인 채로 하늘을 보며 누웠다. 별이 참 많다. 가끔 별똥별도 한두 개 떨어졌다. 아! 아름답다. 아! 행복하다. 아! 자유롭다. 그런데 그때, "어? 저기 사람 아니에요?" T의 떨리는 목소리가 들렸다. 화들짝 놀라서 동시에 몸을 납작 엎드렸다. 다정하게 보이는 연인이 시야에 들어온다. 서서히 간격이 좁혀진다. 이대로 발각된다면 변태 취급받을 게 불 보듯 뻔하다.

"기어서 바닷속으로 들어가자." 그것 말고는 떠오르는 다른 방법이 없다. 알에서 갓 부화한 새끼 거북이처럼 버둥거리며 바다를 향해 기어갔다. 부드럽기만 하던 모래가 이렇게 쓰라린 줄은 미처 몰랐다. "아! 거기가 너무 아파요." "바보냐? 나처럼 엉덩이를 살짝 들어!" "어라! 형 말대로 하니까 괜찮네요." 다 큰 남자들이 허공을 향해 엉덩이를 바싹 치켜들고 기어가는 모습이라니. 그 모습을 내려다보던 별들도 그만 부끄러워 고개를 돌리지 않았을까. 짠 바닷물에 들어오자 견디기 힘든 쓰라림이 밀물처럼 밀려온다. 무릎부터 팔꿈치까지 모두 다 까졌다.

그래도, 용케 거긴 안 까졌다.
지킬 건 지킬 줄 아는 남자의 본능이다.

——————————— "눈 떠봐요! 어서!" 이른 새벽의 일이다. 나를 흔들고 있는 손길은 느껴지지만, 좀처럼 눈이 떠지지 않는다. 갑자기 한기가 밀려온 건, 어제 저녁 식사를 막 마치고 나서부터다. 더운데도 온몸이 사시나무 떨듯 떨렸다. 뭘 잘못 먹은 걸까? 아니면 몸살감기라도 난 걸까? 자고 나면 괜찮을까 싶었는데, 잠든 사이에 그만 의식을 잃었다. 희미한 신음소리에 놀란 T가 계속해서 날 흔들어 깨운다. 그리고 기억이 없다. 다시 차가운 물수건이 내 이마에 올라온다. 또 기억이 없다. 주위의 소음들이 물속에 들어온 것처럼 웅웅거린다. 얼마나 정신을 잃었던 걸까? 힘겹게 의식이 돌아온다. 시계를 보니 오후 1시를 훌쩍 넘겼다. 체크아웃할 시간은 이미 지났다. 힘겹게 몸을 일으키는데, 곁에 있던 T가 날 다시 눕힌다. "하루 더 있기로 해요. 걱정 말고 더 자요." 그 말이 고마우면서도 미안하다. 하루 더 쉰다고 몸이 괜찮아질까? 나로 인해 남은 여행이 엉망이 될 게 분명하다.

"난 여기서 마닐라로 돌아가는 게 좋겠어." "에이, 한숨 더 자고 나면 괜찮아질 거예요. 끝까지 같이해야죠." "아니야, 정말 돌아가는 게 좋겠어." "그럼 같이 가요." "그럴 필요 없어. 넌 계속 여행해." 루손섬 북쪽에 위치한 파궛풋을 기점으로 남쪽으로 내려가며 방문할 곳들은 이미 정해두었다. 비간Vigan, 산페르난도San Fernando, 수빅Subic. 아직도 가고 싶은 곳이 무궁무진하다. 나 때문에 포기할 이유는 없다.

"에이, 입장 바꿔놓고 생각해봐요. 반대였다면, 어떻게 할 건데요?" T가 두 눈을 반짝이며 내게 묻는다. 그래, 네가 아프고 내가 괜찮다면, 나도 너처럼 했겠지. 마음이 편치 않지만, 더 이상 고집을 피울 수는 없을 것 같다.

여행은 끝났다. 지금은 돌아가야 할 때다. 여행 자체가 쉼이 아님을, 여행에도 쉼이 필요함을 처음 깨달았다. 너무도 아프게 깨달았다. 그래, 여행이란 어디를 더 많이 가봤느냐가 중요한 게 아니다.

무엇을 느끼고, 무엇을 했는가가
더 중요하다.

324

거리의 여자

보라카이/필리핀

여행에서 지식을 얻어 돌아오고 싶다면,
지식을 몸에 지니고 떠나야 한다.

사무엘 존슨

마닐라에 돌아와서도 꼬박 일주일을 더 앓았다. 일주일 만에 살이 7kg이나 빠졌다. 수척해진 내 모습이 제법 괜찮다. 최고의 성형은 다이어트라고 했던가. 아픈 게 때론 좋다는 몹쓸 생각을 한다. 몸이 회복되자 못다 한 여행이 아쉬웠다. 여행에 중독이라도 돼버린 걸까? 어디가 좋을지 지도를 눈여겨보던 중, 보라카이Boracay가 눈에 띈다. 디스커버리 채널이 선정한 세계 3대 해변인 화이트 비치가 있는 곳. 아름다운 파곳곳 해변에서 멈춰버린 여행을, 보라카이에서 잇는 것도 좋을 것 같다.

섬을 이동할 땐 보통 비행기를 타지만, 크루저(대형 요트)를 타보기로 했다. 비행기와 비슷한 가격인데도 시간은 훨씬 더 많이 걸린다. 보라카이까지 꼬박 반나절이나 가야 해서, 저녁에 출발하면 다음 날 아침에 도착한다. 장기 여행자가 아니면 절대로 선택하지 않을 이동수단이다. 쇠뿔도 단김에 빼랬다고 일주일에 두 번만 운행한다는 크루저 티켓을 바로 구했다.

출발하는 날, 하늘은 구름 한 점 없이 맑다. 기쁘다. 좋은 날씨에 여행을 떠날 수 있어서. 하지만, 개뿔! 크루저를 타기도 전에 진이 다 빠질 것 같다. "마닐라 선착장? 거긴 너무 멀어. 돈을 더 줘." 택시마다 머리를 절레절레 흔든다. 까딱하면 출항 시간에 늦을 것 같다. 마음이 조급해진다. 결국, 웃돈을 더 얹어주고 나서야 택시에 오를 수 있었다. 운전사는 가는 도중에 주유소에 들러 기름을 넣고는 100페소를 선불로 달란다. 필리핀 택시에선 자주 있는 일이라 놀랍지도 않다. 어쩜 다들 그렇게, 기름을 간당간당 넣

325

고 다니는지 의아할 정도다. 선착장 근처까지 와서는 에어컨이 고장 났다며 당장 공장으로 가야 한다는 말도 안 되는 핑계를 댄다. 그러면서 다짜고짜 내리란다. 그럼 그렇지. 어쩐지 쉽게 간다 싶었다. 너무 어이가 없어서 실없는 웃음이 흘러나온다. 자포자기한 심정으로 택시에서 내린다. 싸울 힘도, 의지도 없다. 지친다 지쳐.

그래도 선착장과는 가까운지, 택시에서 내린 곳에 트라이시클이 많은 건 다행이다. 하지만 또 흥정을 해야 한다. 힘겹게 흥정을 마치더라도 내릴 때까지 또 긴장을 놓을 순 없다. 내릴 때가 되면 말이 달라지는 경우가 많다. 10페소라고 하다가, 10달러로 화폐를 바꾸기도 하고, 말도 안 되는 이런저런 변명을 늘어놓으며 돈을 더 요구하기도 한다.

아니나 다를까. 이번에도 마찬가지다. 주유소에 들르더니 돈을 달란다. 이상한 기분이 들어서, 미리 돈을 주면서도, 선착장까지의 금액이라고 한 번 더 못을 박았다. 그러자 단지 기름값일 뿐이라며, 선착장까지는 돈을 더 내야 한단다. 말을 또 금세 바꾼다. 아, 정말 욱하고 화가 치민다. 결국, 참지 못하고 성질을 부렸다. 욕도 하고, 고성도 질렀다. 어느새 구경꾼들이 모여든다. 심하게 말해, 좀비들 같다. 주위에 현지인들이 모여들자 상황은 바로 역전된다. 운전자는 기세등등해져서 한껏 목청을 높인다. 타갈로그Tagalog어라 알아들을 순 없지만, 목적지까지 왔는데 요금을 내지 않는다며 하소연을 하는 게 뻔하다. 더 열 받았던 건, 분명 거짓이라는 걸 알 텐데도, 아무도 내 편을 들어주지 않는다는 점이다. 그저 팔짱을 끼고, 과연 저 어수룩한 외국인이 돈을 내놓을 것인가, 말 것인가를 히죽거리며 지켜볼 뿐이다. 이런 일을 당하고도 묵묵히 넘어가야 하는 게 화가 났다. 그냥 돈을 줘버리면, 외국인은 우기면 다 돈을 내놓는다고 생각할 것 아닌가! 그렇게 말랑말랑하게 보이고 싶지는 않다.

하지만 정말이지 시간이 없다. 출항 시간이 코앞이다. 결국, 달라는 대로 돈을 주고, 구경꾼들은 키득거리며 흩어졌다. 간만에 재미있는 구경을 했다는 표정 때문에 더욱 얄밉다. 미친 듯이 욕을 퍼붓고 싶지만, 잊자, 잊자. 잊어버리는 것이 정신건강에 좋다.

마침내 도착한 선착장. 크루저는 생각보다 엄청나게 더 커서, 아파트 한 채가 바다 위에 떠있는 듯하다. 크루저에 올라타자마자 바닥이 울렁거리는 느낌이 든다. 크루저는 어느덧 선착장에서 멀어져간다. 갑자기 마음이 들뜬다. 생애 처음 타본 크루저다.

흥분을 가라앉히지 못하고 환호성을 지르며 갑판 위로 올라갔다. 크루저의 속도는 생각보다 빠르다. 거대한 덩치가 어찌 그렇게 빨리 미끄러지는지 희한할 정도다. 부드럽게 흘러가는 바닷바람, 주위를 맴도는 갈매기 떼, 모든 것이 한 폭의 그림 같다.

시야에서 선착장이 완전히 사라지자, 이번엔 끝을 알 수 없는 망망대해가 기다리고 있다. 두려울 만큼 넓다. 갑판 위에서 아래를 내려다보니, 투명하던 바다는 어느새 깊이를 헤아릴 수 없는 칠흑빛의 바다로 변했다. 실수로라도 빠진다면 어떻게 될까? 두려움이 밀려온다. 난간이 안전하게 설치된 터라 바다에 빠질 염려는 없어 보이는데도, 소름이 돋는다.

"돌고래! 저기 봐봐. 돌고래! 돌고래!" 갑자기 사람들이 소릴 질러댄다. 모두가 한 곳을 가리키고 있었다. 한 무리의 돌고래가 크루저와 나란히 헤엄치며 쫓아온다. 말을 못 이을 만큼 아름다운 광경이다.

얼마 후, 수평선이 붉게 물들기 시작하더니 사방은 순식간에 깜깜해졌다.

불빛이라곤 밤하늘의 별이 전부인 짙은 어둠 속을
크루저는 거침없이 방향을 잡고 나아간다.

─────────── 보라카이에 도착하는 순간부터 줄곧 비가 내린다. 좀처럼 멈출 기색이 없다. 까짓 비 때문에 여행을 망칠 수는 없지. 작열하는 태양이 짙은 구름에 가려지면, 자외선 걱정 없이 맘껏 물놀이할 수 있어서 좋다. 긍정적 사고방식. 모든 건 마음먹기에 달렸다.

숙소로 돌아가는 길, 허기가 밀려온다. 하지만 문을 연 식당을 도무지 찾을 수 없다. 태풍 때문이란다. 아, 태풍. 그랬구나. 빗줄기가 예사롭지 않다고 느꼈는데, 태풍의 전조였다. 숙소로 돌아가던 발걸음을 멈추고 바닷가에 앉았다. 태풍을 직접 눈으로 보고 싶다.

하늘이 미친 것 같다. 일순간 비가 멈추는 듯싶더니, 다시 세찬 바람과 함께 굵은 빗줄기가 우박처럼 떨어진다. 점점 거세지는 바람에 우직한 야자나무들마저 갈대처럼 휘청휘청한다. 저 멀리 먹구름이 몰려온다. 비행기처럼 빠르다. 하늘은 수십 번도

더 변덕을 부린다. 비록, 집이 날아가거나 나무가 뽑히지는 않아도, 제법 위협적이었다. 아기 태풍 정도 되는 듯하다.

기다렸던 어른 태풍은
끝내 오지 않았다.

———————— 쉴 만큼 쉬었고, 놀 만큼 놀았다. 떠남에 이유가 없듯이, 돌아감에도 이유는 없다. 끝났기 때문에 돌아가는 것이 아니라, 돌아가기에 끝난다.

마지막 밤, 아쉬움을 달래며 해변을 따라 걸었다. 해변에 세워진 조그만 바Bar들이 운치를 더한다. 탁 트인 바다를 향해 앉아서 감미로운 색의 칵테일을 마신다. 낭만이 흐른다. 없던 사랑도 생겨날 것 같은 느낌.

"오빠!" 한국어. 그것도 남자들이 사족을 못 쓴다는 '오빠!'. 뒤돌아봤지만 내가 아는 얼굴은 없다. 잘못 들었나 싶었는데, 또다시 "오빠!" 소리가 들린다. 커다란 야자나무 그늘, 어둠 속에서 낯선 현지인 여자가 내게 손짓을 한다. 한국어를 조금 하는 눈치다. "오빠, 혼자야? 나랑 놀자. 어디서 묵고 있어?" 현지 억양이 강한 영어다. 거리의 여자다. 서둘러 자리를 피해보지만, 여자는 필사적으로 따라붙어서는 나와 보폭을 맞추며 계속 흥정을 해온다. 얼핏 보면 연인처럼 보일지도 모르겠다. "친구랑 같이 왔어. 그냥 가." "친구? 나 괜찮아. 친구도 같이 놀아." "여자야" "그럼, 더 좋네. 셋이 같이 놀아. 잊지 못할 멋진 밤으로 남게 해줄게." 어이가 없다 못해, 측은한 마음이 든다. 어쩔 수 없다. 내키지는 않지만, "좀 가라고!" 거세게 소리를 쳤다. 그제서야 포기를 하고, 다시 야자나무 그늘 속으로 숨어든다. 그 뒷모습이 왜 그렇게 쓸쓸하게 보이던지. 가장 꽃다운 나이에, 소중하게 다뤄야 할 몸을 돈 몇 푼에 내던지는 모습이 안쓰럽다. 그날 밤, 밤새도록 해변을 거닐고 또 거닐었다.

세상은,
공평하지 않다.

내 꿈은 작업실 하나

민도로/필리핀

낮선 곳에서 홀로 깨어난다는 것은
세상에서 가장 기분 좋은 느낌이다.

프레야 스타크

———————— 주말을 이용해서 민도로Mind-oro에 다녀오기로 했다. 민도로는 마닐라에서 가까운 섬으로, 마닐라 외곽에서 배를 타고 바다를 건너야 한다. 늦은 밤, 터미널을 출발한 버스는 밤새 달려 이른 새벽에 선착장에 도착했다. 현지인도 많이 찾는다더니, 현지인과 여행자가 뒤섞여 제법 바글바글하다.

타고 갈 배는 방카Bangka. 가늘고 긴 본체가 파도에 전복되지 않도록 긴 날개를 양옆으로 펼치고 있는 독특한 모양의 배다. 곧이어 출발. 출렁거리는 파도에도 아랑곳하지 않고 모두가 잠에 빠져든다. 이른 새벽이라 다들 피곤했던 모양이다.

도착한 민도로는 생각보다 조용하다. 보라카이나 세부만큼 유명하지 않아서이기도 하지만, 비수기라 더 그런듯하다. 사람이 북적거리는 걸 싫어하는 나로서는 오히려 만족스럽다. 역시, 여행은 비수기다.

비싸지 않은 가격에 숙소를 구했다. 작은 독채인데, 아담한 크기가 딱 내 취향이다. 짐을 푼 뒤, 샤워를 마치고 작은 테라스에 앉아 맥주를 마신다. 살랑거리며 불어오는 밤바람이 시원하다.

그제서야 숙소를 찬찬히 살펴본다. 아담한 독채다. 잘 다듬어진 잔디 마당이 가장 마음에 든다. 이런 작업실이 하나 있으면 좋겠다. 거기서 실컷 글만 쓰고 싶다.

내 꿈은 작업실 하나.
그거 이루는 게 참 어렵다.

─────────── 아침 일찍 예약해둔 방카를 타고, 스노쿨링을 하러 갔다. 바닥까지 훤히 보이는 맑은 바닷물에 할 말을 잃는다. 뛰어든 바닷속은 자연 그대로의 모습이다. 역시, 사람의 손길이 많이 닿지 않을수록 자연은 경이롭고 아름다운 법이다. 수온은 생각보다 훨씬 따뜻했다. 이것이 따뜻한 동남아의 바다인가. 구명조끼를 입지 않은 덕분에 유영이 한결 자유롭다. 숨을 깊게 들이마신 뒤, 바닥까지 헤엄쳐 내려간다. 가급적 수면에서 멀리, 더 멀리. 내려갈 수 있는 한계에 도달한 뒤, 수면을 향해 눕듯이 몸을 돌렸다. 코로 물이 들어가지 않도록 조금씩 숨을 내쉬자, 빠져나온 숨만큼 폐가 줄어들면서 몸은 더 깊이 내려간다.

묵묵히 수면을 올려다본다. 출렁거리는 수면 뒤로 새파란 하늘이 어른거린다. 묘한 기분이다. 뭐랄까. 사랑스러운 누군가의 품에 안긴 포근한 기분이다. 숨이 허락하는 한, 아주 오랫동안 바닷속에 머물고 싶어진다. 언젠가 기회가 된다면 스쿠버다이빙을 정식으로 배워보고 싶다. 그래, 언젠가는 꼭!

아가미가 있으면 좋겠다.
이대로 물속에서 잠들고 싶다.

─────────── 해 질 녘, 해변을 따라 거닌다. 그러다 지치면 모래 위에 아무렇게나 앉아서 하염없이 바다를 바라본다. 무언가를 생각하는 건 아니다. 오히려 모든 생각을 멈춘다. 일명, 멍 때리기. 나에게 무척 달콤하고 꼭 필요한 시간이다. 한참을 물끄러미 바다 저편으로 사라지는 노을을 바라본다. 시간이 어떻게 흘러가는지도 모른다. 그것마저도 생각하지 않으니까.

한낮의 열기가 천천히 식어가고, 눈부시던 태양도 점점 빛을 잃어간다. 하루가 저문다. 내일이면 다시 볼 태양인데, 영영 못 볼 것처럼 가슴 한구석이 먹먹하다.

어쩌면 사람은,
헤어짐도 즐기나 보다.

그래, 먹고 보자

무이네/베트남

——————————— 오랜 추억에서 깨어난다. 구글 맵 위에 방문한 도시들을 나타내는 노란 별들이 이내 사라진다. 배터리가 다 닳았는지 태블릿PC의 화면이 꺼졌다. 깜깜하던 하늘은 조금씩 밝아온다. 밤새도록 버스를 타고 이동했다. 그럼에도 아직 양곤에 도착하지 못했다. 이대로 방콕행 비행기를 놓치는 건 아닐까? 걱정이 밀려온다.

어슴푸레 보이기 시작하는 창밖 풍경으로 시선을 돌렸다. 빠르게 흘러가는 작은 건물들은 불안한 내 마음을 아는지 모르는지, 아직도 긴긴 잠에 빠져있다. 도로이정표에 양곤이란 글씨가 보였다. 아! 드디어 도착하는구나. 길고 길었던 여정도 끝이 보인다. 시간을 확인해보니, 간당간당하다. 이제 고작 양곤에 들어섰을 뿐, 버스터미널까지는 한참 남았고, 다시 공항까지 가야 한다. 달리라고! 어서 속도를 높이라고!

갑자기 버스가 선다. 설마? 고장이라도 난 건가? 눈앞이 깜깜하다. 다행히도 고장은 아니다. 운전사가 다가오더니, 공항과 가까운 곳이라며 버스터미널까지 돌아갈 필요 없이 여기서 택시를 타고 공항으로 바로 가란다. 정류장도 아닌데, 단 한 명의 여행자를 위해 버스를 세워준 것이 무척이나 고맙다.

버스에서 내려, 조금 큰 도로로 걸어가자 날 발견한 택시 운전사들이 몰려든다. 공항까지 5천 짯을 부른다. 난처하다. 남아있는 미얀마 돈은 3천7백 짯. 시간은 자꾸 가는데 방법이 없다. 공항 가서 돈을 찾아준다고 해야 하나? 고민을 하던 중, 젊은 운전사가 오케이 사인을 보낸다. 그렇게 미얀마 돈을 깔끔히 클리어하고, 공항에도 늦지 않게 도착했다. 비행기가 40분가량 연착된다는 안내 방송을 듣고서야 긴장이 풀린다. 무사히 도착했다는 안도의 한숨을 내쉰다.

비행기는 방콕을 향해 날아올랐다. 구름 아래로, 양곤이, 미얀마가 보인다. 아세안 10국 중에서 가장 마음에 들었던 미얀마. 언젠가 다시 온다면, 꼭 정식 비자로 길게 여행하고 싶다. 미얀마, 안녕.

방콕 돈므앙 공항에 도착한 뒤, 다시 방콕 수완나품 공항으로 이동한다. 공항을 연결하는 셔틀버스로 대략 45분. 솔직히 이렇게까지 오래 걸릴 줄은 몰랐다. 비행기 시간을 여유 있게 잡지 않았다면, 큰일 날 뻔했다. 수완나품 공항에 도착해서 출국 심사까지 마치고 남은 시간은 고작해야 30분 남짓. 아, 정말 손에 땀이 날 정도로 타이트한 일정이었다. 이제 베트남 호찌민으로 가는 비행기에 오르기만 하면 된다.

초조하던 마음에 여유를 찾고, 여권에 찍힌 출입국 도장을 잠시 바라본다. 오늘 입국, 오늘 출국. 날짜가 동일하다. 무지 바쁜 비즈니스맨이라도 된 것 같다. 차라리 그랬으면 좋겠다, 돈이라도 많이 벌게.

드디어 호찌민에 도착했다. 거의 24시간을 쉬지 않고 이동하여 얻은 결과다. 이동 거리로만 따진다면 지금까지의 여행 중에서 가장 멀리 이동한 거리다. 하루 전만 해도 미얀마였고, 태국이었는데, 지금은 베트남이라니. 아무래도 꿈같은 하루다. 생각해보니, 베트남에서 출국한 지 한 달이 훌쩍 넘은 뒤이기도 하다. 재입국을 위해 한 달이란 긴 시간을 떠돌다 돌아온 셈이다.

공항을 나와 시내로 들어가는 152번 버스를 탔다. 그래도 한 번 와봤다고, 이젠 헤매지 않는다. 제법 여유로운 모습으로 여행자 거리로 향한다. 미리 검색해둔 숙소를 찾아가 짐을 푼다. 어느덧 밖은 이미 밤이다. 몹시 피곤한데도 잠은 오지 않는다. 허기를 참지 못하고 일단 밖으로 나간다.

거리에 조그만 상과 낮은 의자를 내놓은 가게로 들어갔다. 꼬치와 함께 맥주를 주문한다. 종업원이 가져다준 시원한 맥주를 벌컥벌컥 마신다. 목구멍을 타고 넘어가는 따가운 맛이 제법이다.

한 달 사이에 맥주값이 5천 동이나 올랐다.
하루하루가 무섭게 변화한다.

────────── 새벽 6시. 숙소 안은 여전히 어둡다. 두꺼운 암막 커튼이 쳐있어서 한밤중인 줄 알았다. 일어나는 시간이 여행자마다 달라서 섣불리 불을 켜기도 미안하다. 화장실에 들어와서야 살짝 불을 켜는데, 이런. 고장이다. 깜깜한 곳에서 대충 물만 찍어 바르고 나온다.

자기 전에 미리 싸놓았던 배낭을 메고 숙소를 나선다. 깜깜한 안과 달리 밖은 이미 환하다. 거리는 아침 식사를 해결하는 사람들로 북적인다. 음식 냄새에 허기가 몰려온다. 하지만, 곧바로 버스를 타야 한다. 지난밤에 예매한 무이네Mui Ne행 버스는 새벽같이 출발한다. 밤에 출발하는 버스가 아닌데도 슬리핑 버스다. 생각지도 못한 슬리핑 버스를 타고, 강제로 눕는다. 하긴, 네다섯 시간을 가야 해서, 눕는 게 더 편하긴 하다. 눈을 감고 잠을 청한다. 아침잠은 오랜만이다.

무이네에 예약해둔 숙소가 우리나라 여행자에게 인기 있는 곳이었는지, 도착하자마자 여기저기서 한국어가 들린다. 한 숙소에서 이렇게 많은 한국인들을 만난 건 처음이다. 게다가 모두가 여자다. 아, 괜히 입꼬리가 올라간다. 예전 같았다면, 숫기가 없어서 말도 못 붙였을 텐데, 이제는 먼저 다가가 자연스럽게 인사를 건넨다. 내 몰골은 딱 봐도 장기 여행자의 몰골이다. 검게 그을린 피부, 제멋대로 자란 머리, 낡은 티셔츠와 커다란 배낭. 다행히 고맙게도 흔쾌히 말을 섞어준다.

Y와는 식사를 함께하며 친해졌다. 룸쉐어도 있고, 택시쉐어도 있지만, 역시 최고의 쉐어는 밥쉐어다. "맛있는 거 여러 개 시켜서 먹을 수 있잖아요."라며, 함께 밥을 먹어주는 것만으로도 고맙다고 한다.

저녁 무렵 산책을 나섰다. 무이네의 바닷가는 거친 바람과 파도로 유명하다. 아시아에서 가장 강력한 해풍과 육풍이 교차하는 곳이라, 많은 여행자가 카이트서핑(패러글라이딩과 서핑이 결합된 수상 레포츠)을 즐기기 위해서 모여든단다. 그런데 '무이네'의 뜻은 '비바람이 들이치지 않는 반도'라니, 참 아이러니하다.

바람 부는 해변에 앉아서 카이트서핑을 즐기는 사람들을 바라본다. 거침없이 하늘로 날아오르는가 싶더니, 수면 위로 사뿐히 내려앉는다. 지켜보는 것만으로도 짜릿함이 전해진다.

해 질 녘, 해안선을 따라 길게 늘어선 리조트들을 가로질러 숙소로 돌아간다. 식당이 즐비한 거리를 지나니, 슬슬 배가 고프다. Y와 함께 저녁을 먹기로 했다. 메뉴는 무

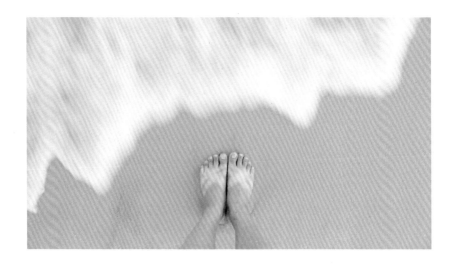

이네에서 가장 인기 있다는 해산물이다. 해산물 거리쯤 되는 보케 거리Boke Street로 향했다. 갓 잡은 싱싱한 해산물들이 가득하다. 손님이 가장 많은 식당으로 들어간다. 맛집일 확률이 높다. 해안가 쪽으로 자리를 잡은 Y는 이것저것 맛보고 싶은지 다양하게 주문한다. 휴가차 온 단기 여행이라 돈을 아끼지 않는다. 음식값은 N분의 1. 덩달아 내 지갑이 얇아진다. 조금은 부담스럽다.

"여행은 언제까지 계속하세요?" 주문한 요리가 나오기 전, Y가 물었다. 베트남을 끝으로 여행을 마칠 생각이다. 어느덧 우리나라는 겨울이 지나고, 곧 봄이 온다. "나랑 비슷한 날짜에 돌아가네요?" Y가 반가워한다. 그러고 보니, 지금부터는 나도 단기 여행자인 셈이다. 한 끼를 아끼면 좀 더 좋은 데서 잘 수 있을까를 고민하고, 하루 숙박료를 아끼면 하루 더 여행할 수 있을까 생각하던, 그동안의 절약 정신을 이제는 살짝 내려놓아도 되지 않을까.

그래, 먹고 보자. 더 이상 아껴서 무엇하리! 생각을 바꾸니 마음의 부담이 사라진다. 덕분에 오래간만에 배불리 먹는다. Y와는 주량도 비슷해서 더욱 잘 맞는다. 웃음을 나누고 수다를 나눈다. "베트남에 있는 동안, 이동 경로가 같으면 같이 다닐래? 룸쉐어도 하고." 털털한 성격답게 Y는 좋다고 했다. 앞으로의 여행도 기대된다.

어느새 오늘의 하이라이트가 나온다. 우와! 여행 중엔 꿈도 못 꿔본 랍스터다! Y는 손수 껍질을 벗겨내고 부드러운 속살을 발라서 내게 내민다. 만나서 반갑다는 인사란 다. 랍스터의 살덩이가 입 안에서 살살 녹는다.

행복하다.

우씨, 눈물 난다.

──────────────── 사막 투어를 신청했다. 무이네 해변에서 차로 30분 정도 이동하면 바다와 마주하고 있는 사막을 볼 수 있다. 사막은 모래의 빛깔에 따라 화이트 사막, 옐로우 사막, 레드 사막으로 구분되는데, 내가 신청한 투어는 화이트 사막을 시작으로 다양한 명소를 들르며 레드 사막까지 이동하는 코스이다. 오후 2시에 출발하는 일몰 투어도 있지만, 사람도 적을 것 같고 더위도 피할 생각으로 새벽 4시에 출발하는 일출 투어를 선택했다.

이른 새벽. 지프는 조명 하나 없는 길을 빠르게 내달렸다. 요란한 엔진 소리 외에는 아무런 소리도 들리지 않는다. 그 적막함이 멋진 여운을 만든다. 어느덧 어둠에 익숙해진 눈으로 주위를 둘러본다. 모두가 잠들어있는 풍경이 한없이 고즈넉하다.

화이트 사막에 도착한 시간은 해가 뜨기 한참 전. 바닷가라서 새벽엔 꽤 춥다. 운전사는 코코넛 껍질로 모닥불을 피우고, 따뜻한 차를 한 잔 권한다. 잔을 제대로 씻기는 했는지 살짝 염려스럽지만, 밀려오는 추위에 넙죽 받아 마시며 주위를 둘러본다. 화이트 사막은 생각보다 컸다. 사하라 사막에 비하면 아무것도 아니겠지만, 근사한 사진 한 장 남기기엔 충분한 크기다. 사막 너머로 바다가 보이는 게 무척 이색적이다.

어느덧, 태양이 떠오른다. 일출은 왜 매번 볼 때마다 가슴이 뭉클해지는 걸까? 이번에도 소원을 빌어본다. 늘 똑같은 소원이다. 다양한 나라의 다양한 장소에서 수십 번도 더 빌었던 만큼, 꼭 이루어졌으면 좋겠다.

지프를 타고 다음 장소로 이동한다. 저 멀리서 소 떼가 흙먼지를 일으키며 다가온다. 본능처럼 사진기를 꺼내 들고, 소 떼가 스쳐 지나가는 그 찰나의 순간을 포착했다. 노룩No Look 셔터다. 순전히 감으로 찍었는데, 마음에 쏙 드는 사진이 나왔다.

피싱 빌리지는 어마어마했다. 지금껏 그렇게 많은 배가 한 곳에 정박한 모습을 본 적이 없었기에, 보자마자 탄성이 튀어나왔다. 현지인들이 살아가는 삶의 터전일 뿐인데, 왜 명소가 되었는지 알 것 같다. 까이뭄Chai Mum이라 불리는 대나무 광주리 배를 탄 어부들이, 커다란 어선과 해변을 왔다 갔다 하며 갓 잡은 생선을 옮긴다. 사람들이 몰려들면, 그 자리에서 곧바로 흥정이 이루어지고, 꼬깃꼬깃한 돈뭉치가 오간다. 다들 진지한 표정이다. 낯선 이방인 따위는 신경도 쓰지 않는다.

마지막으로 도착한 레드 사막은 어릴 적 추억을 불러일으켰다. 두꺼비집 놀이는 내가 가장 좋아하는 놀이였다. 일꾼 아저씨가 소리를 지르며 달려오기 전까지, 모래 언덕은 나만의 성이기도 했고, 섬이기도 했다. 그 조그맣던 아이는 거대한 어른이 되어서도 여전히 모래 위를 뛰어다닌다. 예전보다 더욱 거칠게, 맨발이 되어 모래 위를 달려본다. 조그만 내가 싱긋 웃으며 멀리 사라져 간다.

여전히 난,
철이 없다.

─────── 다음 도시로 슬슬 이동하려는데, 버스 티켓을 구하기가 쉽지 않다. 베트남의 음력설인 뗏Tet인데, 우리나라 추석처럼 민족 대이동이 일어나는 시기란다. 버스든 기차든 비행기든지 간에 티켓 구하기가 하늘에서 별따기다. 아, 머리가 아프다. 배낭여행을 하려면 다른 나라 명절까지도 알아둬야 한단 말인가? 일단은 여행사마다 돌아다니며 예약을 걸어둔다. 한 군데 정도는 걸리겠지. 달리 방법이 없다. 버스 바닥에 담요 한 장 깔고 가야 할 수도 있다. 그런 표라도 구하면 다행이다. 이대로 무이네에서 발이 묶여서, 한동안 더 머물러야 할지도 모르겠다. 머문다? 갑자기 기분이 묘해진다.

머문다는 게,
이제는 낯설게 느껴진다.

클럽 안으로
빨려 들어가다

냐짱/베트남

여행을 하는 것과 병에 걸리는 것,
둘의 공통점은
자신을 돌아본다는 것이다.

다케우치 히토시

——————— 어렵게 구한 버스를 타고 냐짱 Nha Trang(나트랑으로도 불림) 도착하기 무섭게 비가 내린다. 대부분의 여행자들은 이런 날씨를 싫어하지만, 난 비가 좋다. 태양을 가린 구름이 좋다. 어두컴컴한 하늘도 마음에 들고, 바람도 시원하게 불어 좋다. 저 멀리 보이는 바닷가엔 꽤나 파도가 높게 일고 있다. 동양의 나폴리, 베트남의 지중해라고 불리는 해변이다. 6km에 이르는 긴 해변에는 빗속 산책을 즐기는 이들이 많다. 모두 다 한껏 들뜬 얼굴이다.

눈앞의 파도는 멀리서 볼 때보다 훨씬 더 높고 거세다. 가슴이 시원하게 뻥 뚫리는 기분이다. 거센 파도에 휩쓸리지는 않을까 두렵기도 하다. 그런 날 비웃기라도 하듯, 파도에 아랑곳없이 바닷속으로 뛰어드는 사람들도 꽤 눈에 띈다. 어른들이야 그렇다고 쳐도, 아이들마저도 겁을 내지 않는다. 용감하다고 해야 할까? 무모하다고 해야 할까?

그런 아이들 뒤로, 한시도 아이에게서
눈을 떼지 않는 엄마가 서있다. 그럼 그렇지.

——————— 재래시장인 담마켓Dam Market 을 찾았다. 거대한 돔 형태의 건물을 달팽이관처럼 뱅글뱅글 돌아가면서 구경한다. 생각보다 규모가 커서, 종일 구경해도 모자랄 것 같다. 각종 기념품, 커피, 건어물, 고기, 과일… 없는 게 없다. 딱히 무엇을 사려고 간 건 아니다. 그저 사람들의 모습을 바라보며 하는 산책이 즐겁다.

담마켓 앞에는 먹거리를 파는 노점상이 즐비하다. 그중 먹음직스럽게 생긴 튀김 만두를 하나 골랐다. 길거리 음식을 사 먹는 외국인이 신기한지, 사람들이 나를 힐끔거리며 쳐다본다. 먹방처럼, 간단하게 평이라도 해줘야 할 것 같다. 한입 베어 물자 기름이 입술에 잔뜩 묻어난다. 그렇다고 아주 느끼하지는 않다. 우리나라 만두와 비슷한 맛이다. 엄지를 치켜드니 다들 만족스러운 표정으로 웃는다.

즐거움도 잠시. 배가 살살 아파온다. 아무래도 오래된 기름을 쓴 것 같다.

다시 담마켓으로 향한다.
목적지는 화장실이다.

───────────── 클럽으로 발걸음을 돌린 건, 이른 저녁이었다. 흥겨운 보사노바 선율이 클럽 밖으로까지 새어 나오는 바람에, 자연스레 발걸음이 그쪽으로 향했다. 평소 흥이 많던 Y는 이성을 잃고 클럽 안으로 빨려 들어간다. 말릴 새도 없이 자리까지 잡고 앉아있다. 난 춤을 못 추는데. 난감하지만 함께 여행하기로 한 이상, Y의 즐거움도 존중하기로 한다. 나의 여행이기도 하지만, 동시에 Y의 여행이기도 하다.

클럽 안은 현지인보다 외국인이 많다. 그날 가장 눈에 띈 손님은, 서양인 가족이다. 할머니부터 손녀까지 연령대도 다양한데, 춤 실력이 예사롭지 않았다. 막춤이 아니다. 동작 하나하나가 제대로 배운 티가 난다. 그중에서도 대학생으로 보이는 손녀가 가장 춤을 잘 췄다. 주위의 남자들이 먹잇감을 노리듯 그녀에게 다가가 손을 내민다. 나도 손을 내밀어 보지만, 소용없다. 그저 상상일 뿐이다. 그녀는 조금의 망설임도 없이 다른 남자의 손을 잡더니, 드디어 본격적인 살사가 펼쳐진다. 지금까지와는 차원이 다른 춤사위다. 우와! 지켜보는 것만으로도 황홀하다.

문득, 날 돌아본다. 그동안 뭘 했나 싶다. 죽어라 공부만 했던 것도 아니고, 죽어라 일만 했던 것도 아니고, 죽어라 운동만 했던 것도 아니고, 죽어라 글만 썼던 것도 아니다. 냐짱 후미진 골목의 낡은 클럽에서, 춤 한번 춰보지도 못하는 어설픈 삶을 살았다. 왠지, 내 삶이, 살아온 날들이, 아깝게 여겨진다. 돌아가면 춤부터 배워야겠다.

상상 속에서 내민 손을
현실에서도 내밀고 싶다.

사백 그램

호이안/베트남

여행은 모든 세대를 통틀어
가장 잘 알려진 예방약이자 치료제이다.

다니엘 블레이크

──────── 슬리핑 버스를 타고 13시간째
이동 중이다. 이제 이쯤은 짧게 느껴진다. 하지만 문
제는 전혀 다른 곳에 있다. 화장실이 딸린 버스였는
데, 내 자리가 하필이면 화장실 옆이다. 문을 여닫을
때마다 역한 냄새가 코를 찌른다. 마스크를 쓰고 담
요로 얼굴을 덮어야 겨우 참을 수 있을 정도다. 변기
에 코를 박고 있는 듯한 시간을 거쳐, 마침내 호이안
Hoi An에 도착했다.

Y를 만나지 않았다면 호이안도 알지 못했을 것이
다. 원래 가려던 후에Hue를 포기하고, Y를 따라 호이
안으로 온 것은 무척 잘한 일이다. 그만큼 호이안은
매력적이다. 아름답고, 고풍스러운 모습이 마음에 쏙
든다. 아기자기한 크기마저도 너무나 좋다. 슬슬 산
책하며 둘러볼 만한 크기다.

무엇보다 날 미치게 만든 건, 한 잔에 200원도 안
하는 생맥주다. 이것 하나만으로도 나에게 충분하다.
부담 없는 가격에 맘껏 마시다 정신을 차려보니, 내
앞에 무려 40잔이나 놓여있었다. 그래 봤자, 만 원을
넘지 않는다. 갑자기 재벌이 된 느낌이다.

일어날 시간이 되었는데, 얼큰하게 취해버렸다.
여행 중에는 취하지 않는다는 철칙이 와르르 무너진
날이다. 인사불성이 될 정도는 아니지만, 술집에 사
진기를 두고 나왔다. 목숨같이 여겼던 사진기다. 지
금까지 찍은 수천 장의 사진들을 고스란히 잃어버릴
아찔한 상황이다.

비치적거리며 걸어가고 있는데, 술집 주인이 쫓
아와 내 손목을 잡더니 웬 사진기를 내민다. 이때까
지도 사진기를 놓고 온 사실을 몰랐다. 어라? 내 거랑

똑같은 사진기네? 어리둥절했다. 흠집도 똑같고, 스트랩도 똑같다. 어? 어? 어! 어! 이 거 내 사진기잖아! 하고 술이 확 깬다.

그동안 내게는 베트남이 '도둑의 나라, 바가지의 나라'라는 선입견이 있었다. 하 지만 이번 일로 그 모든 편견이 사르르 눈 녹듯 사라졌다. 주인은 고맙다는 인사조차 제대로 하지 못하는 나에게 사진기를 건네며 밝게 한번 웃어주더니, 쿨하게 되돌아 간다.

일반화의 오류.
편견 속에 갇혀있던 내가 부끄럽다.

─────── 호이안에서 가장 매력적인 곳은 구시가지다. 입장료가 아깝지 않다. 때 묻은 돌벽은 시간을 옛날로 되돌리고, 아기자기한 상점들은 거리의 풍경을 더욱 고풍스럽게 만든다. 워낙 걷는 걸 좋아해서 한 장소에 오래 머무는 성격이 아닌 데도, 호이안의 구시가지에서는 자리를 잡고 앉아서 한참을 보내게 된다. 밤이 되면 화려한 등불들이 거리를 수놓는데, 신비로운 꿈을 꾸는 듯한 광경이다.

아름다운 만큼, 웨딩 사진을 찍으러 온 신혼부부들이 많다. 세상의 모든 신부는 예

쁘다. 신랑이 옆에 있는데도 뚫어지게 쳐다보다가, Y가 옆구리를 쿡 찌르는 통에 정신을 차렸다. 아, 실례. 너무 대놓고 봤나. 신랑과 신부는 구시가지를 가로지르는 투본 Thu Bon 강에 꽃등을 띄우며, 행복한 미래를 기약한다. 잔잔한 수면 위를 미끄러지듯 떠가는 꽃등이 무척이나 청아하다.

새벽에 다시 구시가지를 찾았다. 물안개를 찍으려고 왔는데, 날이 아닌지 허탕을 쳤다. 결국, 사진은 일찌감치 포기하고, 인기척 없는 구시가지를 천천히 거닐어본다. 고즈넉하니 통째로 빌린 것 같다. '널 위해 내가 전부 빌렸어!' 허세라도 부려보고 싶지만 주위에 아무도 없다.

사랑이 넘쳐날 것 같은 분위기인데,
정작 사랑할 사람이 곁에 없다.

───────── 발뒤꿈치가 코끼리 등가죽 같다. 심하게 갈라져 피까지 난다. 그만큼 무식하게 많이 걸었다는 증거다. 큰맘 먹고 피부 관리 샵으로 들어갔다. 관리사는 가장 먼저 뜨거운 물을 가져와 발을 불려준다. 그다음, 날카로운 연장을 들더니 신 들린 솜씨로 발뒤꿈치의 각질을 도려낸다. 발뒤꿈치에서 새하얀 눈이 내린다. 생각보다 양이 너무 많아 갑자기 부끄러워진다.

땀까지 뻘뻘 흘리며 최선을 다하는 관리사에게 엄지를 치켜들어준다. "너 대단해." 관리사도 나에게 엄지를 치켜들며 말한다. "너도 대단해." 아, 무슨 의미지? 뭐가 대단하다는 거야? 자꾸만 발을 숨기고 싶다.

시술에 가까운 피부 관리가 끝나자, 발뒤꿈치가 아기 발처럼 부드러워졌다. 신기해서 자꾸 만져보다가, 그동안의 여행 흔적들이 사라진 듯 기분이 복잡해졌다. 고작 굳은살을 제거한 것뿐인데, 이상하게도 서운한 마음이 든다. 쓸데없는 것에 감정을 이입하는 걸 보니, 여행을 하는 동안, 이성은 사라지고 감성만 남은 모양이다.

슬슬 현실로 돌아가야 하는데,
마음은 여전히 꿈속을 거닐고 있다.

─────────────── 호이안에서 하노이까지 버스로 17시간, 꼬박 하루가 사라진다. 비용은 비행기의 반도 안 되고, 심야 이동이라 숙박료도 굳는다. 여행 초반이라면 두말할 것 없이 버스를 선택했을 것이다. 하지만 지금은 여행의 끝자락. 비행기 티켓을 덜컥 끊었다. 저렴한 숙소, 싼 음식, 불편한 버스. 어쩌면, 그런 절약만 하는 여행에 지쳤는지도 모른다.

내 배낭의 총 무게는 10.4kg. 기내 수화물은 7kg까지가 허용치다. 그나마 10kg까지는 눈감아주기도 하는데, 고작 0.4kg 차이로 안 된다며 돈을 더 내란다. 하지만 이미 비행기 티켓을 사느라 많은 돈을 들인 상태다. 이렇게 야금야금 돈이 빠져나갈 줄 알았다면, 버스로 이동할 걸 그랬다.

직원에게 볼멘소리를 해본다. "지금까지 같은 배낭, 같은 무게로 몇 번이나 당신네 항공사를 이용했어. 여지껏 아무런 문제도 없었는데, 왜 이번에는 돈을 더 내라고 해? 이럴 거면 그냥 버스 타고 갈 테니 환불해줘. 무엇보다 지금 가지고 있는 현금이 하나도 없단 말이야." 아, 내가 생각해도 진상이다. 결국, 직원은 알겠다며 그냥 타란다. 분명 속으로는 욕했겠지. 추가 비용을 안 내게 되어 다행스러우면서도, 부끄럽기도 하고, 미안하기도 하다. 고마운 마음에 인사라도 하려고 돌아서는데, 직원이 나를 붙잡고 한 번 더 묻는다. "혹시, 신용카드도 없나요?" 우씨! 없다고!

우여곡절 끝에 들어간 비행기 안은 그야말로 아수라장이다. 좁은 이코노미석만으로도 답답한데, 옆 사람은 신경도 안 쓰고 팔다리를 휘젓는다. 신발도 안 벗은 채 엄마 무릎에 앉은 아이는 내 허벅지를 더럽힌다. 앞뒤에 앉아있는 아이들은 번갈아가며 울어댄다. 베트남은 지금 대명절인 뗏이다. 아, 갑자기 숨쉬기가 어렵고 머리가 지끈거린다. 이대로 얼마나 버틸 수 있을까.

그럼에도 불구하고,
어쨌든 비행기는 날아오른다.

아따 얼어 디지겠네
사빠/베트남

지혜란 받는 것이 아니라,
그 누구도
대신해줄 수 없는 여행을 한 후,
스스로 지혜를 발견해야 한다.

마르셀 프루스트

─────────── 하노이에 도착하자마자, 곧바로 여행자 거리로 향했다. 조그만 여행사들이 다닥다닥 많이도 모여있다. 사빠 투어를 신청할 생각이다. 사빠Sapa는 독특한 소수민족들이 살아가는 모습을 엿볼 수 있는 곳이자, 다양한 트레킹 루트가 시작되는 곳이다.

하지만 내가 사빠에 가려는 이유는 기온 때문이다. 무더운 베트남에서 오들오들 떨 정도로 추운 지역이라니, 직접 체험해보고 싶었다. 물론, 100% 믿는 건 아니지만.

각종 혜택을 꼼꼼하게 따져본 후 투어를 신청했다. 투어가 비슷비슷해 보여도, 조금씩 차이가 있다. 사빠에서 돌아오는 날에 맞춰 하롱베이 패키지도 신청했다. 버스 요금, 숙박비, 식비, 트레킹 비용까지 패키지에 다 포함되었으니, 앞으로 돈 드는 일은 없다. 완벽하다! 내가 생각해도 알차게 예약했다.

웬걸, 사빠로 이동하는 첫날부터 삐걱거렸다. 맞다, 여기는 베트남이었지. 깜빡 잊고 있었다. 여행자 거리에서 버스터미널까지 태워준 오토바이 운전사가 내게 요금을 요구한다. 모든 경비를 이미 여행사에 지불했다고 아무리 설명해도 이해를 못 한다. 혹시나 싶어서 챙겨온 여행사 명함을 운전사에게 건넨다. 운전사가 직접 여행사에 전화를 걸어 약간의 실랑이 끝에 상황이 정리된다. 앞으로의 패키지가 순탄치 않으리라는 걸, 이때 눈치챘어야 했다.

그러고 보니 패키지를 신청하면서 한 가지 이해가 안 되던 부분이 있었다. 출발은 저녁 8시. 이동 시간은 총 6시간. 그렇다면 새벽 2시에 도착해야 한다.

그런데 또, 도착은 새벽 6시란다. 이게 무슨 계산법이지? 미스터리는 사빠를 50km 정도 남겨두고 풀렸다. 라오까이Lao Cai라는 지역에서, 운전사가 슬쩍 버스 시동을 끈다. 무슨 일인가 싶던 참에, 운전사가 날이 어둡고 길이 험해서 더는 갈 수 없다며, 버스에서 잔다. 현지인들은 흔한 일이라는 듯, 하나둘씩 그대로 잠을 청한다. 그렇게 다음 날 새벽까지 자고 나서, 다시 출발한다.

이동에는 6시간이 걸리지만,
새벽 6시에 도착하는 이유다.

──────── 새벽이다. 단잠을 자던 버스가 일어나 다시 움직인다. 남은 길은 생각보다 훨씬 험난했다. 가로등도 없는 산길을 굽이굽이 가는데, 아득한 낭떠러지가 바로 옆이다. 간밤에 왜 날이 밝기만을 기다렸는지 알 것 같다. 그 밤에 가겠다고 하면 오히려 말렸어야 할 판이었다. 버스는 1시간가량을 더 달려서 드디어 사빠에 도착했다.

사빠에 도착해서도 고생은 이어졌다. 지정된 호텔에서는 픽업을 나오지 않았고, 버스 운전사에게 물어봐도 자기는 여행사 직원이 아니라며 모르겠단다. 갑자기 불안해진다. 어쩐지 사기를 당한 기분이다. 운전사는 슬슬 표정이 험악해지는 나를 보더니, 영어를 할 줄 아는 사람을 찾아서 떠넘긴다. 명절에 고향을 찾은 여대생이 내게 무슨 일인지 묻는다. 지푸라기 잡는 심정으로 여행사 명함을 건네본다. '밤부BamBoo'라고 선명하게 찍혀있는 명함을 보더니, 베트남에서는 유명한 호텔이라며 안심하란다.

새벽이슬을 맞으며 한참을 걸었다. 드디어 밤부 호텔에 도착했다. 참았던 화가 다시 치밀어 오른다. 거세게 항의를 시작했는데, 이름만 같을 뿐 자신들과는 상관없다는 답변이 돌아온다. 여행사에서 무단으로 이름을 도용한 것 같다며, 흔한 일이라고 대수롭지 않게 넘긴다. 아, 머리가 멍하다. 나 정말 사기당한 건가? 지금까지 잘해왔는데, 막판에 이게 무슨 날벼락이지? 호텔 측에서, 이게 어찌 된 영문인지 알아봐 주겠단다. 명성답게 서비스 정신이 좋다. 고맙다는 말을 건네고, 로비 구석에 얌전히 찌그러진다. 이제 내가 할 수 있는 건 아무것도 없다. 아, 몰라. 고작 몇만 원인데 사기일

리가 없다. 무슨 착오가 있는 게 분명하다. 픽업을 나오기로 한 놈이 늦잠을 자고 있거
나, 버스가 생각보다 일찍 도착했거나.

　편하게 마음을 먹고 나서야, 사빠의 아름다운 풍경에 눈길을 돌린다. 높은 지대인
만큼, 구름이 골목골목을 메우고 있다. 어릴 적 따라다니던 소독차가 떠오른다. 전망
도 좋다. 마을과 산, 그리고 그 경계로 흘러가는 구름이 멋진 비경을 연출한다. 모든
짜증이 눈 녹듯이 사라진다. 유리문 너머로 화려한 복장과 장신구를 찬 소수민족 사
람들이 지나간다. 조성된 마을 안에서나 볼 수 있던 사람들이 거리를 실제로 돌아다
니는 모습에 기분이 묘하다.

　호텔 측에서 여행사에 계속 전화를 걸었지만, 출근 전인지 전화가 연결되지 않았다. 오기가 생긴 직원은 급기야 사빠에 있는 모든 숙소에 전화를 돌리기 시작했다. 분명, 내가 예약한 곳이 있을 테니 찾아내겠단다. 대단한 집념으로 결국 예약된 숙소를 찾았다. 만세! 그 순간만큼은 모두가 박수를 쳤다. 잠시 후, 어리바리하게 생긴 남자가 로비로 들어온다. 남의 호텔 로비에서 자기네 손님을 찾는다. 마음 같아서는 한 대 후려치고 싶지만 참는다. 화를 내서 무엇 하나. 내 여행만 망칠 뿐이다.

　사빠에서의 고생은 여기서 끝이 아니었다. 마침내 찾아간 숙소에 짐도 풀지 못했는데, 다른 손님들은 이미 트레킹을 떠났다는 말을 들었다. 어쨌든 밥부터 먹자고 했더니, 급히 쌀국수를 내온다. 어서 먹으란다. 지체할 시간이 없단다. 이미 다른 여행자들은 고산족을 만나기 위해 출발했단다. 아, 미치겠다. 조식으로 나온 쌀국수를 후루룩 마시고, 서둘러 출발한다.

밤새 내린 비 때문에 산길이 진흙투성이다. 발이 푹푹 빠져서 제대로 걸을 수 없고, 그나마 단단한 지면은 미끄러지기 일쑤다. 여행자 무리를 따라 걷던 고산족들이 넘어지려는 나를 붙잡아 세워준다. 그중에서 블랙몽족 아줌마 한 명이 집요하게 날 돕는다. 고맙게도 우산까지 씌어준다. 왜 이렇게 친절할까? 때 묻지 않은 순수한 인심인 건가? 성의는 고맙지만, 어쩐지 마음이 불편하다. 괜찮다고 하고 싶어도, 방법이 없다. 손을 잡아주지 않으면 그대로 자빠지고 마니까.

다들 장화나 트레킹화로 중무장했는데, 나만 슬리퍼를 끌고 나왔다. 그마저도 계속 벗겨져서 결국 맨발 차림으로 산을 넘기로 한다. 함께 걷는 여행자들뿐만 아니라, 고산족들까지도 나를 신기하게 쳐다본다. 아, 창피하다.

날씨는 계속 엉망이다. 비는 그나마 얌전이다. 우박이 떨어진다. 우와! 우박이라니! 따라다니던 고산족 아이들도 우박이 신기한지, 이리저리 뛰어다닌다.

트레킹이 어떻게 끝났는지도 모르겠다. 넘어지지 않으려 발버둥 치느라 제대로 된 경치는 보지도 못했다. 그래도 사고 없이 무사히 트레킹을 마쳤다. 나를 도와준 블랙몽족 아줌마에게 고마운 마음을 전하고 싶어졌다. 돈으로 성의 표시를 해도 될까? 10만 동 정도면 적당하겠지?

그런데 이 아줌마의 표정이 갑자기 달라진다. 어디서 언제 가져왔는지, 스카프, 지갑 등을 잔뜩 꺼내더니, "내가 도와준 거 기억하지?"라며 하나 사란다. 선의의 친절이라고 믿었는데, 상술에 불과했다. 화나기보다는 상처를 받았다. 내내 손을 잡아주고, 내내 말을 걸며 친하게 굴고, 내내 웃어주던 그 모든 것이 상술이었다니. 그래요. 알았어요. 사드릴게요.

"얼마예요?" 50만 동이란다. 헉! 강도냐? 너무 비싸서 사지 않겠다고 버텼더니, 고산족들이 너도나도 한마디씩 거들고 나선다. 표정만으로도 충분히 무슨 말인지 알 수 있다. '우산도 빌려주고, 넘어지지 않게 손도 잡아주고, 이 여자가 널 위해 얼마나 고생했는데, 어떻게 모른 척할 수 있냐? 너무하다!'

아랑곳하지 않고 처음 마음먹은 대로, 10만 동을 건넨다. 아줌마는 50만 동이라며

손사래를 친다. "아무것도 안 사는 거야, 그냥 선물이야. 성의니까 받아줘." "그냥 돈을 준다고?" 재차 확인한다. 그렇다고 고개를 끄덕이자, 그제서야 활짝 웃는다. 진정 따뜻한 친절이라고 믿었는데, 그 웃음마저도 곧바로 상처가 된다.

몸도 마음도 지쳐서 숙소도 돌아왔다. 머리부터 발끝까지 모두 진흙투성이다. 다행히 따뜻한 물이 나온다. 깨끗하게 샤워를 하고 나오니, 생각보다 훨씬 춥다. 우리나라 겨울 날씨 같다. 자려고 누웠지만 추워서 도통 잘 수가 없다. 온몸이 덜덜덜 떨리기까지 한다.

겨울이 싫어서 도망쳐온 여행인데,
참 아이러니하다.

──────── 여행이 늘 즐거운 수만은 없다. 좋은 사람을 만나면 나쁜 사람도 만나게 되고, 즐거운 일이 생기면 언짢은 일도 생긴다. 좋은 기억만 가지려고 하면, 여행은 스트레스가 된다. 불가능한 일이기 때문이다. 사빠에서의 추억은 씁쓸하지만, 눈에 담은 풍경만큼은 너무나도 황홀했다. 안 좋은 일들은 준비가 부족했거나 여행사를 너무 믿어서 일어난 일이지, 사빠와는 상관없다. 시간을 내서 돌아다녔던 사빠의 구석구석은 한 폭의 수채화처럼 아름다웠다. 공기도 좋고, 인심도 좋았다.

빌어먹을 여행사로 인해 겪은 일들이
가혹할 뿐이다.

어쩌면, 너무 많은 하루라는 선물

하노이/베트남

인생은 짧고, 세상은 넓다

사이먼 레이븐

하노이로 돌아와서도 여행사의 약속은 지켜지지 않았다. 내가 미리 신청한 숙소까지 픽업해주기로 했는데, 입을 싹 닦아버렸다. 버스를 타고 알아서 오란다. 미안한 말투도 아니었다. 너같이 불만 많은 고객은 처음 본다는 투다. 대화 자체가 통하지 않는다. 이들의 관행이거나 문화적 차이 때문이라고밖에는 달리 생각할 수 없다. 결국, 따지려 했던 모든 걸 포기하기로 했다. 더 싸워서 무얼 하나.

대신, 함께 신청했던 하롱베이 패키지는 환불받는다. 또다시 스트레스받고 싶지 않다.

귓가에 벌 떼가 웅웅거린다. 무지막지한 오토바이 소음이다. 무질서에 머리가 아파올 무렵, 운전이 미숙한 오토바이 한 대가 내 앞에서 미끄러지듯 넘어졌다. 뒤따라오는 오토바이들이 많아서 큰 사고로 이어질 것 같았는데, 그 많던 오토바이들이 순식간에 멈춰 서더니 추가 충돌이 없도록 길을 막아준다.

그뿐만이 아니다. 넘어진 오토바이를 일으켜 세우고, 떨어진 짐들을 살뜰히 챙겨준다. 구급차의 사이렌 소리가 점점 가까이 들려오자 오토바이들은 순식간에 홍해 갈라지듯 구급차에게 길을 터준다. 잠시 후, 구급차가 떠나고 다시금 오토바이들이 움직이기 시작한다.

이 모든 상황을 멀뚱멀뚱 지켜보는 건, 나 같은 외국인들뿐이었다.

*뭐지? 얼얼한 기분인데,
왠지 마음이 따뜻해진다.*

─────────── 하노이를 산책한다. 호안끼엠Hoan Kiem 호수로 향한다. 호수 중앙에 덩그러니 세워진 거북탑에는 오랜 전설이 하나 있다. 15세기 중엽, 레 왕조의 태조인 레러이Le Loi에게 하늘의 신이 비검을 내려 베트남에서 중국인을 몰아냈다. 전쟁이 끝나고 호수에 나온 레러이에게 거북이 한 마리가 다가오더니, 비검을 물고 호수 속으로 사라졌다. 그 후 거북이가 비검을 하늘의 신에게 다시 돌려줬다고 하여, '환검호'라는 뜻의 이름이 호수에 붙여졌다고 한다.

호안끼엠 호수가 그렇듯, 건축물 하나, 나무 하나에도 저마다 사연이 있다. 여행의 끝 무렵. 아는 것 하나 없이 돌아다닌 나의 여행을 아쉬워한다.

골목을 깊숙이 들어가면, 온갖 일상들을 엿볼 수 있다. 여행이라기보다는 일상 같다. 어린 친구가 노점을 하고 있다. 스마트폰을 보고 있으니 가난한 장사꾼은 아니겠다. 어쩌면 성공한 사업가인지도 모른다. 기찻길을 따라 걷다가 작은 마을과 마주한다. 집들이 다닥다닥 붙어있는 모습이 아기자기하다. 적당한 곳에 앉아 기차가 지나가기를 기다린다. 하지만 아무리 기다려도 기차는 올 생각을 않는다. 더 이상 기차가 다니지 않는 길인 걸까? 그래서 사람들이 모여 살고 있나 보다.

언제 또 이렇게 여행할 수 있을까? 돌아가면, 다시 먹고사는 일상 속으로 뛰어들어야겠지. 살면서 얼마나 자주 여행을 하겠어. 한 번의 여행이라도 기억에 남도록, 그 한 번의 여행이 평생의 안줏거리가 되도록, 최선을 다해 여행을 한다.

위험하게, 무모하게, 섹시하게, 지적이게, 착하게, 야하게.
평소의 나와는 그렇게 다르게 여행을 해봐야지.

─────────── 호찌민 묘소가 있는 바딘Ba Dinh 광장을 찾았다. 호찌민 묘소는 호찌민에 있을 것만 같은데, 하노이에 있다. 호찌민 마우솔레움Mausoleum(무덤)은 호찌민이 죽은 뒤, 그의 추종자들이 지었다. 베트남의 독립을 이끌어낸 호찌민은, '호 아저씨'로 불릴 만큼 베트남 사람들로부터 무한 사랑을 받고 있다. 묘역 안에 방부 처리된 시신이 있다고 하는데, 내가 갔을 때는 개방을 하지 않았다. 아쉽지만 발길을 돌린다.

돌아가는 길에, 조그만 카페를 찾았다. 같은 돈이면 맥주를 마실까 잠시 고민했지만, 커피를 주문한다. 베트남 커피다. 베트남 커피는 맛있다고 하던데, 솔직히 너무 써서 무슨 맛인지는 모르겠다. 커다란 배낭을 메고 지나가는 여행자들이 심심치 않게 보인다. 이제 여행을 시작하는 걸까? 아니면 나처럼 여행을 마무리하는 걸까? 그동안 만났던 여행 친구들이 새록새록 떠오른다. 계속해서 여행 중인 친구도 있을 테고, 벌써 일상으로 돌아간 친구도 있을 테다.

혼자 떠나온 여행이지만 혼자라고 느끼지 않았던 건,
기꺼이 자신의 여행을 나의 여행에 포개어준 그들이 있어서다.

─────────── 숙소에서 쫓겨났다. 체크아웃하지 않으면 자동으로 연장되는 줄 알았는데, 아니다. 워낙 인기가 많은 숙소라, 자동으로 다음 대기자가 예약된다. 나가라는 소리에 기분이 좋을 리 없지만, 어쩔 수 없다. 짐을 챙겨서 강제로 체크아웃을 했다. 다행히 가까운 곳에서 새로 오픈한 숙소를 찾았다. 훨씬 더 깔끔하고 아늑하다. '인생사 새옹지마'라고 덕분에 더 좋은 숙소에서 묵는다. 사각거리는 새 이불 느낌이 좋다.

긴 여행과 짧은 여행의 차이는 하루하루를 대하는 태도에 있다. 짧은 여행은 피곤해도, 비가 와도 일단은 밖으로 나간다. 하나라도 더 보고, 경험해보려고 한다. 하루하루가 너무 아깝고 소중하다. 긴 여행은 그렇지 않다. 피곤하면 늘어지게 쉬고, 날이 궂으면 숙소에서 뒹굴게 되고, 이번에 못 하면 다음으로 미룬다. 너무 많은 하루가 있기에, 하나의 하루가 사라진다고 해도 그다지 아깝지 않다.

너무나 많은 하루를 선물받은 것일까? 하루 정도는 아깝지 않게 느껴진다. 그렇게 아무렇지도 않게 버려지는 하루가 늘어가는데도 무감각해졌다. 어쩌면, 긴 여행보다 짧은 여행이 좋을지도 모른다는 생각이 든 건, 그 때문이다. 길고 긴 이 여행에서 내가 깨달은 한 가지를 말하라면, '너무 많은 하루라는 선물'을 말하고 싶다. 난 주어진 하루하루를 가치 있게 살아가고 있는 걸까?

머리를 식히기 위해 밤거리로 나선다. 하노이의 밤도 서울의 밤처럼 쉬이 잠들지

않는다. 많은 여행자가 노점에 앉아 술을 마시고, 나도 그사이에 파고들어 앉는다. 푸른 눈의 외국인이 말을 건넨다. 자신은 이제 남쪽으로 내려간단다. 본격적으로 베트남 여행을 시작한다고. 나는 이제 하노이를 마지막으로 여행을 끝낸다고 알려준다. 마지막이란 단어에 잔을 든다. 무엇을 위해서인지 모를 건배가 이어지고, 밤이 깊어간다. 하루하루가 갑자기 짧아진 기분이다. 아쉽다. 너무도 아쉽다.

　여행은 어느새, 마지막을 향한다.

　슬슬 돌아가고 싶어 하는 줄 알았다. 하지만 막상 돌아갈 비행기 티켓을 끊으니 가기가 싫다. 사랑하는 사람과 헤어지는 것처럼 가슴 한편이 아리다. 헤어지기 싫어! 억지라도 부리고 싶다. 이대로 티켓을 찢어버릴까?

지도를 펼쳐본다. 네팔, 인도, 쓰리랑카, 이란. 아직 가보고 싶은 나라가 너무 많다. 여행의 끝을 미얀마로 했다면, 그대로 방글라데시로 넘어갔을지도 모른다. 괜스레 울적해지는 마음을 달래려 산책을 나선다.

서호West Lake의 물안개는 영롱했다. 호수라기보다는 바다로 보이는 그곳에서, 이번 여행의 마지막 사진을 찍었다. 메모리가 가득 차서 더 이상 공간이 없었다. 예전 사진들을 다시 한 번 살피며, 몇 장을 지우려다 그만두었다.

나를 지우는 것 같아
차마 사진을 지울 수 없다.

베트남은 끝까지 날 골탕먹이기로 한 모양이다. 맘대로 되는 게 없다. 공항 가는 17번 로컬버스를 기다리는데, 1시간이 지나도 오지 않는다. 이러다가는 비행기마저도 놓칠 상황이다. 답답해하는 내가 안타까웠는지, 주위에 있던 현지인이 먼저 다가온다. "어디가?" "공항." "이런, 공항 가는 버스는 오늘 더 이상 없어." "아니야, 있어. 분명하다고." "연휴라서, 버스도 일찍 끊겨." "그걸 어떻게 알아? 버스 회사 직원도 아니면서." "뉴스에 나왔다고."

어쩌지? 지금이라도 택시를 알아볼까? 아니면 더 기다려볼까? 그렇게 망설이는 사이, 공항으로 향하는 여행자들이 하나둘씩 늘어간다. 현지인에게서 들은 이야기를 해주자 여행자들은 너나 할 것 없이 일제히 술렁거린다. 목적지가 같은 우리는, 누가 먼저랄 것도 없이 함께 대책을 세우기 시작했다.

"택시비는 얼마 정도인지 알아?" "미터기로 가면 되지 않을까?" "베트남 택시는 미터기도 믿을 수 없다고 하던데." "그래도 지금은 그게 최선이 아닐까?" "그냥 처음부터 깎아볼까?" 많은 이야기가 오간 끝에, 얼마가 나오든 비용을 나눠 택시를 타기로 한다. 처음 본 외국인들과 함께 택시를 타고 공항으로 향한다. 이제는 일상이 되어버린, 하지만 여행이 아니라면 절대로 하지 못할 일이다.

문득, 여행을 더 하고 싶어진다. 양껏 먹고도 디저트 들어갈 배는 따로 있는 것처럼, 나는 아직도 여행이 고프다. 여행에서의 마지막은 일요일, 돌아가야 하는 일상은 월요일 같다. 아쉽다. 하지만 토요일은 어김없이 돌아온다는 사실을 알기에, 일상으로 돌아가는 월요일이 우울하지만은 않다.

이제
일요일이 끝나간다.

에필로그

집에 돌아와
자신의 익숙한 베개에 기대기 전까지는
아무도 그 여행이 얼마나 아름다웠는지
깨닫지 못한다.

링 위양

———————— 일상으로 돌아온 지 몇 달이 지났다. 늘어지게 잔 토요일 오후, 침대에서 뒹굴뒹굴하며 여행 중에 적었던 메모들을 읽는다. 여행은 사랑이란다. 여행이 여행이지 뭐. 피식 웃음이 난다. 불과 몇 달 사이에 변해버린 내 생각들. 여행자에서, 일상을 살아가는 평범한 사람으로 변해버렸다. 한편으로는 어쩔 수 없다는 생각도 든다. 헤엄치기를 멈추면 죽어버리는 상어처럼, 사는 동안에는 어떻게든 살아나가야 한다. 그런 의미에서, 내게 여행은 쉼이자 멈춤이었다.

컴퓨터를 켜고, 꿈이었는지 현실이었는지 가물가물해진 여행 사진들을 꺼내본다. 용량이 어마어마하다. 2만 장이 넘는다. 사진들을 하나하나 보면서, 의외로 쓸모없는 사진이 많다는 사실을 깨닫는다. 여행하는 당시에는 너무도 남기고 싶던 순간들인데, 돌아보면 큰 의미가 없다. 심지어 잘 찍은 사진도 아니다. 나 자신을 지우는 것 같아서 차마 지우지 못했던 사진들이 쓰레기일 뿐이라는 생각마저 든다.

버리는 여행을 생각했는데, 쓸모없는 기억들을 너무나 많이 짊어지고 돌아왔다. 무게가 나가지 않아서 몰랐을 뿐이다. 정리된 사진들을 휴지통으로 옮긴다.

묻는다.
지우시겠습니까?

———————— 처음 책을 냈을 땐, 난 내가 무언가 대단한 걸 이룬 사람 같았다. 그러나 그것이 생활이 되자, 나처럼 책을 내는 사람들이 보이고, 나는 고작해야 그 수많은 사람들 중에 한 사람일 뿐이라는 걸 깨달았다. 그때만큼 깊은 슬럼프에 빠져든 적도 없다. 누구나 그렇겠지만, 특히 작가는, 스스로가 대단하다고 느껴야만 좋은 글을 쓸 수 있는 존재 아닐까. 그래서 여행을 떠나려 했는지도 모른다. 하루 살아갈 돈을 걱정하면서도, 어떻게든 여행을 떠나려 했던 이유는 자존감을 되찾고 싶은 간절함은 아니었을까.

사실, 여행을 하는 동안, 글을 쓴다는 게 정말 어려웠다. 스토리 탄탄한 소설을 쓴다든지, 짙은 감성의 에세이를 쓰는 것이, 적어도 여행을 하면서 쓰는 게 무척 어려운 일임을 깨닫게 한 중요한 경험이다. 하지만 글쓰기를 멈추면 내가 정말 아무것도 아닌 사람이 되는 것 같아서, 여행하는 내내 정말 열심히 글을 썼다. 덕분에 여행을 하면서 누구에게도 당당할 수 있었고, 기특하게도 두 권의 책을 마무리했다. 무엇보다 이 여행의 시작에서 스스로에게 다짐했던 약속을 지킬 수 있어서 다행이다.

앞으로의 내 삶이 어떻게 될지는 모른다. 내게도 가족이 생긴다면 가장 먼저 돈을 좇을지도 모른다. 그건 포기가 아니라 선택이고, 좌절이 아니라 새로운 꿈이라는 걸 안다.

하지만, 글쓰기를 멈추지 않을 것이다.

그럼에도 글을 쓸 것이다.
그럼에도 여행을 하듯이.

———————— 여행하면서 만난 사람들이 너무나 많아서 A부터 Z까지 나열해도 부족하다. 모두를 소개하기에는 지면이 부족한 관계로 전개상 꼭 필요한 사람들만 언급했다. 일부는 두 사람을 한 사람으로 합치기도 했다. 하지만, 여행 중에 만난 모든 인연을 소중하게 기억하고 있음을 부디 알아주길 바란다.

언제라도 좋으니,
소주 한잔하자.

뜬다 아세안

ⓒ감성현 2017

초판1쇄 인쇄 2017년 12월 18일
초판1쇄 발행 2017년 12월 31일

지은이 감성현

펴낸이 김재룡
펴낸곳 도서출판 슬로래빗

출판등록 2014년 7월 15일 제25100-2014-000043호
주소 (139-806) 서울시 노원구 동일로183길 34, 1504호
전화 02-6224-6779
팩스 02-6442-0859
e-mail slowrabbitco@naver.com
블로그 http://slowrabbitco.blog.me
포스트 post.naver.com/slowrabbitco
인스타그램 instagram.com/slowrabbitco

기획 강보경   편집 김가인   디자인 변영은 miyo_b@naver.com

값 16,000원
ISBN 979-11-86494-36-3 03910

「이 도서의 국립중앙도서관 출판시도서목록(CIP)은 서지정보유통지원시스템
홈페이지(http://seoji.nl.go.kr)와 국가자료공동목록시스템(http://www.nl.go.kr/
kolisnet)에서 이용하실 수 있습니다. (CIP제어번호: CIP2017034053)」